파란 눈에 비친 하얀 조선

서양인이 그린 일러스트레이션으로 보는 한국의 이미지

파란 눈에 비친 하얀 조선

백성현 · 이한우 지음

새날

파란 눈에 비친 하얀 조선

2006년 8월 17일 발행
지은이 백성현 · 이한우
펴낸이 박준기
펴낸곳 도서출판 새날
서울시 관악구 봉천3동 7-186 2층
전화 02)884-8459(대표) 팩스 02)884-8462
등록 제10-179호(1988년 1월 7일)

* 책값은 표지 뒷면에 표시되어 있습니다.
* 잘못된 책은 바꿔 드립니다.

ISBN 89-85726-71-4 03900

이 책에 게재된 그림자료들은
명지대-LG연암문고에서 제공했다.

명지대-LG연암문고 장서표

머리말

　이 책은 서양 자료에서 한국의 이미지가 최초로 나타나는 16세기 말부터 일제 강점 시기까지 제작된 일러스트레이션을 총체적으로 소개하는 최초의 단행본이라는 점에 커다란 의미가 있다.

　한국 관련 서양 고자료는 다른 나라와 비교할 때 아주 희소할 뿐만 아니라 1980년대 말까지만 해도 해외 고서 시장에서 독립적으로 분류되지 못한 채 중국, 일본 또는 기타 동아시아 자료 속에 묻혀 있어서 수집하기조차 쉽지 않았다. 특히 이들 중에서 삽화가 수록되어 있는 자료는 사진과는 달리 더욱 희귀하여 발굴의 어려움으로 인해 체계적인 관련 논문이나 전문서 출간이 어디에서도 시도되지 못했다. 국내에서도 화보집으로 1986년 조선일보사의 『격동의 구한말 역사의 현장』과 1989년 서울신문사의 『서양 언론에 비친 한말 사진전』 등이 발간된 바 있고, 1978년 동아일보사의 『사진으로 보는 한국 백 년』을 비롯하여 한국일보 등 주요 일간지에서도 1970년대 후반부터 일부 자료가 발굴되어 왔으나 주로 사진 중심이며, 삽화는 매우 단편적이고 한정된 소개에 머물러 왔다.

　삽화에는 예술성은 물론 시사성 및 대량 전달이라는 탄력적인 기능이 함축되어 있어 회화에서 느낄 수 없는 색다른 감동이 숨쉬고 있다. 또한 사진이 실용화된 이후에도 상당 기간 동안 보다 적절한 효과를 지닌 전달 매체로 존속하였으며, 기록 사진을 삽화로 재판할 정도였다. 20세기 초 특히 1차 대전 등을 통해 인쇄 매체에서 목판화보다 현장감이 넘치는 기록 사진에 대한 선호도가 높아지면서 1920년대부터는 본격적인 포토저널리즘 시대가 전개된다. 이로써 삽화의 전달 기능은 점차 축소되고 예술적 용도로 한정되는 듯했으나 최근과 같은 다양한 영상 시대 속에서도 수작업을 필요로 하는 애니메이션 등이 각광을 받고 있는 것은 우연이 아니다. 삽화 속에는 왠지 체온이 느껴지면서 쉽게 공감하게 되고 아무리 봐도 싫증이 나지 않는 '이미지의 어머니'라고 할 수 있는 마력이 내재되어 있음을 알 수 있다. 이렇게 삽화는 사진과도 선의의 경쟁 매체이자 상호 공존 관계로서 지식 전파에 중요한 역할을 수행하고 있다.

이러한 점에서 한국의 이미지가 담겨진 삽화는 바로 서양에 비친 우리의 얼굴로서 시대를 넘어 주시해 볼 가치가 있음을 강조하고 싶다. 특히 이들 삽화 속에는 상상으로 그려진 미지의 한국인으로부터 모자와 흰 옷 물결처럼 호기심을 자아낸 조선 풍물들이 생동감 있게 묘사되어 있어 한 점 한 점이 각각 한 편의 드라마인 셈이다.

오래 전부터 서양인들은 한국을 동쪽 끝에 위치한 해 뜨는 미지의 왕국으로 생각하면서 그들의 이상 실현을 위해 물리적, 정신적으로 접근해 오고 있었다. 한국이 기록을 통해 서양에서 최초로 알려지는 시기는 마르코 폴로에 앞서 1254년 몽고를 방문했던 프랑스 선교사 루브룩의 여행기에서부터이다. 15~16세기 대항해 시대를 맞아 지도라는 드로잉으로 한국의 물리적인 모습이 드러나게 되었고, 처음에는 섬나라로 그리고 차차 오늘날과 같은 반도의 형태로 제모습을 찾게 되었다. 17세기에 들어서서 우연히 그리고 하멜 일행처럼 우발적인 표착인에 의해 한국인의 모습이 알려지지만 자발적인 방문이 최초로 실현되는 시기는 18세기 말 라페루즈 선장에 의해서다.

이후 해안가에서 영국인과 직접적인 접촉이 이루어지지만 조선측의 완고한 폐쇄성으로 베일을 벗기기에는 한계가 있었다.

　서양인들이 내륙에 들어와 한국의 실상을 보고 삽화로 묘사하는 시기는 1866년 병인양요부터이다. 이전 시기에 한동안 우리는 중국의 속국, 동남아 아열대 지방에 속한 미지의 민족 정도로 알려지기도 했으며, 19세기 말까지도 세계 속에서 가장 감추어진 나라로 인식되고 있었다. 1890년 파리에 도착한 최초의 유럽 유학생 홍종우도 서양인들이 한국에 대해 너무 모르고 있다는 실상을 안타까워하면서 한국을 알리고자 부단히 노력했던 흔적이 기록으로 남아 있다.

　실제 청일전쟁(1894~1895)과 러일전쟁(1904~1905)에서 전쟁터가 되어버린 한국이 서양 언론에 초미의 관심 지역으로 떠오르면서 시선을 끌기도 했으나 곧이어 일본의 손아귀에 들어감으로써 한국은 지구상에서 잠시 사라지고 서서히 잊혀져 갔다. 해방 이후 6.25 전쟁을 통해 불행한 나라로, 이어서 독재 등 정치적 후진성으로 인해 부정적 시각이 만연된 것도 사실이다. 개발도상국 과정을 거쳐 경제 성장과 더불어 88 올림픽 개최를 계기로 새로운 전기를 마련하나 지속적으로 효과적인 국가 이미지를 창출시키는 데는 미흡했다. 그리고 얼마 전 경제적 척도만으로 선진국에 진입했다고 자위하는 순간 압축 성장의 질주 속에 등한시했던 문화 부문과 도덕성 결여로 국가의 대외적 신뢰가 무너지면서 환란을 맞게 되었다. 이러한 상황에서 금융 지원국이 한국에 요구하는 것 중 가장 핵심적인 사항이 바로 투명성이다. 이에 따라 우리는 실추된 부정적인 이미지를 회복시키기 위해 엄청난 희생 속에 총체적인 구조 조정을 추진 중에 있다. 이 같이 국가가 지닌 이미지는 나라의 신용도와 잠재성을 의미하며 민족의 미래를 좌우하는 대외 경쟁력 그 자체이자 무형의 자산인 것이다.

1970년대 말 필자가 파리에 도착했을 때, 100여 년 전 홍종우가 느꼈던 것처럼 유럽인들은 여전히 한국에 대해 너무 무지했다. 10여 년 이상을 상사 주재원으로 유럽의 교역 현장에서 활동하면서, 상품이 지닌 경쟁력만큼이나 제조국의 이미지가 세일즈의 성패에 직결된다는 점을 절실히 체험할 수 있었다. 1992년 프랑스 상공회의소와 기자협회가 주최한 세미나에 초청된 200여 명의 실업계 인사들에게 1900년 파리 만국 박람회 참가시 세워졌던 한국관 모습과 조선 풍물이 담겨진 당시 프랑스 화보를 보여주자 그들은 모두가 매우 감격해 했다. 자신들도 잊고 지나간 귀중한 자료를 접하게 해 주어 고맙다며 두 손을 꼭 잡았고, 양국 관계의 깊이를 새로운 각도에서 재인식하게 되었다는 그들의 모습을 잊을 수가 없다. 한 장의 삽화가 서로를 금방 친숙하게 만드는 위력이 있음을 실감하는 순간이기도 했다. 이러한 자료들은 단지 학술적 가치를 넘어서 외교, 통상 등 대외 관계 및 한국의 이미지를 발전적으로 도약시키는 데 폭넓게 활용될 수 있는 것이다.

특히 이 점에 공감한 파리 소르본 대학의 블랑숑(Flora Blanchon) 교수의 적극적인 권유로 1993년 국내외에서 최초로 삽화와 국가의 이미지를 연계시킨 「프랑스 삽화를 통해 본 한국의 이미지(1860~1950)」라는 논문을 발표하게 되었다.

여기 서문에 세느 강가 파리 대학의 부속 옛 건물에 새겨진 'ART-MORALE-SCIENCE(예술-도덕-문명)', 즉 예술과 문화를 통해서 도덕성이 생성되고 이를 바탕으로 이룬 창조적 문명이 새로운 역사를 만들어 가며 인류에 공헌하게 된다는 의미를 지닌 글귀가 문화적 이미지를 연구하게 된 동기를 주었다고 기술했다.

이어서 1997년 8월부터 조선일보를 통해 언론인의 시각에서 필력을 유감없이 발휘해 준 이한우 기자와 공동 작업으로 「일러스트레이션으로 본 20세기 초 한국 풍경」이란 테마로 1년간 50회 연재하여 독자뿐만이 아니라 학계로부터 상당한 호응을 얻었으며, 아울러 이 책을 출간하는 계기를 만들어 주었다.

19세기 후반에 이르러 유럽은 인도, 중국 등 기존에 접했던 아시아 문화의 갈증에서 벗어나 새롭게 다가오는 일본 문화에 매료되어 저팬이즘(일본적 문화 운동)을 탄생시키고 있었다.

한편 새로운 문화 욕구의 차기 대상은 바로 동양에서 가장 베일에 가려진 고요한 아침의 나라 조선으로 점차 선회하기 시작했으며, 이러한 확증들이 그들의 기록에서 발견된다. 그러나 바로 이 시기에 청일, 러일 전쟁의 격랑과 함께 열강의 각축장이 되어 버린 조선은 끝내 일본에 강점되어 문화의 고유성을 상품화할 결정적인 기회를 상실당한 채 표류하는 불운을 겪게 된다.

당시 조선을 방문할 수 있었던 서양인들은 사회의 선도층으로서 이들에 의해 변질되기 직전의 한국 고유 문화가 역사적 상황과 더불어 밀도 있게 기록되었다는 점이 자료의 소중함을 더욱 절실히 느끼게 한다.

1888년 가을 프랑스 문교성이 특별히 파견한 당대의 저명한 민속학자 샤를르 바라는 처음 얼마간은 한국에 오기 직전 타국인들에게서 들은 것처럼 민속학적인 측면에서 보잘것없는 나라라고 실망했으나, 자세한 관찰을 통해 세계적인 문화적 가치를 발견했다며 자신의 섣부른 선입관에 대해 학자로서 부끄러움을 느꼈다고 고백한 바 있다.

이처럼 한국 문화의 독창성 속에는 세계인들을 감동시킬 만한 요소가 상당히 내재되어 있음은 분명한 사실이다. 최근 뮤지컬 「명성황후」, 사물놀이, 한복 등이 연이어 해외에서 갈채받기 시작한 것은 결코 우연이 아니며 이는 매우 부분적인 조짐이라고 할 수 있다. 이렇게 한국적인 소재가 새롭고 신선한 이국 문화를 갈구하는 서양인들에게 찬사를 받는 것은 한국적 가치가 구체적으로 재평가되어 가는 단계에 접어들고 있음을 의미한다. 한국적 가치에 대한 르네상스가 확실히 예견되고 있는 이 시점에서 과거와 같은 기회 상실을 되풀이해서는 안 될 것이다.

한국적 특성(Koreanity) 또는 한국의 고유성(Koreaness)으로 표현되는 한국적 가치가 우리만의 것을 넘어 세계인에게 감흥을 주면서 문화적 선풍으로 이어져 한국적 물결, 즉 코리아니즘(Koreanism)으로 분출될 수 있도록 질적인 문화 개발을 지속해 나가야 할 것이다. 이 책의 발간도 국가 경쟁력에 직결되는 이미지 전쟁, 여기에 초점을 맞추고 싶었다. 이 점에서 그 동안 한국학에서 접근하기 어려웠던 삽화 부문을 명지대-LG연암문고가 소장한 수천 권의 자료를 토대로 누구나 공감하기 쉽게 파노라마 형식으로(조감적으로) 소개할 수 있었다는 데 자긍심을 느끼며 미흡한 부분들은 지속적으로 보완해 나갈 것을 약속한다.

또한 이 책 한 권에 한국 관련 삽화 전체를 만족스럽게 소화해 내기에는 역부족이어서 가치가 있더라도 이미 공개된 자료는 되도록 배제했다. 또한 한정된 지면으로 판화에 대한 미술학적인 구분이나, 정치·풍자 삽화 및 전문 화가들의 다양한 스케치 등을 추가로 삽입시키지 못해 아쉬움으로 남지만, 이 부문의 연구가 활성화될 수 있도록 모든 삽화의 출처만은 소상히 밝혀 두었다. 사실 삽화에 대한 구체적인 관련 기록들을 시각적 장면과 연계시킴으로써 입체적 효과를 더하게 된 것도 일차적 보람이었다.

이처럼 지나온 한국의 발자취를 서양의 시각 자료를 통해 되돌아보는 작업이 잃어 버렸던 우리 모습의 일부분을 되찾는 것임은 물론 국가의 이미지를 효율적으로 발전시키는 데 원동력이 되리라 믿는다. 그래서 긍정적, 부정적인 장면들을 함께 실었으며, 보는 이의 식견에 따라 이들 삽화 속에서 색다른 요소들이 추출되길 바란다.

　끝으로 이 책의 또다른 특징은 연구가의 오랜 집념과 언론인의 예각적인 관심이 어우러져 만들어 낸 한 점의 작품이라고 할 수 있다. 특히 소장된 자료를 제공해 주시고 전문 수집가로서 직접 선도적으로 한국 관계 고서찾기 운동(명지대-LG연암문고)을 이끌고 계시는 유영구 이사장님과 관계 위원 및 이승민 실장께, 그리고 출판계의 어려운 여건에도 불구하고 이 책의 발간을 먼저 제의해 오신 도서출판 새날의 기재연 사장님의 열정과 뒤에서 수고해 주신 편집팀 모두에 깊은 감사를 드린다.

1999년 3월

지은이를 대표하여 **백성현**

차 례 ·········

독특한 조선의 풍경들

남녀노소의 다양한 삶들

역사의 분수령, 구한말

8

1 가장 인상적인 조선의 첫 모습

다양하고 독특한 모자들 파리 패션도 놀란 모자 왕국

불과 100여 년 전까지만 해도 모자는 우리 조상들에게 없어서는 안 될 매우 소중한 소품이었다. 실제로 사람의 품격을 단번에 보여 주는 모자는 당시 한국인들의 삶 속에서 소품 이상의 의미를 지니고 있었다. 이 무렵 우리나라를 찾았던 서양인들의 눈에 가장 인상적이었던 것도 흰 옷 물결과 함께 거의 모두가 쓰고 다녔던 여러 형태의 모자였다.

따라서 서양인들에게 한국의 모자는 항상 호기심의 대상이어서 그들의 기록이나 사진, 삽화 속에서도 쉽게 발견할 수 있다(그림-1).

프랑스의 민속학자 샤를르 바라는 1892년 한 여행지에 기고한 조선 방문기에서 "한국은 모자 왕국이다. 세계 어디서도 이렇게 다양한 모자를 지니고 있는 나라를 본 적이 없다. 공기와 빛이 알맞게 통하고 여러 용도에 따라 제작되는 한국의 모자 패션은 파리인들이 꼭 알아둘 필요가 있다고 본다"라며 한국 모자의 독특함을 높이 평가한 바 있다. 이처럼 한국인들은 모자를 떼어놓고는 그 모습을 생각할 수 없었고, 심지어 서양 패션을 주도하고 있던 프랑스인까지도 탄성을 자아내게 하는 명실공히 세계 최고의 모자 문화를 즐기고 있었던 것은 틀림없다.

그렇다면 우리의 모자가 언제부터 서양인들의 관심을 끌기 시작했을까.

[그림-1] 국왕의 행차를 바라보는 백성들(프랑스 화보 주간지 『일류스트라시옹』, 1894년 9월 1일).

7~8세기경 신라를 언급한 아랍 문헌이나 13~16세기 중국과 일본을 방문하고 한국에 대해 기술한 서양 선교사들의 기록들은 아주 단편적이어서 모자에 대한 구체적인 묘사는 찾아보기 어렵다. 17세기 초 저명한 화가 루벤스가 이탈리아에서 만난 조선 청년의 모습을 「한복을 입은 남자」라는 제목으로 화폭에 담았으며, 우연히 그리게 되었을 이 그림에 나타난 남자는 건을 쓰고 있다. 그러나 이러한 모자는 당시 중국인의 모습에서도 흔히 접할 수 있었기 때문에 크게 주목받지 못했을 것이다.

이어 17세기 중엽 제주도에 표착했던 네덜란드인 하멜의 표류기 속에 중국인과 비슷한 복장을 하고 말총으로 만든 모자를 쓴 조선인에 관해 간략히 적혀 있으나 관심을 끌 정도는 아니었다. 서양인이 그린 한국인의 모습 속에서 모자가 특징적으로 나타나기 시작하는 시기는 18세기이다.

프랑스의 지리학자 당빌이 1737년에 발간한 『신중국 지도첩』 안에 수록된 첫 한국 전도인 「조선 왕국 지도」에는 한 손에 인삼을 들고 모자를 쓴 조선 노인의 모습이 담겨 있다(그림-2).

특히 1806년 프랑스 판화가 셍 쏘베에 의해 「한국인 남녀」(그림-3)라는 제목으로 그려진 삽화에서 보듯이 서양인들은 상상 속에서 미지의 한국인을 꾸준히 묘사해 오고 있었으며, 모자도 자연스럽게 부각되기 시작했던 것이다.

자발적으로 조선을 방문해 우리 모자를 최초로 목격한 서양인은 1797년 10월 부산 용당포 해안에서 조선인들과 수일간 접했던 영국의 브루톤 선장

[그림-2]

[그림-3]

이다. 귀국 후 발간한 그의 항해기 속에는 비록 삽화는 수록되어 있지 않지만 모자에 대한 호기심이 엿보인다.

"도포를 착용한 관리들은 가운데가 높이 솟은 커다란 검은 모자를 쓰고 있었으며, 이 모자의 지름은 3피트나 되었다. 군인들은 깃털로 장식된 모자를 썼다."

이후 1817년 영국 탐험대의 항해기 속에서 직접 접촉에 의한 한국인의 모습이 처음 채색 판화로 소개되는데, 조선인들의 뾰족하고 커다란 검은 색 모자가 유달리 눈에 띄게 묘사되어 있다. 그러나 여기에 나타난 조선인들의 얼굴은 코가 큰 서양인의 모습을 하고 있는 등 우리의 모자 문화를 인식하기에는 한계가 있었으며, 단지 매우 신기한 느낌만을 체험하는 수준이었다.

서양인들이 한국인의 모자에 깊은 관심을 지니고 세밀히 관찰할 수 있었던 시기는 무력 충돌이 일어났던 19세기 후반이었다. 1866년 병인양요시 강화도 침공에 참전했던 프랑스 해군 장교 주베는 처음 본 조선인의 모자에 대해 매우 흥미로운 기록을 남기고 있으며, 실제 자신이 본 광경을 직접 스케치로 남겼다(그림-4).

"조선 관리의 가마를 호위하고 있는 사람들이 쏟아지는 비를 막기 위해 쓰고 있는 묘하게 생긴 모자를 보고 절로 터져나오는 웃음을 참을 수가 없었다. 이것은 기름 종이로 만들어진 아래가 넓은 고깔형 모자로 머리가 완전히 덮이도록 만들어졌다. 새로운 이 모자의 우스꽝스러운 모양은 우리의 시선을 사로잡았다. 날이 개면 쉽게 접어서 주머니에 넣고 다니다가 비가 올 때는 다시 꺼내어 머리 위에 펼쳐 쓰도록 고안되어 매우 실용적이었다. 이 방법은 서양보다 훨씬 간편한 것임에 틀림없다."

이것은 서양인이 한국 모자를 직접 보고 구체적으로 평가한 첫 기록이다. 조선의 비막이 모자가 서양의 우산과 비교하면 우스워 보여도 독창성과 실

[그림-4] 비막이 모자를 쓴 조선인(프랑스 여행지 『르 뚜르 뒤 몽드』, 1873년판).

용성을 동시에 지니고 있음을 확인해 주는 대목이다. 그렇다면 이 시기를 지나 본격적으로 문호가 열리면서 한국을 찾게 된 서양인들의 눈에 비친 우리 모자는 과연 어떤 모습이었을까.

우선 부각되는 점은 우리 모자가 지니고 있는 독창성과 창의성에 대한 찬사이다. 구한말 풍물을 그렸던 영국 여류 화가 엘리자베스 키스는 "우산용 모자가 지닌 기발한 아이디어는 한국 이외에 어느 나라에서도 찾아볼 수 없다. 비가 내릴 때도 주위를 자유롭게 바라보면서 여유있는 시간을 보낼 수 있는 기막힌 명품이다"라며 감탄했다.

또한 1902년 고종의 공식 초상화를 그렸던 프랑스의 저명 화가 드 라네지에르도 "한국은 가장 독특한 모자 문화를 지닌 나라이다. 모자에 관한 한 아

[그림-5]

리스토텔레스에게 자문을 해 주어도 될 수준이다. 그들에게 모자는 이미 외관의 소품을 넘어서 자신을 나타내 주는 상징물인 것이다"라며 세계적인 우수성을 입증해 주고 있다.

특히 이탈리아 외교관 로제티는 전라도 지방에서 비를 막는 데 쓰는 전모를 세계에서 가장 넓은 모자라고 소개했다.

다음으로는 상상을 넘어서는 다양성이다. 프랑스 학자 듀크로끄는 1904년 발간한 자신의 조선 여행기에서 "한국인들은 대체로 소박하고 단순하지만 모자만큼은 예외적으로 다양한 면을 지니고 있다. 지위와 계층에 따라 모자의 형태가 상이하며 재질도 서민용인 짚에서부터 양반을 위한 비단에 이르기까지 여러 종류가 있다. 따라서 그들은 모자만 보고도 어떤 사람인지 금방 식별한다"고 적고 있다.

영국 화보 주간지 『더 그래픽』지 1887년 4월 28일자는 「조선의 섬사람들」이란 특집에서 양반, 평민, 군인, 관리 등 신분에 따라 쓰고 있는 서로 다른 12종류의 모자들을 소개했다. 그들에게도 각기 다른 모자가 무척이나 신기해 보였던 모양이다(그림-5).

프랑스인 앙리 갈리도 1905년 발간한 저서 『극동 전쟁』에서, "한국 모자의 모든 형태를 전부 나열한다는 것은 불가능한 일이다. 한국 모자의 종류는 너무나 다양하여 약 4천 종에 달할 것이다"라는 말을 들었다며 그 다양성에 놀라워 했다.

또한 그들은 한국인들에게 있어서 모자는 삶의 반려라고 생각했다.

미국인 로웰은 1886년 펴낸 그의 저서 『조선』에서 "한국은 모자의 나라이며 모자를 명예의 상징으로 귀하게 여긴다. 집안에 들어갈 때 신발은 벗고 들어가지만 모자만은 꼭 쓰고 들어간다. 모자를 의복의 한 부분으로 여긴다. 식사를 할 경우에도 편한 차림을 위해 겉옷은 벗어도 모자만은 쓰고 먹는다"라고 기록했다.

한국 민속을 연구했던 프랑스인 장 드 팡즈도 1904년 발행한 여행기『조선』에서 "한국인들은 결혼한 이후부터는 모자를 인생의 반려로 생각하며 평생 곁에 두고 살아간다 해도 과언이 아니다"라며 모자와 함께 살아가는 한국인들을 흥미롭게 바라보았다.

서양인들이 가졌던 또다른 관심은 모자 속에 배어 있는 변치 않는 숭고한 정신이었다. 역시 구한말 조선 풍물을 그렸던 영국 여류 화가 콘스탄스 테일러는 "흰 옷은 그들에게 동심처럼 밝은 마음이 깃들게 해 주는 반면에 모자는 주로 검은 색으로, 이것은 변함없는 숭고한 정신을 의미하고 있다"라며 모자 속에 고유한 정신이 살아 숨쉬어 오고 있음을 느낄 수 있었다고 회고했다. 특히 많은 서양인들은 한국이 이처럼 세계적인 모자 왕국이 될 수 있었던 배경에 대해 매우 궁금해 했다. 한국에 관해 다수의 저서를 집필한 미국인 그리피스는 1922년 출간된『한국 설화』에서 한국 모자의 유래가 담긴 전설까지 추적하여 눈길을 모으기도 했다(그림-6). 즉 고조선 시대의 한 군주가 사회의 기강을 잡기 위해 호전적인 백성들에게 도자기로 커다란 모자를 만들어 쓰고 다니도록 했으며, 만약 서로 싸우게 되면 모자가 쉽게 깨져 버려 금방 적발할 수 있도록 했다. 그 후로 한국인의 성품이 온화해지기 시작했다는 이야기를 소개한 것이다. 이 밖에도 모자의 가치를 가격으로 분석하면서 상업적인 시각에서 관찰했던 미국인들과, 갓은 가장 모자답지 못하며 햇빛, 바람, 추위 등을 막기에는 너무 얇고 투명하다는 논리를 제기했던 독일인도 있었다. 이렇게 여러 서양인들에 의해 다각도로 관찰된 모자는 바로 우리 민족의 개성 그 자체를 말해 주는 것이었다(그림-7). 이러한 모자는 1893년 미국의 시카고, 1900년 프랑스의 파리, 1902년 베트남의 하노이에서 개최되었던 만국 박람회에 다른 민속품들과 함께 전시되어 호평을 받

[그림-6]

[그림-7] 재미있는 모자 행렬(윌슨, 『일본의 자유 투쟁』, 1904년).

기도 했다. 파리 박람회의 한국 참가를 지원했던 한국학의 대가 모리스 꾸랑은 "한국관에서 관심을 끄는 것은 상을 당했을 때 얼굴을 가리도록 쓰는, 지름이 1미터 이상 되는 커다란 모자였다. 이외에도 깃털 달린 왕궁 시위대의 모자 등 여러 종류가 전시되어 있으나 이는 극히 일부로서 한국의 모자를 전부 이해하는 데는 턱없이 부족하다. 한국은 아주 다양하고 독특한 모자를 지니고 있는 모자 발명국으로 그들의 민속품은 프랑스인들의 신상품에 도움이 될 것이다"라고 기록했다.

이와 같이 서양인들에게 수많은 관심과 찬사를 받았던 우리 모자는 외국 문물과 충돌하면서 급격히 사라지게 되었다. 그토록 다양했던 옛 모자의 모습을 이제는 어디서도 쉽게 만날 수가 없다.

[그림-8] 비모자를 쓴 기병(군사)(사베르 렌더, 『조선』, 1895년).

흰 옷 물결 **마음까지 밝게 해 주는 하얀 옷**

구한말 조선을 찾은 서양인들에게 가장 깊게 박힌 첫인상은 거의 모두가
쓰고 있는 검은 갓과 한결같은 흰 옷 물결이었다(그림-1). 오래 전부터 우리
를 백의민족이라 불렀을 정도로 한국인들의 전통 복식은 대개 흰 옷이었고

[그림-1] 서울의 궁궐 입구(『일류스트라시옹』 1894년 9월 1일).

색깔을 쓰더라도 담담한 중간색 정도의 단색을 즐겼다. 이는 맑고 담백한 자연 환경과 한국인들의 성정이 어우러져 조화된 한국인의 미감이었다.

그러나 일제 강점기를 거치면서 왠지 우리의 흰 옷에는 쓸쓸함과 애상이 담긴 것으로 인식이 확산되면서 백의민족이라는 문화적 정서가 급격히 퇴색되기 시작했다. 그렇다면 우리의 전통적인 백의에 슬픔과 애상이 담겨 있다는 인식이 싹트게 된 배경은 무엇이었을까.

일제 시대에 한국의 미에 대해 선구적인 글을 많이 남긴 야나기 무네요시는 일본인으로는 드물게 조선의 예술을 사랑한 사람으로 우리 나라에서 수여하는 문화훈장까지 받은 인물이다. 그러나 그의 업적에는 부정적인 면과 긍정적인 면이 혼재해 있다. 그의 글은 우리 미술사학의 공백기를 거의 메우고 있어서인지 최근까지도 번역서로 출판되면서 계속 커다란 영향을 주고 있다. 여기서 그의 저서 『조선의 예술』 속에 나타난 한국의 흰색과 흰 옷에 대한 그의 생각들을 거칠게나마 뽑아 소개해 보겠다.

"오랫동안 차례로 당한 무력적 침략으로 한없이 짓밟혀진 조선의 역사를 생각할 때 나는 넘쳐흐르는 눈물을 억누를 수가 없다. 조선은 지금 외롭고 쓸쓸히 괴로워하고 있다……. 국민들은 햇빛을 꺼려 어두운 그늘로만 모이는 것 같다. 그들은 피눈물을 쏟고 있을 것이다.

……도자기들은 기회가 있을 때마다 나에게 이렇게 속삭이는 것 같았다.──인생은 언제나 외롭고 쓸쓸해 보인다. 오랫동안 우리 민족은 애닲은 역사를 지속해 왔다. 그러나 어느 누구도 우리들의 마음을 헤아려 주지 않는다. 또 어느 곳에도 우리의 마음을 털어놓을 수 있는 벗이 없다. 그래서 우리는 어쩔 수 없이 그 곳에 그 정을 쏟은 것이다.──그것이 쓸쓸하고 슬픈 모습으로 보일 때면 나도 쓸쓸하고 슬픈 생각에 사로잡히게 된다. …… 고독의 쓸쓸함을 견딜 수가 없어 그 작품들은 만들어진 것이 아닌가."

"조선 도자기에 나타난 단순한 흰빛에서도 우리는 민족의 마음을 읽을 수가 있다. 그것은 여인처럼 차분히 안으로 숨은 조용한 빛이다. 우리는 밖으로 나오려는 어떠한 오만도 여기서는 찾아볼 수 없다. 모든 미는 내부에 감싸여 있다. ……조선은 어떤 위치를 차지했던 것일까. 그 곳은 대륙도 아니고 섬나라도 아니다. 그 어느 쪽도 아닌 반도였다. 반도라는 사실이 곧 이 나라의 운명의 방향을 정하였다."

"그 곳에서는 자연조차도 쓸쓸하게 보인다. 봉우리는 가늘고 나무는 듬성하고 꽃은 퇴색해 있다. 땅은 메마르고 물건들은 윤기가 없고 방은 어둡고 사람은 적다. 예술에 강한 가락도 없고 빛깔에는 즐거움이 없다. 다만 감정에 넘치고 눈물에 충만한 마음이 있다. 나타난 미는 애상의 미이다. 슬픔만이 슬픔을 달래 준다. 슬픔의 미가 그들의 친한 벗이었다."

"중국 예술은 의지의 예술이고 일본의 그것은 정취의 예술이었다. 그런데 그 사이에서 홀로 서서 비애의 운명을 지고 나가야 했던 것이 조선의 예술이다."

"나는 조선의 역사가 고뇌의 역사이며 예술의 미가 비애의 미라는 것을 말했다."

"나는 다시 조선에서의 색채의 결핍에 관해 지적하지 않을 수 없다. 중국 그리고 특히 일본에서 그토록 색채가 다양한 의복이 발달해 있는데, 그 이웃 나라인 조선에서는 이러한 유사점이 전혀 발견되지 않는다. 그들이 입고 있는 의복은 아무런 색도 지니지 않은 흰빛이 아닌가. 그렇지 않으면 가장 약한 색감을 나타내는 연한 옥색이 아닌가. 늙은이도 젊은이도, 남자도 여자도 한결같이 흰 옷을 입는다는 것은 어찌된 연유일까. 이 세상에는 여러 민족이 있는데 이 같은 기이한 현상은 아무데서도 볼 수가 없다. 사학자가 아닌 나는 이러한 의복이 어떻게 유래하게 되었는지 단정할 근거를 갖고 있지 못한다…….

그러나 흰 옷은 언제나 상복이었다. 쓸쓸하고 조심성 많은 마음의 상징이었다. 백성은 흰 옷을 입음으로써 영원히 상을 입고 있다. 이 민족이 겪어 온 고통스럽고 의지할 데 없는 역사적 경험이 그러한 의복을 입는 것을 오히려 어울리게 만들어 버리지 않았는가. ……조선 사람들이 색채를 즐길 여유를 갖지 못했던 예를 도자기에서도 볼 수 있다."

그렇다면 이 무렵 한국의 흰색은 서양인들에게는 과연 어떻게 비쳤을까.

1902년 조선을 방문하여 고종의 공식 초상화를 그렸던 프랑스의 저명 화가 드 라네지에르가 미학적으로 관찰한 한국의 흰색은 일본 학자의 견해와 너무도 다르다.

"청색이 중국의 색이라고 한다면 흰색은 한국의 색이다. 조선의 고유 의상에서는 생동감이 넘치는 백옥 같은 밝은 흰색부터 광목처럼 거칠고 투박한 흰색에 이르기까지 아주 다양한 종류의 흰색을 만나게 된다. 따라서 조선의 거리 어디에서나 볼 수 있는 다양한 흰 옷 물결이 만들어 내는 조화는 마치 음색의 향연 그 자체인 것이다. 앞으로 세계 정세 속에서 어떠한 변화가 일어날지라도 조선 민족은 영원토록 백색 왕국으로 불리게 될 것이다."

프랑스 여행가 듀크로끄는 1904년 발간한 『애처롭고 부드러운 조선』에서 조선인의 흰 옷을 이렇게 기록하고 있다.

"조선인들은 흰 옷을 즐겨 입는다. 이것은 동심 어린 조선인들에게 가장 잘 어울리는 색이다. 서울 거리는 어디를 가나 이러한 밝은 흰색 옷으로 인해 항상 축제 같은 분위기를 느끼게 하며 조선인들도 이 점을 너무도 잘 알고 있다. 만약 그들에게 흰 옷을 입지 못하게 한다면 쾌활함도 그만큼 반감될 것으로 보인다. 그들은 조국을 떠난 이국 땅에서도 흰 옷을 입고 있다.

[그림-2] 흰 옷 입은 시골 선비(키스, *Old Korea*, 1946년).

블라디보스토크에서도 중국인들의 칙칙하고 짧은 조끼나 러시아인들의 투박한 외투 사이에서 조선족의 흰 옷은 유달리 발랄하게 눈에 띤다."

미국인 앤거스 해밀턴은 1910년 발간한 『조선』에서 "바지 저고리는 물론 양말까지도 흰색(그림-2)으로 걸치고 천천히 활보하는 조선인들의 흰색 물결은 뭔가 매력적인 감흥을 느끼게 한다"고 썼다.

똑같은 흰 옷에 대한 일본인과 서양인의 느낌은 이처럼 너무도 상반된다. 다수의 서양인은 흰색에 내포되어 있는 우리 민족의 정서를 순박하면서도 때묻지 않고 활기차며 다양성과 단순성이 조화를 이루며 뿜어내는 교향악의 향연으로 묘사했다. 그렇다면 야나기의 눈에는 왜 그토록 우리의 흰색이 슬프게 보였던 것일까. 자신도 모르게 정복자의 마음으로 흰색을 본 상대적인 눈이었기 때문이리라. 이렇게 우리의 흰색은 보는 이의 눈과 마음에 따라 달리 나타날 수 있는 것이다. 야나기의 영향을 받아서인지 일제 시대 이후 유달리 흰 옷이 기쁨보다는 슬픔을 나타낸다는 인식이 확산되었던 것만은 사실이다. 지금까지 우리 자신의 미감을 연구할 여유도 없이 그가 어두웠던 시절 한국의 예술을 극진히 사랑한 한 일본인의 상징으로 너무 크게 부각된 것인지도 모른다. 이런 점에서 같은 시대에 우리의 미를 관찰했던 서양인의 시각은 한국 미의 객관적 지평을 넓혀 준다고 하겠다. 그래서 특히 서양의 예술가가 본 한국의 흰색에 대한 기록은 더욱 귀중한 발견이다.

[그림-3] 온통 흰 옷 물결을 이루고 있는 서울의 거리 풍경(장 드 팡즈, 『조선에서』, 1904년, 파리).

화사한 서울 거리의 패션

흰 옷과 함께 간간이 은은한 다채색이 조화된 고풍스런 서울의 거리는 결코 단조롭지 않은 풍경을 연출하고 있다. 보기에 따라서는 화사하다고 말해도 지나치지 않을 만큼 다양한 거리 패션이 한눈에 들어온다. 이 그림은 1904년에 발행된 영국의 여류 화가 콘스탄스 테일러의 저서『조선 풍물』에 실린 것으로 저자가 직접 보고 그린 것이다(그림-1). 화가는 서울의 중심가에서 남녀 노소가 각기 다른 모자와 전통 의상을 입고 지나는 장면을 보고 신선한 충격을 받았다고 토로했다.

"길게 늘어트린 의상들은 흰색을 비롯하여 연두, 자주, 노랑, 파랑 빛을 띠며 서로 어우러져 유연한 조화를 이루는 가운데 검은 색 모자가 중심을 잡아 주고 있다. 특히 조선에서만 볼 수 있는 노란 모자를 쓴 귀여운 꼬마 신랑(그림-2), 그리고 한쪽에서 강아지와 함께 한가로이 놀고 있는 어린이의 천진난만한 모습에서 서울의 순박함을 읽을 수 있었다."

이러한 화가의 감흥이 그림 속에 그대로 재현되어 생생하게 살아나고 있는 듯하다.

미국인 의사이며 선교사였던 닥터 홀도 "조선인의 옷은 흰색이나, 자세히 보면 연하게 염색되어 있다. 어린 소년들은 다채색 옷을 입는다. ……조선

[그림-1] 고풍스러운 서울 풍경.

여인들의 옷은 멋이 담겨 있고 아름답다. 어깨와 소맷자락은 자주색 등 밝은 색이고, 긴 치마는 흰색이나 옅은 파랑색이 대부분이지만 연두색도 보인다. 젊은 여성들은 상을 당하여 흰색 옷을 입을 때 말고는 주로 환한 색 옷을 입는다"라며 한국 의상에 각별한 관심을 보였다.

듀크로끄도 "한국인들이 선호하는 색은 은은하고 맑은 하늘처럼 푸른색, 연분홍색, 진주빛이 도는 회색, 패랭이꽃 같은 연보라색 등이다. 특히 색동옷을 입은 어린이들이 뛰어노는 모습은 마치 꽃밭에서 화려한 호랑나비가 율동하면서 날아다니는 것처럼 깜찍하기만 하다. 색동옷은 온통 흰 옷 물결에 참신한 활력을 불어넣어 준다"고 기록하고 있다(그림-3).

[그림-2] 영국인 여류 화가
콘스탄스 테일러의 유화 「꼬마신랑」
(영국인 아네스 허버트 저서
Korea, 1924년).

[그림-3] 색동 겨울옷
(영국 1920년경 엘라수 와그너의 저서 『한국의 어린이들』).

역시 영국 화가인 캠프도 1901년 런던에서 발간한 그의 여행기 『터키, 러시아, 만주 및 조선의 모습』에서 한국 의상을 보고 느낀 점을 이렇게 적고 있다.

"조선의 거리 패션은 분명히 감동적이다. 대부분의 여인들은 외출시 연한 녹색이나 분홍색 테를 두른 밝은 빛 겉옷을 걸치고 거닌다. 이 소매가 없는 장옷은 머리에서 발 아래 부분까지 덮어 주는데 확실히 서울의 거리를 가장 매료시키는 색깔이기도 하다. 일상적으로는 흰 옷을 입는다."

비숍의 책에도 이 그림과 무관치 않은 서울 거리 묘사가 나온다(그림-4).

"거리에는 또 가장 좋은 옷을 입는 관리들이 피둥피둥 살찐, 그러나 풍부한 갈기와 꼬리털이 멋져 보이는 조랑말을 타고 다닌다. 이 관리들은 잔뜩 긴장한 자세로 안장 위에 엉거주춤 앉아 번쩍번쩍 윤을 낸 등자에 다리를 바싹 붙이고 안장의 앞고리 끈을 두 손으로 꽉 붙들고 있다. 두 명의 종자가 재갈을 잡고 길을 안내하며 또 다른 두 명의 종자가 말에서 떨어지지 않도록 관리의 엉덩이를 좌우에서 꽉 붙들어 준다. 또 이 같은 조랑말을 앞질러 헐레벌떡 달려가는 교꾼들과 교자 위로 목을 딱 젖히고 있는 고관들을 볼 수 있다. 그밖에 평민들이 다니는 길에는 나뭇짐을 운반하는 황소, 소금 혹은 곡물을 실은 나귀, 암소의 등에 물통을 져 나르는 물장수들, 나무 상자로 된 짐 보따리를 나르는 중국인 인부들 외에는 별로 보이지 않는다."

[그림-4] 광화문 앞 거리 풍경(『르 뚜르 뒤 몽드』, 1892년).

그리고 구한말 영어학교 교사였던 길모어의 체험담을 1894년 런던에서 재편집하여 출간한 『오늘의 조선』에서도 한국의 거리 패션에 관한 기록이 발견된다.

"조선에서 제조되는 옷감은 주로 무명, 비단, 삼베 등이며, 모직 천은 찾아볼 수 없다. 주로 입는 옷은 흰색이지만 여성들에게서는 가끔씩 푸른색 무명 옷도 눈에 띈다. 어린이들은 붉은색이나 분홍색 옷을 입는다. 비단옷은 검정색을 제외하고는 여러 가지 색을 쓰는데, 특히 관복은 가장 화려하다. 모자만은 검은 것이 특징이다. 특히 언덕 위에서 바라본 조선의 거리 패션은 매우 다양한 색조를 지니면서 밝은 빛을 뿜어내고 있었다."

이 같이 서양인들도 감탄했던 당시의 거리 패션은 흰 옷과 은은한 중간색 그리고 가끔씩 엑센트를 주는 다채색과 색동처럼 튀기도 하는 여러 색상들이 어우러져 색의 교향악을 만들어 가고 있었다.

이렇게 단순성과 다양성이 은은한 색채와 자연스레 조화된 거리 물결이 한국인들을 더욱 순박하고 우애와 정이 깊으며 도덕성을 중요시하는 민족으로 만드는 데 바탕이 되었는지도 모른다. 이에 대해 100년 전 조선의 문화를 전문가로서 심도있게 관찰했던 프랑스 민속학자 샤를르 바라의 예리한 지적은 각박하게 변해 가는 우리에게 무엇이 소중하고 생산적인가를 명료하게 확인해 주고 있다.

"현재는 일본인들이 서양의 문물을 한국보다 먼저 받아들임으로써 문명과 문화적으로 한국을 앞서고 있다지만 본질적으로 한국인들은 그들이 지닌 숭고한 도덕성 덕분에 조만간 일본을 추월할 수 있을 것이다."

2 | 개항 전 삽화에 나타난 한국의 이미지

한국 이미지의 태동

서양에서 우리 나라가 최초로 모습을 나타낸 것은 지도에서였다. 우리 나라는 16세기에 제작된 서양 지도 속에서 지구의 동쪽 끝에 위치한 해 뜨는 섬나라로 그 모습을 드러내기 시작했다(지도-1). 그래서 서양의 고지도는 우리의 이미지를 담은 최초의 드로잉인 셈이다. 그렇다면 서양인들은 과연 언제부터 우리 나라를 인지하기 시작했으며 왜 섬나라라고 생각했을까.

[지도-1] 한국이 섬나라로 나타난 일본 지도. 벨기에 지도학자 오르텔리우스의 『지구 전도』에 수록(1595년 제작).

고대로부터 중세에 이르는 오랜 기간 동안 아랍 상인들은 실크로드라는 무역로를 통해 극동에서 로마까지 동서양을 횡단하면서 문물을 이동시켜 왔다. 7세기경부터 아랍 문헌에 신라가 중국의 동쪽 바닷가에 위치한 살기 좋은 나라로 기술되었으며, 12세기의 아랍 지도에는 섬으로 그려져 있다.

아랍 상인 술라이만은 "중국은 바다를 두고 신라라는 섬과 경계를 이룬다"고 했다. 이는 신라의 위치에 대한 첫 기록인 셈인데, 술라이만이 중국과 인도를 수차례 여행하면서 851년에 쓴 견문기『중국과 인도 소식』에서 발견된다.

또한 10세기의 아랍 지리학자 알 마스오디도 그의 저서『금세광』에서 "중국을 지나 바다 건너에는 신라와 부속 섬들 이외에는 어떤 다른 왕국도 없다. 육지의 동쪽 끝은 중국과 신라국이다"라고 적고 있다. 또 다른 아랍 지리학자 알마크다시는 966년에 지은 그의 저서『창세와 역사』에서 "중국의 동쪽에 신라가 있는데, 그 나라에 들어간 사람은 공기와 물이 맑고 땅이 비옥하며 물자도 풍부할 뿐만 아니라 인정이 넘쳐흘러 그 곳을 떠나려고 하지 않는다"고 신라의 자연 환경에 대해 기록하고 있다. 이렇게 이미 중세의 아랍인들은 신라에 대해서 상당한 지식과 관심을 지니고 있었다.

한국이 기록에 의해 최초로 서양에 알려진 시기는 이로부터 수백 년 뒤인 13세기 중엽이다. 교황 이노센트 4세와 프랑스 왕 루이 6세의 명에 따라 1254년 4월부터 8월까지 몽고를 방문한 프랑스 수도사 루브룩의 기행문『몽고 제국 여행』에 "섬나라 카올리"라고 기술되면서 한국의 존재가 처음으로 서구에 알려졌다. 마르코 폴로의『동방 견문록』이 발간된 것은 이 직후의 일이다.

15~16세기에 유럽은 대항해 시대를 맞게 되는데, 이러한 탐험의 목적은 크리스트교 전파라는 종교적 동기와 향료 등 물질을 선점하려는 경제적 동

[그림-1] 세계 지도 제작의 선구자 메르카토르(1512~1594)와 혼디우스(1563~1612).

기가 합쳐져 궁극적으로는 세력을 확장하는 데 있었다. 특히 항해 시대에 지도의 발달은 필수적이었는데, 이 때 한국의 모습도 그들의 지도 속에 자연스럽게 등장하게 된다(그림-1).

16세기 유럽에서 제작된 초기의 세계 지도에 중국은 비교적 자세히 묘사되지만 한국의 모습은 보이지 않는다(지도-2). 그러다가 16세기 중엽에 이르면 한국은 둥글거나 길쭉한 기형적인 형태의 섬으로 나타나는데(지도-3), 이러한 형태는 17세기 초까지 이어진다. 우리 나라가 서양 지도에 섬으로 표기된 것을 처음으로 인지한 한국인은 아마 최초의 유럽 유학생으로 1890년 파리에 도착한 홍종우일 것이다. 그는 당시 유럽 사회에 한국이 제대로 알려져 있지 않음을 안타깝게 생각하면서 1895년 파리에서 불어로 번안한 판소리계 고전 소설 『고목생화』의 서문에서 이렇게 적고 있다.

"17세기까지도 한국은 유럽 지도에 섬으로 표기되어 있었다. ⋯⋯19세기

[지도-2] 아브라함 오르텔리우스의 아시아 지도(1570년).

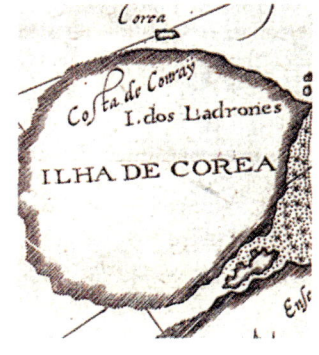

[지도-3] 랑그렌이 1596년에 그린 이 지도는 중국의 위에 있는
섬을 한국으로 표시하고 있다(위쪽이 동쪽).

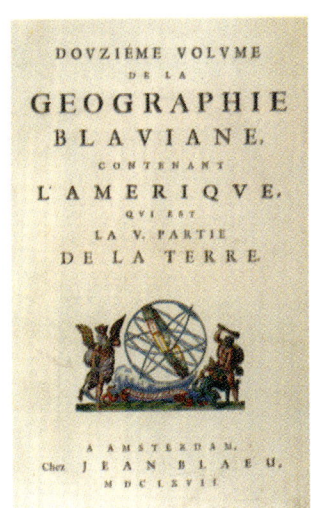

[지도-4] 예수회 소속 선교사 마르틴 마르티니(1614~1661)의 지도(위)와 마르티니의 아시아 전도가 수록된 『중국 지도첩』의 서두에 게재된 삽화(아래). 1655년 저명한 지도 제작자인 요안 블라우와 함께 작성한 지도로, 당빌의 「한국 전도」가 발행되기 전까지 서양 지도에 한국에 대해 가장 큰 영향을 미친 지도다.

말에도 한국은 세계에서 가장 알려지지 않은 나라로 기록되어 있고, 지금도 마찬가지 실정이다. ……마치 인도인들이 에스키모인과 같은 옷을 입지 않았다고 비난할 수 없듯이, 각 민족의 전통과 관습은 오랜 세월 동안 형성된 것으로 그 나라의 기후와도 밀접한 관계가 있다. 이렇듯이 각 나라는 서로 다른 정부의 형태를 지니게 마련이다. 따라서 우리는 전통적인 왕권을 유지하면서 유럽의 문물을 받아들여 발전해 나가야 한다. ……프랑스가 조선에 대해 관심을 지닐 때 우리는 더 이상 지구촌의 끝에만 있어서는 안 된다. 서로 열정적인 우의만 있다면 거리가 멀다고 문제가 되지 않는다. 나 자신이 양국의 상호 이해를 증진시키고 교류를 활성화하는 데 기여했다면 더 이상 바랄 것이 없겠다."

그의 말대로 17세기 초에 이르면 서양의 고지도 속에서 한국이 섬나라의 형태를 벗어나 반도의 모습으로 바뀌지만, 얼마간은 길쭉하고 고구마 같은 기형적인 반도 형태가 지속된다(지도-4). 그리고 이로부터 다시 수십 년이 지나서야 지금과 같은 반도 형태의 모습이 드러난다.

아울러 우리의 중요한 이미지 중 하나인 한국의 국제적 명칭이 현재 어두가 'K'로 시작되는 영문 표기인 'Korea'로 공식화 되었지만, 일찌기 16세기 전후부터 서양에서는 영, 미, 네덜란드 및 라틴어권 등 절대 대다수의 국가들이 'C'로 시작되는 'Corea 혹은 Coree'로 명기하였다(초기에는 고려가 중국식인 'Caoli', 아랍식 'Cory', 일본식인 'Corai' 등으로 다양하게 표기되기도 하였으나 'Corea, Coree' 등으로 통일화 과정을 거치게 됨). 지금도 이탈리아어, 포르투갈어, 스페인어, 프랑스어권에서는 여전히 'C'를 어두로 쓰고 있다.

실제로 영미권에서도 영국인 로버트 콕스(Robert Cocks)의 1617년 일기에서 처음으로 한국이 'Corea'로 기술된 것을 근대 영문 명칭의 효시로 보고 있다. 특히 주목할 사항은 19세기 후반에 이르기까지도 영미권의 출판물들은 거의 'C'로 명기하고 있으며, 1882년부터 미국을 선두로 체결된 서구 열강들의 외교 협약 속에서도 독일을 제외하고는 모두가 한국의 어두를 'K'가 아닌 'C'로 기록하고 있다는 사실이다. 반면 19세기 후반 이래로 일본은 한국을 영문으로 표기할 경우에는 일관성 있게 'K'로 사용하고 있었다.

그러나 1890년대 전후부터 미국무성과 영국의 왕립지리학회 등이 주도적으로 지속해서 'K'를 사용함에 따라 한동안 대다수의 서양인들이 'K'와 'C'를 혼용하게 되었으며 일부 학자는 이러한 문제점을 공론화하기도 했다.

이후 역사의 격동기를 거치면서 우리의 국제적 명칭도 '동해의 일본해 표기'처럼 우리도 모르는 사이에 'Korea'로 공식화 되어졌으며, 지금까지도 이에 대한 원인을 명확히 밝혀내지 못한 채 미완의 과제로 남겨두고 있다.

한편 이 책에서 우리 나라의 명칭으로 '한국'과 '조선'이라는 용어가 본문 속에서 각기 혼용되고 있으나 시공을 넘어 총체적이거나 문화와 예술처럼 포괄적인 개념에는 '한국'으로, 조선시대로 구분을 한정시켜야 할 경우에는 '조선'으로 차별화했다.

한복을 입은 남자 노예에서 거상이 된 조선인

1983년 런던의 크리스티 미술품 경매장에서 17세기의 세계적인 화가 루벤스(1577~1640)가 그린 「한복을 입은 남자(A man in Korean costume)」란 소묘 작품이 시선을 끌었다. 이 그림은 치열한 경합 끝에 결국 미국의 폴 게티 박물관이 소묘 그림으로서는 최고 가격인 32만 4천 파운드에 낙찰받았다. 이 그림에 나타난 조선 청년이 바로 일본 노예 시장에서 이탈리아 상인에게 팔려가 로마에서 거상이 되었다는 최초의 서양 교민인 안토니오 꼬레아이다. 이렇게 세간의 관심을 집중시킨 그의 모습이 발견되면서 약 400년 동안 묻혀졌던 베일들이 하나둘씩 벗겨지게 되었다.

예로부터 우리 나라는 중국에서 전래된 불교 등 여러 동양 문화를 일본으로 전파하는 가교 역할을 해 왔다. 이러한 흐름은 16세기 이래로 서양의 선진 문물을 앞서 받아들인 일본이 서구식 병기를 사용하여 임진년에 무력 침공을 가해 옴으로써 새로운 국면에 접어든다. 이 시기부터 그 동안 중국 이외에 어떤 외국과의 교류도 금지한 채 굳게 문을 닫고 있던 조선인들에게도 서양에 대한 의구심과 호기심이 은연중에 싹트기 시작했다. 이는 서양의 문명이 극동에서 기존의 틀을 깨는 새로운 요소로 등장하기 시작했음을 말해 준다. 군종으로 임진왜란에 참가했던 스페인 선교사 세스페데스가 서양인

루벤스가 그린 「한복을 입은 남자」.

파란 눈에 비친 하얀 조선

으로는 최초로 한국을 방문한 것도 이 시기이다. 그러나 이러한 서양인과 조선인 간의 첫 접촉은 전쟁이라는 돌연적인 만남이어서 선교 등 정상적인 문화 교류를 실현시키기에는 한계가 있었으며 한 번의 극적인 방문으로 끝나야 했다. 하지만 일본에서 활동하고 있던 당시의 서양 선교사들은 바로 바다 건너에 위치한 조선에 대해 임진왜란 이전 시기부터 이미 많은 관심을 쏟고 있었다.

1556년부터 일본에서 선교 활동을 하면서 조선의 상황에 비교적 정통했던 스페인의 빌레라 신부는 1571년 2월 24일 예수회에 보낸 서신에서 "나는 지난 4년간 여기서 10여 일이면 갈 수 있는 조선 왕국에 입국하려고 갖은 노력을 하고 있다"고 적고 있다. 또한 그는 같은 해 11월 3일자 서신에서는 이렇게 기록하고 있다.

"중국과 일본 사이에 조선이라고 불리는 왕국이 있습니다. 그들은 용맹스럽고 활을 잘 쏘며 갖가지 무기를 지니고 있고, 특히 활로 무장하고 말을 타고 싸우는 데 매우 능숙합니다. ……그 보물 같은 땅은 그 곳을 가치 있다고 여기는 누군가를 기다릴 것입니다. ……저희가 그 곳에 들어간다면 적절한 시기에 많은 결실을 거둘 수 있을 것입니다."

또한 그는 동료인 또레스 신부가 1566년부터 조선 땅을 개척하기 위해 선교사 한 명을 파견하려고 했었다고 기록하고 있다.

그러나 임진왜란 이전까지는 대부분의 서양 선교사들의 기록에서 기이하게도 위치 등 조선에 대한 정보가 부정확하고 왜곡되어 있음이 발견된다. 1578년 11월 8일 프레네스티노 신부는 조선을 "야만적이고 난폭한 섬 사람들"이라고 하면서 "포르투갈 배를 빼앗고 그 배에 탄 사람들을 모조리 죽였으며 살아서 나온 사람은 하나도 없다"고 묘사하고 있고, 포르투갈 선원들도 이와 유사한 기록을 남기고 있다. 이 점에 대해 이 자료를 발굴한 국내

학자는 일본인들이 의도적으로 서양인들이 조선에 접근하는 것을 막기 위해 여러 가지 부정적인 정보를 제공한 사실이 발견된다고 지적했다.

임진왜란에 대해서도 다수의 서양 선교사들이 기록을 남겼는데, 그 중 포르투갈 태생의 루이스 프로이스 신부는 1593년 펴낸 『일본 역사』에서, 내륙에서는 조선 병사들이 패배를 거듭하지만 바다에서는 조선 수군이 견고하고 불을 뿜는 전함으로 일본 수군을 격파하고 있다고 적었다. 이처럼 이들에 의해 거북선과 이순신 장군의 활약상이 소개되어 우리 민족의 우수성이 서양에 알려지는 계기가 되기도 하였다.

같은 시기인 1593년 스페인 신부 세스페데스가 일본군 주둔지에 1년간 머물다 돌아감으로써 최초로 조선을 방문한 서양인이 되지만 간단한 서신만이 전해질 뿐이다.

이러한 전쟁의 혼란 속에서 일본인에 의해 강제로 잡혀간 조선인들 가운데 일부는 일본의 노예 시장에서 서양인들에게 값싸게 팔려 가게 되는 전혀 예기치 못한 상황을 만나게 된다.

프랑스 역사가 빠제는 『일본 교회사』에서 "1598년 9월 4일 나가사키에서 개최된 예수회 선교사회의 기록에 의하면, 6년 동안 일본에 잡혀온 상당수의 조선인 포로가 나가사키 지역에서 매매되었다. 포르투갈 상인은 이를 통해 막대한 이익을 챙기고 있었다. ……이 지역의 일본인은 조선인들을 포르투갈인에게 전매하기 위해 각지를 찾아다녔다"고 적고 있다.

또한 1594년 일본으로 건너온 스페인 무역상 아빌라 지론도 그의 저서 『일본 방문기』에서 "조선인 포로들을 가득 실은 선박들이 돌아왔으며, 이 포로들은 매우 싼값으로 팔려 나갔다"고 기록했다. 당시 일본 교회의 교구장으로 부임해 온 마르티네 주교는 인도적인 입장에서, 이러한 노예 매매를 자행하는 자는 누구든지 파문할 것이라는 내용을 천주교 신자인 포르투갈 상인에게 하달하기도 하였다.

이 무렵 세계 일주를 하다가 일본에 머물게 된 이탈리아의 상인 프란체스코 카알레티는 안토니오 꼬레아를 포함하여 다섯 명의 노예를 샀는데, 유럽으로 돌아가는 길목인 인도의 고아에서 모두 해방시켜 주려고 생각하고 있었다. 그러나 안토니오 꼬레아만은 주인에게 간절히 동행을 자청하여 노예가 아닌 하인의 신분으로 피렌체까지 따라가게 되었는데, 이로써 그는 최초로 유럽 땅을 밟은 조선인이 된 것이다.

카알레티가 1597년부터 1599년까지 2년 반 동안 일본과 마카오 등지에서 체험한 보고서 속에 안토니오 꼬레아에 대한 기록이 있는데, 그 후 내용이 보완되어 1701년 『피렌체 상인 프란체스코 카알레티의 여행기』로 피렌체에서 출간되었다. 이 여행기 속에는 안토니오 꼬레아의 행적을 알려 주는 매우 중요한 글귀가 시선을 끈다.

"지금쯤(1606년) 안토니오 꼬레아는 자유의 몸으로 로마의 거리를 거닐고 있을 것이다."

이처럼 안토니오 꼬레아는 이탈리아에서 성공한 젊은 사업가로 활동했다고 전해지며, 꼬레아라는 성을 지닌 후손들이 지금도 그의 빈 자리를 메우며 살아가고 있다고 한다. 이 시기에 거상이었던 그는 당대의 저명 화가로 당시 이탈리아에 유학와 있던 루벤스와도 자연스레 만나 자신의 초상화를 그렸을 것으로 생각된다.

그림에서 보듯이 머리에는 건을 쓰고 편복을 입고 있는 조선 청년의 편안하고 여유있는 자태가 인상적이다. 이 한 폭의 그림 속에는 먼 이국에서 항상 조국을 그리며 언젠가 초상화의 모습으로라도 조국에 가야겠다는 그의 염원이 담겨 있는 듯하다.

사비에르와 마테오 리치 동아시아에 기독교를 전파한 사람들

　이 삽화의 제목은 「사비에르와 마테오 리치」로, 마테오 리치 신부가 죽자 그의 일기를 트리고 신부가 재편집하여 1617년 독일에서 출간한 『동아시아 선교』의 첫머리에 실려 있다. 그림에서 신전의 중앙 상단에는 천사가 호위하는 가운데 십자가 주위에서 크리스트교의 전파를 의미하는 태양 빛이 퍼져 나오고, 신전의 양편에는 중국과 일본 등 동양 선교의 발판을 마련한 상징적인 두 인물이 보인다. 왼쪽에는 동아시아 전교의 선구자인 스페인 출신의 프란시스코 사비에르가 꽃가지를 들고 서 있고, 오른쪽에는 최초로 중국 선교를 시작했으며 만국지도와 한역 서학서를 통해 조선에 서양 지식을 전달한 마테오 리치가 선교 대상지인 동아시아를 바라보고 있다. 특히 선교 지역을 나타낸 동아시아 지도 속에 반도 형태의 조선이 유달리 크게 부각되어 있어 눈길을 끈다(1615년에 발행된 같은 책 라틴어판에서는 한국이 여전히 섬나라로 그려져 있다).

　이처럼 책의 대표적인 주제를 함축하고 있는 삽화에서, 그들이 염원하는 종국적인 전교의 목적지가 조선이었음을 읽을 수 있다. 마테오 리치는 서양인이 제작한 지도에서 최초로 우리 나라의 모습을 섬에서 반도 형태로 전환시키는 데 공헌한 사람이기도 하다. 또한 그는 1601년부터 북경에 거주하면서 한역을 통해서 조선인들에게 서양의 새로운 지식을 처음으로 전해 주었다.

15세기부터 유럽에서 시작되는 대항해 시대는 크리스트교 전파를 통한 정신적인 지배와 향료 등 각종 특산물 획득에 그 목적을 두고 진행되었다. 특히 스페인과 경쟁하고 있던 포르투갈은 중국과 일본 등 동아시아 지역에 진출하기 위한 전초기지로서 1557년 마카오를 선점한다. 이 시기에 유럽에서는 교회 혁신과 동방 전교를 위해 사비에르 등이 중심이 되어 예수회를

결성하고, 포르투갈 국왕까지도 이들의 후원자로 지원하게 된다.

이러한 배경에서 사비에르는 서양 선교사로는 최초로 1542년 일본에 도착함으로써 동방 선교의 선구자가 된다. 그는 일본에서 2년 3개월간 활동하면서 조선 등 동아시아 선교를 위해서는 우선 중국 전도가 선행되어야 함을 자각하게 되었고, 마침내 1552년 8월 중국에 들어가나 그 해 12월 세상을 떠나고 말았다. 이렇게 그가 이루지 못한 소망을 이어받은 선교사가 동아시아 특히 중국 선교에서 가장 중요한 인물인 마테오 리치이다.

1577년 아시아 선교를 자원한 마테오 리치는 곧이어 중국 전교의 선봉장이 되었으며, 1589년 광동성, 1595년 강서성, 1599년 남경을 거쳐 1601년에 드디어 북경에 들어가게 된다. 이렇게 마테오 리치가 중국에서 성공적인 활동을 수행할 수 있게 된 이면에는, 동서양간의 이질적인 문화 충돌 가능성을 미리 간파하여 충격을 최소화하는 방법으로 중국인들의 호의를 얻어낸 그의 노력이 숨어 있었다.

우선 그는 중국 사회에 쉽게 접근하기 위해 처음 6년간은 승복을 입고 다녔는데, 승려보다는 유생의 사회적 지위와 권위가 높다는 것을 깨닫고 1594년 예수회의 허락을 받아 다시 유생복으로 갈아입었다. 당시 예수회의 일원이었던 그의 동료 선교사는 리치의 처신에 대해 이런 기록을 남겼다.

"마테오 리치는 어느 면으로 보아도 중국인과 흡사하다. 용모도 준수하고 품행도 다정다감하여 친근감이 넘칠 뿐만 아니라 중국인들이 가장 중시하는 유연성까지 지니고 있어 마치 중국인을 보는 것 같았다."

아울러 유럽에서 터득한 과학 지식과 습득한 중국어는 중국 지식층을 파고들어가는 데 커다란 무기로 활용되었다. 17세기 후반 프랑스의 대문호 샤또브리앙은 리치의 성공담을 이렇게 기록하고 있다.

"수학 등에 정통했던 리치는 서양의 과학 지식을 활용하여 유학자들 가운데서 동조자를 얻을 수 있었으며, 처음에는 승려복을, 그 다음에는 유생복을 입음으로써 중국의 현지 문화와 충돌을 피하고 북경까지 진출할 수 있었다."

리치는 북경에 들어가기 전에 당시 명나라 황제 신종에게 진상하기 위해 여러 가지 선물을 준비했는데, 그 중에서 가장 눈길을 끈 것이 자명종이었다. 자명종이 밤낮을 가리지 않고 매시각 자동으로 종을 치자 중국인들은 크게 놀랐다. 당시 자명종을 직접 관찰했던 중국 학자는 믿기지 않는 상황을 보고 이렇게 기록해 놓았다.

"자명종 속에는 여러 기관이 작동하고 있었는데 한 시간마다 종을 울린다. 이렇게 한결같이 일 년이 지나도록 종을 치는 시간에 차이가 없으니 너무도 신기한 일 아닌가."

또한 리치는 여러 권의 책을 저술했는데 『천주실의』 등 한역서와 『만국지도』는 조선 지식층에게 서양의 신앙과 윤리를 접하고 지리적 시야를 넓히는 새로운 지식의 길잡이가 된다. 1603년 사신으로 중국에 간 이광정이 리치의 『곤여만국전도』를 가져오자 이수광이 보고 크게 감탄하였는데, 1614년에 완성한 『지봉유설』에서 그는 리치의 저서 『천주실의』와 『교우론』 등을 읽고 서양 지식을 접하게 되었다고 적고 있다.

"유럽을 다른 말로는 대서국이라 한다. 마테오 리치라는 사람은 8년 동안 바람과 파도를 넘어 8만 리를 항해한 후 광동에 거주한 지 10여 년이 되었다. 그의 저서로는 『천주실의』 2권이 있다."

그는 이어서 리치의 『만국지도』에 대해서도 이렇게 기술하고 있다.

"1603년 내가 부제학으로 있을 때 북경에 갔다 돌아온 사신 이광정과 권희가 『구라파국여지도』 1건 6폭을 홍문관에 전달했는데, 이것은 북경에서 온 것이다. 그 지도를 보니 대단히 정교하고 특히 서역이 상세하다. 중국의 각 지역과 조선 8도 그리고 일본 60주까지 지리적인 원근과 크고 작음이 아주 세밀하고 정확하다.

이른바 구라파는 서역의 가장 먼 곳이어서 중국으로부터 거리가 8만 리나 된다. ……구라파의 경계는 남으로는 지중해, 북으로는 빙해에 이르고, 동으로는 도나우 강, 서로는 대서양에 이른다. 지중해란 이름은 천지의 중앙에 있다는 의미이다."

이러한 리치의 지리 지식은 조선의 지식층이 기존의 중국 중심의 세계관에서 벗어나 서양과 세계를 인식하는 계기를 만들었다.

그러나 이러한 리치의 효과적인 서양 지식의 전파와 선교 방법도 유럽 사회에서 새로운 논쟁의 대상으로 떠오르는 예기치 못한 국면을 맞게 된다. 중국의 전통적인 예식들이 미신이라고 믿는 도미니코 회와 유교와 어느 정도 조화를 이루면서 지식층부터 전교해 나가는 마테오 리치가 속했던 예수회 간에는 전도 방침에서 근본적인 견해차를 지니고 있었다. 따라서 스페인의 지원을 받는 도미니코 회와 프란시스코 회의 끈질긴 문제 제기로 결국 교황 클레멘스 11세는 1704년 중국 전례에 참가하는 것을 금지하는 칙령을 내린다. 이로써 그 동안 크리스트교의 전파와 서양 지식 도입을 명료하게 구분하면서 선교사들의 활동을 수용해 왔던 강희제도 로마 교황과 정면으로 대립하게 된다.

당시 유럽의 지식 사회를 선도했던 프랑스의 계몽철학자 볼테르는 이 같은 대립에 대해 "외국의 문화를 인정하지 않고 우리 것만 고집하는 것은 지식의 생성 자체를 막는 것이고, 이러한 타문화에 대한 거부감과 반목은 앞으로 실현될 원대한 목적을 저해하는 것이다"라며 유감을 표시했다. 바로 이러한 유럽 국가와 교회의 계파간 내분이 예식 문제로 비화됨으로써 중국에서의 크리스트교 발전은 급격히 제한되었고 마침내 쇄국이라는 단절 상태에까지 이르게 되었다.

아담 샬

아담 샬과 지구본.

이 삽화는 독일 태생의 천문학자이자 예수회 소속 선교사였던 아담 샬이 지구본을 곁에 두고 연구에 몰두하는 모습으로, 1665년 오스트리아 빈에서 발간된 그의 회고록『중국에서 예수회의 선교 역사』의 첫머리에 실린 것이다. 아담 샬은 이 회고록에 조선의 소현세자에 대해 적고 있는데, 그와 교분이 두터웠을 뿐 아니라 크리스트교와 서양 지식에 대해 여러 차례 학문적인 대화를 나누었으며, 왕세자가 떠날 때 과학서와 종교 서적 등을 선물로 주기도 했다고 회고했다. 아담 샬은 당시 중국에 파견된 대부분의 선교사들이 그랬듯이 천문학, 수학, 역학 등 선진 지식을 두루 겸비한 뛰어난 과학자였다.

그렇다면 아담 샬과 소현세자는 어떻게 만나 어떠한 교분을 나누었을까. 마테오 리치가 사망하자 함께 활동했던 트리고 신부는 1612년 중국을 떠나 로마로 가 선교사 증파 등 지원을 요청하였다. 그 후 1620년에 그는 약 7천 권의 서양 서적과 증원된 선교사들과 함께 북경으로 돌아오는데, 이 일행 속에 아담 샬도 끼여 있었다. 리치는 지난날 중국 황제와 직접 인간적인 관계를 맺으려다 결국 성공치 못했으나, 아담 샬은 천문학 지식과 대포 제조 기술을 통하여 중국에 들어온 서양 선교사로서는 최초로 황제와 친분을 갖게 된다. 명과 청이 최종적으로 힘 겨루기를 벌일 때 아담 샬은 대포 주조 등 서양 기술로 끝까지 명나라를 돕고 있었다. 결국 청나라가 명을 제압하고 새로운 왕조를 수립하지만 서양인들의 과학 지식을 활용하기 위해 그들을 적극적으로 포용한다. 이처럼 아담 샬은 그가 지닌 탁월한 지식으로 청의 조정과도 가까이 지닐 수 있게 되었다. 이러한 과정에서 당시 인질로 북경에 체류하고 있던 조선의 왕자와도 만나게 된다.

명, 청의 전환기에 숭명배청의 명분으로 인조를 옹립한 조선에 대해 1636년 청나라는 군신 관계를 확고히 하기 위해 대군을 거느리고 침략해 왔다.

이 때 인조는 남한산성으로 피신하였으나 결국 삼전도에서 무릎을 꿇고 말았다. 이 과정에서 조선의 두 왕자 소현세자와 봉림대군이 인질로 심양으로 붙들려가게 된다. 이후 소현세자는 청 황제의 북경 입성을 따라 1644년 9월 자금성으로 거처를 옮기게 되었고, 11월 귀국시까지 약 70일간 아담 샬을 만나 교분을 쌓는 기회를 갖게 된다.

이 시기에 아담 샬은 왕세자와 서로 왕래하였으며, 서양 지식에 깊은 관심을 나타냈기 때문에 지구본을 포함한 과학 관련 물건뿐 아니라 서적, 특히 종교 서적과 예수의 초상도 선물로 전달했다고 밝히고 있다. 이 같은 사실은 소현세자가 아담 샬에게 보낸 서신에서도 확인할 수 있다.

"어제 천만 뜻밖에도 보내 주신 천주상, 천구의, 천문서, 여러 서학서 등의 선물을 배수하옵고 제가 얼마나 기쁘고 감사하옵는지 귀하는 상상조차 못 하실 것입니다. 서둘러 서너 권의 책을 탐독해 보니 정신 수양과 덕성 함양에 적합한 도리가 명확하게 구비되어 있음을 즉각 깨닫겠나이다. 우리 나라에서 전혀 알지 못하는 이러한 내용들은 우리에게 지식의 빛이 될 것입니다. 천주상을 벽에 걸고 보면 세상의 잡념이 사라지고 진정으로 마음의 평화를 느끼게 됩니다. 생전 듣도 보도 못한 천구의와 서학 책을 저에게 주시니 너무 기뻐 꿈인지 생신지 모르겠습니다. 우리 나라에도 이러한 것이 없는 것은 아닙니다만 수백 년 동안 천행에 맞지 않아 진품이 아니라는 데 의심의 여지가 없었습니다. 이제 진품을 얻게 되니 어찌 이 기쁨을 말로 다 표현할 수 있겠습니까. 고국에 돌아가면 궁궐에서 사용케 하고 또 출판도 하여 식자들에게 전파할 것입니다. 우리 백성들도 서양 과학에 존경과 감사를 보낼 것입니다."

그러나 왕세자는 그가 받은 물건들 중 천주상에 대해서만은 국내의 문화 충격까지 감안하여 정중히 돌려보내면서 서양 문물에 대한 사려 깊은 분별력을 보여 주고 있다.

"그러나 종교서와 천주상은 고국에 가지고 가고 싶지만 우리 나라에서는 아직 천주교를 이해하지 못하고 있기 때문에 이단시되어 천주의 존엄에 누를 끼치게 되지 않을까 우려해서 천주상을 돌려보냅니다. 제가 답례로 어떠한 귀중한 물품을 보낸다 해도 당신의 은혜에 비하면 매우 보잘것없다는 것을 잘 알고 있습니다."

그 후 소현세자는 9년간의 인질 생활을 끝내고 1645년 1월 서울로 돌아오지만 부친인 인조는 반기기보다는 오히려 청이 압력을 가해 양위를 강요하지나 않을까 의심을 품었다고 한다. 결국 소현세자는 서구 문물을 도입하려는 계획을 펴 보지도 못한 채 2개월만에 갑작스런 의문의 죽음을 맞게 된다. 당시 왕세자의 죽음을 『조선왕조실록』은 이렇게 기록해 놓고 있다.

"세자는 귀국한 지 얼마 되지 않아 병을 앓다 며칠 뒤에 사망했다. 온몸이 새까맣게 되고 몸에 난 일곱 군데의 구멍에는 선혈이 낭자했다."

그의 죽음은 왕권과 당쟁 때문에 자행된 독살로 추정되며, 이로써 서양 지식을 전파시킬 선도적이고 핵심적인 인물을 잃고 말았다. 또한 이것은 조선의 학문이 서양 지식의 도입으로 보다 폭넓게 발전할 수 있는 아주 소중한 기회를 상실하는 매우 안타까운 사건이었다.

중국의 속국으로 인식된 조선 조선은 독립된 왕국

    이 삽화(그림-1)는 1665년 암스테르담에서 발간된 요안 니위호프의 저서 『동인도 회사 중국기』의 첫머리에 실린 것으로, 조선이 중국의 지배하에 있는 것처럼 묘사하고 있다. 서양인들의 이러한 인식은 특히 『하멜 표류기』에 기인한 바 크다. 하멜은 이 책에서 "1659년 4월에 국왕이 승하하시자 세자가 청국의 승인을 얻어 왕위를 계승했다. ……청국 사신이 오면 왕은 몸소 모든 신하들을 이끌고 서울 외곽까지 나아가 그를 영접하였으며, 사신들의 숙소까지 동행한다. 또한 조선인들도 사신을 왕 이상으로 받든다"라고 기술하고 있는데, 이 내용이 당시 간행된 여러 서적에서 반복적으로 인용됨으로써 조선이 중국의 속국이라는 이미지가 뿌리내리게 된다. 또한 스페인의 팔라폭스 주교가 1669년에 『청의 중국 점령사』 불어판을 내면서 서두에 조선이 청국의 강력한 영향권 내에 있음을 상징적으로 내비쳤다(그림-2). 이것은 조선이 중국에 정기적으로 사신을 보내 조공을 바치고 세자 책봉 등 중대사를 허락받는 등 중국의 속국으로 인식되고 있었음을 말해 준다.

    팔라폭스가 병자호란을 묘사한 대도이다.

    "청은 조선과 우호관계를 맺어 후방의 안전을 도모했으나 조선이 거절하자 대군으로 침공하여 병자호란을 일으켰는데 조선은 이에 굴복하였다. 조

[그림-1]

선은 전쟁의 종식을 통하여 국가의 안위를 보호하고자 왕이 머리를 숙이는 조치를 취한 것이다. 앞으로 전진하기 위한 일보 후퇴였다. 청은 조선에서 철군하였고 왕자들이 인질로 보내졌는데, 그들은 청의 극진한 예우를 받았으며 그 후 조선으로 귀국하였다."

이러한 중국의 속국 이미지는 우리와의 직접 접촉이 이루어진 19세기 초엽까지 서양인들의 기록에서 종종 발견된다. 이처럼 17~19세기의 서양인들은 조선이 비록 독립된 왕국이지만 중국과 속국 관계에 있다고 여겼다.

서양인들은 19세기 초엽에 가서야 비로소 조선과 중국의 실질적인 관계를 이해하기 시작한다. 1817년 런던에서 간행된 맥레오드의 항해기는 속국이라는 기존의 시각에서 벗어나 조선과 중국과의 관계를 보다 구체적으로 재조명해 주고 있는데, 이것은 직접 조선 관리를 만났던 그들에게서 나타난 특징적인 변화라 할 수 있다.

"조선은 중국의 속국으로서 예우를 표하기 위해 사신을 보내고 있다. 그러나 면밀히 관찰해 보면 조선은 절대 군주에 의해 자치적으로 통치되고 있음을 감지할 수 있다."

반면에 1795년 영국에서 발간된 지리 사전이나 1836년 프랑스에서 간행된 지리학서 등 서양의 일부 자료들은 여전히 조선이 속국이라고 기술하고 있다. 또한 1826년 프랑스에서 발행된 『항해 역사』에는 조선인이 활을 잘 쏘는 민족으로 강하게 부각되어 있는 반면, 『하멜 표류기』와 18세기의 한국 관련 고서를 따라 조선이 중국의 속국이라고 적고 있다. 이처럼 19세기 중반까지도 서양인들에게 조선이 중국의 절대적인 영향권에 있다는 인식이 강하게 심어져 있었다.

1854년 조선 탐사에 동행한 러시아의 문호 곤잘로프의 항해기 『팔라다 호』에서 그는 조선과 중국과의 관계를 이렇게 조명하고 있다.

[그림-2]

"정통성을 지닌 군주가 백성을 다스리고 있고 고유한 언어와 법도를 지니고 있다는 정치적인 관점에서 조선을 독립된 왕국으로 부를 수도 있을 것이다. 그러나 왕의 자격에서 볼 때 역대 왕들이 왕위에 오르면 중국 황제로부터 즉위에 대한 승낙을 받고서야 비로소 왕의 자격을 갖게 된다. 군주의 왕권을 승인한다는 사실은 조선이 중국에 종속되어 있음을 의미하는 것이다. 그리고 매년 상당수의 조선 사신이 중국 황제에게 새해 인사를 드리러 간다. 이것은 독립된 가정을 꾸리고 있는 자식들이 아비에게 의존하고 있는 상태와 유사하다고 할 수 있다. ……언젠가 조선 해안에 유럽 선박이 나타나자 해안에서 떠나도록 명령하고서 이를 중국에 보고한 적이 있다. 그 때 중국 황제는 그러한 사항은 일일이 보고할 필요가 없으며 모든 일을 알아서 조치하도록 조선에 통보하였다. 또한 중국과 조선은 협정을 맺어 두 나라 국경선에 완충 지역을 만들어 불미스런 충돌이나 불화를 방지토록 했다."

1865년 북경에 주재하고 있던 프랑스 공사 베르테미는 이미 조선에 잠입하여 포교하고 있는 자국 선교사의 신변을 보호하기 위해 중국 정부에 도움을 청했다. 이러한 사정과 이에 대한 중국의 답변은 양국간의 관계를 극명하게 설명해 주는 적절한 사례라 할 수 있다.

"프랑스 신부들이 조선에서 전교를 원하니 공식 문서로 이 사실을 조선에 통보해 주기 바란다"는 프랑스의 협조 요청을 받은 중국은 "비록 조선이 중국의 속국이긴 하지만, 단지 연호를 받고 매년 조공할 뿐…… 조선이 자주적으로 결정할 문제이다"라고 답하면서 프랑스의 요구를 거절했다.

조선에 대한 종주국으로서 중국의 이러한 위상은 청일전쟁 이후 일본에 넘어간다.

하멜의 제주도 표착

1653년 8월의 어느 날, 네덜란드 상선 스페로호크 호가 제주도 앞바다에서 폭풍을 만나 난파한다. 승선한 64명 가운데 36명만이 살아 남아 육지에 상륙했다. 이들 네덜란드인들이 벨테브레(1627년에 조선에 표착한 후, 이름을 박연으로 개명하여 귀화했다). 이후 서양인으로는 최초로 우리 땅에 표착한 것이다.

이 무렵 네덜란드는 동인도회사를 설립하여 교역의 범위를 대만과 일본까지 확대하면서 동아시아 지역에서 활발한 해상 활동을 벌이고 있었다.

이들도 우리 땅에 억류당하는데, 이 배의 서기였던 하멜과 일행 일곱 명이 모진 억류 생활 13년 28일만에 극적으로 탈출하여 나가사키에 도착한다. 하멜은 귀환하여 자신의 체험담을 1668년『화란선 제주도 난파기』와『조선왕국기』로 출간하였다. 흔히『하멜 표류기』로 알려진 그의 견문록은 조선왕국의 실체를 파악하려는 서양인들에게 오랜 기간 동안 지침서 역할을 하였다. 이 책에는 조선 표류에 관한 8종의 목판화가 수록되어 있는데(그림-1), 이것은 하멜 일행이 제주도에 표착해서부터 탈출하기까지의 과정에서 겪었던 일 중 극적인 장면만을 재현한 것이다.

서양에서 인쇄된 최초의 한국 풍물 삽화라고 할 수 있는 이 판화들은

[그림-1] 우발적인 서양인 표착 — 하멜 표류기 삽화.

1668년 암스테르담의 벨센 출판사와 로테르담의 스티쉬테르 출판사가 발행한 책들에 소개되어 있다.

　삽화의 각 장면을 보면,

　1) 제주도 앞바다에서 난파된 네덜란드 상선 스페로호크 호가 높은 파도

에 휩쓸려 침몰하고 있고, 겨우 목숨을 건진 일행이 해안가에 보인다. 이들 대부분은 부상을 당한 상태여서 일부는 힘없이 주저앉아 있다(그림2).

2) 해안가에서 주로 활로 무장한 조선 군인 및 관리와 최초로 대면한다(그림3).

3) 조선 관리들에 의해 신문과 벌을 받고 있다.

4) 포로가 되어 서울로 압송되기 위해 선박으로 제주도를 떠나 육지로 향하고 있다.

"우리를 네 척의 배에 나누어 싣고 발에 족쇄를 채우고 한 손은 기둥에 묶었다. 아마 우리가 물속으로 뛰어들지 못하게 하려는 조치 같았다."

5) 조선 국왕 앞에서 선처를 빌고 있는 모습이다.

6) 전라도에 유배되어 사역을 하며 갖은 고생을 다하고 있는 광경이다.

[그림-2]

[그림-3]

7) 배를 탈취하여 일본으로 탈출하는 데 성공하고 있다.

8) 일본 나가사키 항에 도착하는 장면이다.

이리하여 실제로 한국에서 벌어진 광경은 7종이다.

그러나 이들 삽화에 등장하는 조선인들의 얼굴 모습과 의상은 물론 주변 풍경에서 전혀 한국적인 특징을 발견할 수 없다. 이렇게 그의 표류기에 수록된 판화들이 한국적인 특성을 시각적으로 전달하지 못한 데 반해 표류기의 내용들은 서양인들이 직접적인 접촉을 통하여 조선의 상황을 파악하기까지 약 200여 년간 조선에 대한 길잡이로서 막대한 영향을 끼쳤다.

내용의 일부를 보면, 법을 위반할 경우 매우 혹독한 형벌이 가해지는 엄격한 규율, 자식에 대한 끔찍한 사랑과 교육열, 친족간의 강한 가족애 등 조선 사회의 실상이 소개된 반면, 하층민들은 절도의 버릇이 있고 사기와 거짓말을 일삼으며 신용이 없다고 폄하하기도 했다. 또한 나라가 위급할 때 도망가는 등 비겁한 짓을 수치로 여기지 않으며 포식과 과소비적인 습성이 있다는 등 부정적인 면도 다소 과장되게 기술되어 있다. 이 중에서 서양인에게 가장 인상적으로 영향을 준 사항이 바로 조선은 입국한 외국인을 영구적으로 억류시킨다는 점이었으며, 이로 인해 조선은 외부 세계와 단절된 폐쇄적인 나라로 인식되게 되었다.

1787년 5월 한국 근해를 최초로 탐사한 프랑스인 라페루즈 선장의 항해기는 한번 들어온 외국인을 영구적으로 억류한다는 선입관이 얼마나 오랜 기간 동안 서양인들에게 각인되어 있었는지를 극명하게 보여준다.

"제주도는 유감스럽게도 외국과의 어떠한 접촉도 금지된 나라에 속한 영토로, 이 곳 해안에 표류했던 서양인들을 억류시켰다. 특히 하멜 일행은 13년만에 겨우 이 곳을 탈출했으며, 이러한 사실 때문에 우리는 해안으로의 접근을 조심하였다."

이와 같이 『하멜 표류기』는 서양에 조선의 폐쇄적인 이미지를 강하게 전달시키면서 상호간의 정상적인 교류 기회를 더욱 지연시키는 요인이 되었다. 그럼에도 불구하고 서양인들은 여러 경로를 통해 얻은 지식을 동원하여 베일에 가려진 조선 왕국의 실체에 접근하기 위해 다각적으로 모색해 나간다.

미지의 한국인 남녀

「한국의 남녀」라는 제목이 붙은 이 삽화는 서양인이 최초로 그린 한국인 그림이다. 프랑스 화가 셍 쏘베의 1806년판 채색 판화로 '아시아 왕국의 민족들'이란 시리즈 테마가 첨부되어 있다(그림-1). 이 판화가 제작된 시기는 서양인들에 의해 공식적인 조선 탐사가 이루어지기 직전으로, 당시 조선은 동양에서 마지막까지 베일에 가려진 미지의 왕국이었다. 이 그림은 입에서 입으로 전해지던 이야기를 바탕으로 그렸다는 점에서 특히 주목할 필요가 있다.

이와 흡사한 미지의 한국인 남녀를 그린 삽화가 1813년 파리에서 발행된 아시아 여행기에서도 발견된다. 얼핏 인디언이나 동남아의 원주민 같은 모습이 무척 황당한 느낌이다. 체형은 서구인과 다를 바가 없고, 복장은 그들이 먼저 접했던 동남아풍이다. 비록 외모는 이상하지만 세심히 관찰하면 곳곳에 조선의 특징들이 뚜렷하게 묘사되어 있음을 알 수 있다. 우선 조선의 갓에 대해 전해 듣고 그린 것으로 보이는 남자의 모자와 그의 강인해 보이는 골격, 돋보이는 여성의 머리 장식, 길게 늘어지는 한복과 색동 무늬, 그리고 여성이 손에 쥐고 있는 인삼 등에서 얼마든지 조선을 대표할 수 있는 풍물의 흔적을 찾아낼 수 있다. 이는 서양인들이 조선 왕국에 대해 지속적인

[그림-1] 미지의 한국인

관심을 갖고 있었다는 반증이다.

불과 19세기 초반까지만 해도 조선은 서양인들에게 생소한 나라였다. 하지만 이 무렵 동아시아에 있는 대다수의 나라들은 어떤 형태로건 이미 서양과 직접 접촉을 하고 있었다.

직접 접촉에 의한 한국인 묘사는 이로부터 10년 후인 1816년 영국의 항해기에 처음 나온다. 특히 1866년 병인양요시 강화도에 들어와 한국인의 생활상을 가까이에서 묘사했던 프랑스군 장교 주베의 "한국인은 황색 인종에 속하나 말레이시아인과는 현저히 다른 민족임을 알 수 있다"라는 기록에서 보듯이 한국인은 상당 기간 동안 동남아인들과도 구분되지 않는 등 미지의 민족으로 남아 있었다.

그러나 구한말 조선을 방문했던 대다수의 서양인들은 "한국인은 우선 체형에서 일본, 중국 등 주변국에 비해 월등하고, 독창성과 창의성을 지녔으며, 온순하고 친절하며 높은 도덕성을 지니고 있다"고 평가하였다.

한국인의 모습을 보여 주는 또 하나의 그림이 있다. 이 삽화는 프랑스의 저명한 지리학자 당빌이 1737년에 발간한 『신중국 지도첩』에 수록된 「조선 왕국 전도」와 그 오른쪽에 그려진 한복에 모자를 쓴 채 인삼을 들고 있는 조선 노인의 모습이다(그림-2).

삽화가 곁들여진 이 「조선 왕국 전도」는 서양에서 제작된 최초의 조선 전도로서 오늘날과 거의 같은 형태를 브여주고 있다. 그 당시 유럽에서 작성된 지도에서 조선은 세계 지도나 아시아 및 중국 지도상에 일부분만 나타나 있었다.

청의 강희제는 1707년 예수회 선교사들에게 전 중국에 걸쳐 측량과 지형도 작성을 명하였는데, 이에 따라 1708년부터 1716년까지 실질적인 정밀 측량을 통해 「황여전람도」를 완성하게 되었고, 이에 관한 자료가 프랑스에 전

[그림-2] 당빌의 「조선 왕국 전도」(1737년)와 모자 쓰고 인삼 든 조선 노인.
당빌이 1737년에 발간한 『신중국 지도첩』 안에 있는 우리 나라
지도로서 모자를 쓰고 인삼을 들고 있는 노인의 모습이 그려져 있다.
이것은 서양에서 발간된 첫 조선 전도라는 점과 지도의 정확성과
신빙성으로 그 이후에 제작된 지도들의 모형이 되었다.

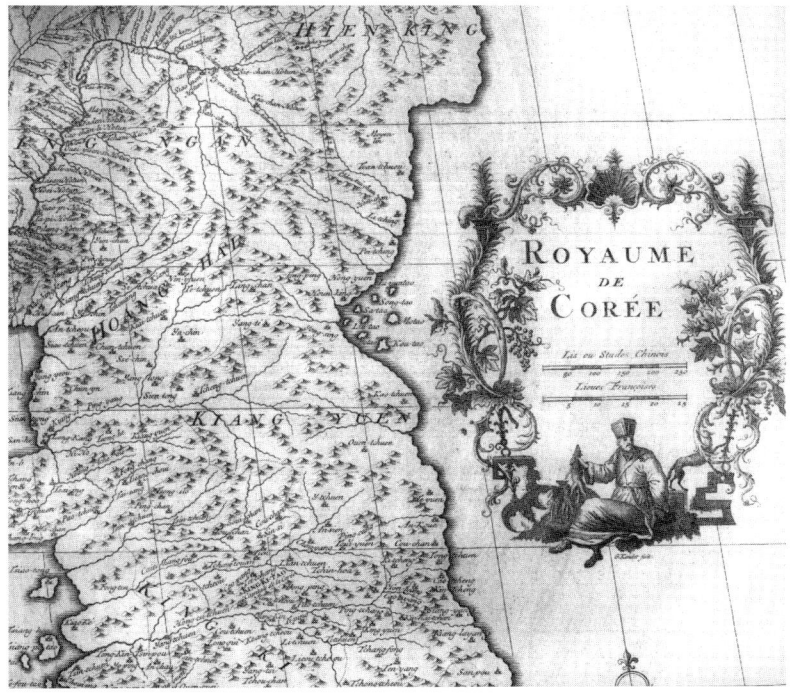

달되어 당빌이 『신중국 지도첩』을 발간한 것이다.

　이 시기에 지도 제작에 참여했던 프랑스 신부 자르뚜 등 3명이 1709년 조선 국경까지 접근하여 조선 입국을 시도하다 실패했다는 사실에서 당시의 측량이 얼마나 세밀하게 이루어졌는가를 알 수 있다. 따라서 이 지도는 정확성과 신빙성으로 인해 이후에 발행되는 서양 지도들의 표본이 될 만큼 권위를 지니고 있었다. 특히 여기에 실린 '인삼을 든 조선인'은 아직 서양에 제대로 알려지지 않은 미지의 조선인을 특징 있게 그린 최초의 서양 삽화로서 서양인들에게 인삼, 모자, 그리고 독립 왕국이라는 이미지를 태동시켰다는 데서 중요한 가치가 있다.

　이와 같이 미지의 한국인을 그린 삽화는 자발적인 직교류가 실현되는 19세기 초엽에도 지속적으로 발견된다. 특히 셍 쏘베의 「한국의 남녀」에서도 인삼과 모자가 특징있게 그려졌음에서 볼 수 있듯이, 이 시대의 서양인들에게 한국에 대한 정보들이 비록 단편적이긴 하지만 적지 않았음을 확인시켜 준다. 이렇게 그들은 동쪽 끝에 있는 조선과 조선인에 대해 관심을 갖고 머릿속으로 상상해 가며 접근해 오고 있었다.

　따라서 직접적인 접촉을 통해 묘사된 삽화가 전파되기 이전까지 서양에서 한국과 한국인의 모습은 여행기와 구전을 통해서 얻어진 지식을 바탕으로 인지되고 있었다. 서양인들에게 한국의 실체가 제대로 드러나는 데는 여전히 얼마간의 시간이 더 필요했다.

　병인양요를 통해 주베가 비로소 한국인이 말레이시아인과 상당히 다르다는 것을 알았듯이 프랑스에서도 한국인이 상당 기간 동안 동남아의 열대지역 민족들과 특별하게 구별되지 않고 있음을 읽을 수 있다.

　이러한 점은 구한말 영어학교의 미국인 교사 지포드가 1898년 발간한 조선 체험기에서도 극명하게 나타난다.

"근자에 일어났던 청일전쟁을 통해 조선이 주목받게 되면서 상당히 알려졌음에도 불구하고 아직도 많은 수의 미국인들이, 조선을 열대 지역에 있는 섬나라로 생각하고 있다는 사실에 놀라움을 금치 못했다."

더욱이 유럽의 다국적 식품회사인 리빅 사가 1904년에 발행한 판촉용 광고 카드에서도 조선 여인을 열대 지방의 화려한 의상을 걸치고 몸의 일부를 노출시켜 소개하고 있는 데서 이는 잘 드러난다(그림-3).

이처럼 개항된 지 수십여 년이 지난 20세기 초까지도 일반 서양인들에게 한국은 동남아의 열대 지방으로 잘못 인식될 정도로 우리에 대한 인지도는 매우 미약한 수준이었다.

[그림-3] 조선 귀부인과 서울 거리.

조선의 산삼 　신이 내린 약초

　　마치 식물도감에 실린 그림처럼 세밀한 이 삽화는 프랑스 선교사 자르뚜가 1711년 4월 12일 북경에서 보낸 서신과 함께 직접 그려 보낸 산삼의 모습이다. 1709년 청나라 강희제는 예수회 프랑스 신부들에게 지도 제작에 사용할 지형 자료 수집을 위해 조선을 관찰하도록 했다.

　　자르뚜 일행은 그 해 압록강과 두만강 하구까지 도달하여 그 위치를 측량했으나 조선 국경을 넘지는 못했다. 자르뚜 신부는 이 때 조선 국경 부근의 한 마을에서 채집한 산삼을 세밀히 관찰한 다음 부위별로 자세히 그려 산삼의 약효와 식별법 등에 관한 상세한 보고서를 작성했다. 특히 조선 국경 지역과 조선에서 캐낸 산삼의 효능이 가장 탁월하다고 강조한 이 보고서에서 그는, 서양에서는 깊은 산과 숲이 우거진 캐나다 지역에서 유사한 종류의 산삼을 찾을 수 있을 것이라고 예측했다. 과연 놀랍게도 몇 년 후 그의 예상은 적중하여 그의 기록과 삽화를 토대로 캐나다의 라피토 신부가 마침내 몬트리올의 산속에서 산삼을 찾아냄으로써 미국산 산삼의 효시가 되었다.

　　17세기 말에 프랑스의 아카데미 프랑세즈에서 산삼의 실제 효과에 대한 토의가 있었는데 당시 북경에 주재했던 자르뚜는 산삼에 대한 좀더 구체적인 보고를 요청받았을 것으로 보인다. 1711년 그가 서신 형식으로 자세히 기

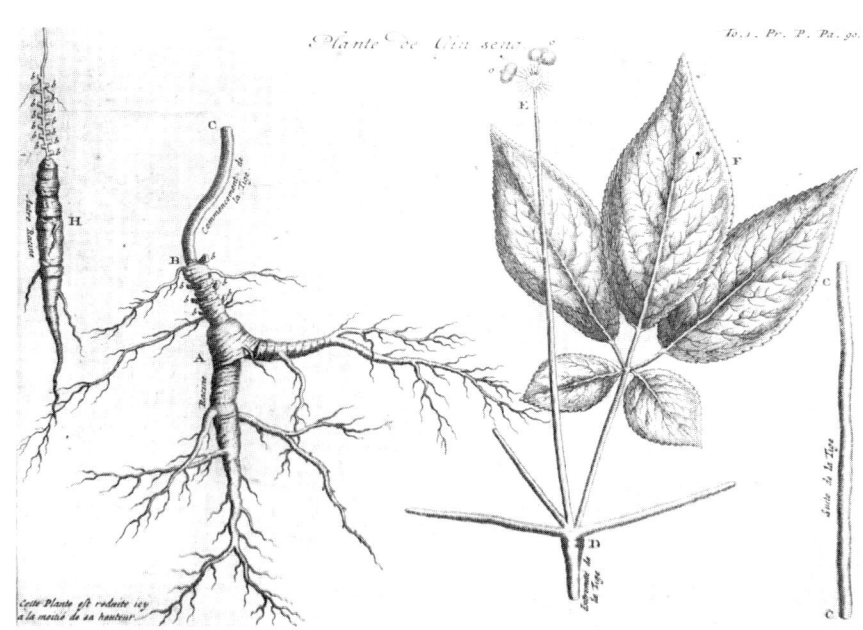

자르뚜 신부가 직접 그린 산삼.

록한 보고서에서 조선 국경에서 발견한 산삼에 대해 이렇게 기록하고 있다.

"1709년 조선에서 그리 멀지 않은 한 마을에 도착했는데 거기서 한 주민이 산삼 네 뿌리를 캐 가지고 왔다. 산삼은 매우 귀해 일반인들이 먹기에는 엄청나게 비싼 것이어서 황제에게 바치는 진상품으로 쓰인다. 나는 직접 본 산삼을 자세히 그릴 수 있었다. ……산삼은 혈액 순환과 노화 방지 등 갖가지 질병에 효험이 있으며 장수에 효과가 있다. 나는 효과를 시험하기 위해 산삼 반 뿌리를 그냥 날것으로 씹어먹었다. 한 시간 후에 실제로 맥박이 빠르게 뛰고 활력이 솟는 것을 느낄 수 있었다. 또한 식욕도 좋아지고, 전에 느껴보지 못했던 기운이 넘쳐흘렀다. 그러나 사흘이 지나자 다시 피곤해지면서 전과 같아졌다. 다시 산삼 반 뿌리를 먹었더니 기운이 나고 건강이 좋아졌다. 그래서 이후부터는 가끔씩 복용했는데, 그 때마다 몸이 매우 가뿐해지고 활력 있게 생활할 수 있었다."

이렇게 그는 산삼을 직접 복용하그 스스로 임상 실험을 한 후에 산삼의 효능을 확신하게 되었던 것이다. 따라서 그는 보고서에서, 서양에 이와 유사한 종류의 산삼이 존재할지 모르니 반드시 찾아봐야 한다고 강조하면서 이를 위해 산삼을 부위별로 정밀하게 묘사한 도감은 물론 산삼이 발견될 가능성이 있는 지역까지 자세히 언급했다.

"산삼을 발견한 지역은 북위 39~47도, 경도 19~20도이다. 여러 가지 정황으로 볼 때 이러한 식물은 숲이 울창하고 산세가 수려한 캐나다에 있을 것으로 생각된다. 이 지역 주민들은 이와 유사한 종류의 식물을 찾을 수 있을 것이다. ……산삼을 정확히 식별하기 위해 가능한 한 실제와 거의 일치하게 세부적인 부분까지 그려서 보내니 참고하기 바란다."

이렇게 동서양을 막론하고 인간은 누구나 무병장수를 갈망하면서 고대부터 지금까지 끊임없이 무병장수할 불로초를 찾아 오고 있다. 산삼은 수천 년에 걸쳐 장수에 가장 효험 있는 약초로 소중히 여겨 왔다. 산삼이 기적의 강장제라는 기록은 이미 중국의 진한시대에 발간된 의학서에서 찾아볼 수 있다. 5세기경에 저술된 『신농본초경(神農本草經)』은 산삼의 효능을 보다 과학적으로 기술한 최초의 한의학서인데, 산삼을 최상의 약재로 분류하면서 "오장을 보하고 정신을 안정시키며 공포증을 없애 주고, 눈을 밝게 하고 두뇌에도 좋으며, 얼마 동안 먹으면 몸이 가벼워지며 생명이 연장된다"라고 적고 있다. 우리 나라에서는 고구려와 만주 지역 거주민들이, 잘못 먹은 독초의 독성을 제거하고 치료제로 쓸 야생초를 찾던 중 가장 우수한 효능을 지닌 산삼을 발견하게 되었다고 전해진다.

인삼은 국제적으로 진셍(GINSENG)으로 통용되는데, 여기서 'GIN'은 인간을 뜻하고 'SENG'은 뿌리를 의미하는 중국어로, 이는 인삼의 형태가 인체의 형상을 하고 있기 때문이다.

인삼의 효능이 알려지면서 서양에는 1610년경 네덜란드 상인에 의해 처음으로 소개되었고, 영국도 동인도회사를 통해 인삼을 들여왔다고 한다. 특히 한국의 산삼은 그 효능이 뛰어난 것이 알려지면서 서양인들은 한국을 산삼이 나는 미지의 신비한 나라로 생각하기 시작한 것이다. 따라서 서양인들의 의식 속에는 한국이 그들이 관심을 갖고 있는 생명의 약초인 산삼을 가진 나라로 강하게 인식되었을 것이다. 이런 점에서 최초로 그려진 자르뚜의 산삼 삽화는 매우 귀중한 가치를 지니고 있다.

서양의 기록에서 인삼이 처음 등장하는 곳은 『하멜 표류기』로 아주 간단히 언급하고 있으나 동아시아에서는 조선 인삼이 최상품임을 시사해 주고 있다.

"조선에서도 인삼 뿌리가 매우 많이 생산된다. 이러한 인삼은 청나라로 보내는 공물에 활용되며, 이 나라의 중요한 특산물로서 중국과 일본 등에도 수출한다."

또한 벨기에인 고생은 1902년 발간한 그의 여행기『조선』에서 한국 인삼이 진귀한 특산물로서 프랑스 국왕 루이 14세에게까지 진상될 정도로 명성이 높았음을 기록하고 있다.

"한국의 인삼은 쇠약하거나 빈혈 등에 탁월한 효능이 있으며, 만병통치제로 알려져 있다. 이것과 유사한 성분이 들어 있다는 코카와는 비교가 안 될 정도로 효험이 탁월하다고 한다. 이러한 인삼의 명성은 이미 오래 전부터 서양에도 전해졌으며, 태국 왕국의 사신이 태양의 왕으로 불리는 프랑스 국왕 루이 14세를 알현할 때에 가장 귀한 선물로 인삼을 진상했다고 한다. 특히 인삼은 비싸게 거래되어 왔는데, 그 가치는 무게로 따져 은의 3배에 달했다고 한다. 실제로 중국 여행 중에 이 같은 값에 판매되는 것을 목격했다."

이처럼 인삼의 진가가 17세기에는 서양의 상류층에도 알려졌으며, 특히 대외 문호 개방 이후 한국을 찾은 많은 서양인의 여행기에서도 인삼에 관한 내용을 쉽게 발견할 수 있다는 점에서 그들의 관심이 얼마나 컸는가를 알 수 있다.

구한말 황실 의사로서 미국 공사를 지낸 알렌은 그의 저서『조선 체험기』에서 "한국 인삼의 효능은 잘 알려져 있으며, 중국에서는 다른 어떤 나라에서 수입한 것보다도 비싼 값에 팔린다. ……어느 날 왕자를 진료할 때 열이 나면서 상처가 벌겋게 부어 오르는 것을 내리려 했으나 소용이 없었다. 나중에 알고 보니 빨리 쾌유하라고 그에게 인삼을 복용시켰다는 것을 알 수 있었다. 확실히 인삼에는 상당한 열 기운이 내포되어 있다"라며 인삼이 지닌 효능을 평가했다.

프랑스인 에밀 부르다레도 1904년 파리에서 발간한 그의 여행기『조선』에서 "양질의 인삼이나 홍삼은 금값과 같다. 햇빛에 잘 말린 흰색 건삼이 보통이지만 송도에 있는 황실 재배지에서는 최상품을 선별하여 단지에 넣고 쪄 내는 특별한 방법으로 효험이 높은 홍삼을 만들어 낸다. 아직도 조선에서는 산삼이 발견되고 있지만 그 값은 엄청나게 비싸다. 조선 인삼은 인기가 좋아 수출도 잘 된다"라고 적고 있다.

그러나 이러한 서양인들의 산삼에 대한 열정은 희귀성과 근대 의학의 발달로 감퇴되었다. 200여 년이 지난 1930~40년대에 미국에서 다시 인삼 열풍이 불기 시작했고, 1970년대에 들어서는 세계 의학계가 본격적으로 인삼을 주목하기 시작하면서 인삼의 인기가 확산되는 계기가 되었다. 1980년대에는 영국의 유명 팝 가수 클리프 리차드가 항상 미소를 지으며 젊음을 유지하는 비결이 인삼 복용에 있다고 서구 언론들이 대서특필하기도 했다. 또한 국제문제 전략가인 전 미국 국무장관 헨리 키신저도 인삼을 상용하면서 정력적으로 활동하고 있다고 밝히기도 했다.

현재 인삼의 성분이 암과 에이즈 등 불치의 병에도 강한 효력을 지니고 있다는 것이 점차 과학적으로 입증되면서 여러 나라에서 종자 연구 등 인삼 재배에 열을 올리고 있다.

잃어 버린 '한국해'

현재 세계 각국에서 발간된 지도에는 동해가 일본해로 명기되어 있다. 동해는 언제부터 무슨 이유로 지도 속에서 일본해로 둔갑한 걸까?

지리상의 발견 이후 서양의 여러 나라는 세계 지도 제작에 한창 열을 올렸다. 16세기 중엽에 제작된 초기 세계 지도들에는 한국 땅의 형태가 섬으로 나타나 있거나 아예 빠져 있다. 실크로드를 통해 교류하던 상인과 중국이나 몽고를 방문했던 사람들이 그 곳에서 한국이라는 존재에 대해 듣게 되고, 이들이 알려준 대로 지도 제작자들은 한국을 섬으로 표현했던 것이다. 그 당시에도 '동해'라는 이름의 바다가 있긴 했다. 그러나 이 때의 동해는 한반도의 동쪽을 의미하는 협의의 동해이기보다는 동방의 끝에 위치한 바다라는 뜻의 광의의 동해였던 것이 분명하다. 17세기 중엽에 들어서면서 한국은 길쭉한 섬의 모습을 벗어나 반도의 형태를 갖추기 시작했다. 동해라고 표기된 바다를 두고는 중국해니, 한국해니, 일본해니 하는 표현이 보이지만, 17세기 말까지는 동양해라는 표기가 주종을 이루고 있다. 그들은 가장 동쪽에 있는 바다를 두고 동양해라는 이름을 붙였는데, 처음에는 인도양이 가장 동쪽에 있는 바다라고 생각해서 그렇게 불렀다. 그러나 중국의 남쪽 바다를 발견한 뒤로는 그 바다를 동양해라 불렀으며, 최종적으로 한국의 동해를 동양해로 수정 표기하면서 동쪽 끝에 있는 바다에 대한 생각을 고쳐 갔다. 그런 동양해 표기가 바로 우리 동해에서 멈춰섰다.

서양 사람들은 지구의 동쪽 끝에 있을 해 뜨는 바다를 향해 물리적, 정신적으로 동경하면서 탐사를 계속해 나갔고, 동해는 일정 기간 동안 자연스럽게 동양해로 표기되었다.

그런데 서양에서 천문학과 지리학이 과학화되어 가고 조선 왕국의 실체가 드러나기 시작하는 18세기에 이르러서는 동양해라는 너무도 광역적이고 포괄적인 명칭을 좀더 구체화시킬 필요성이 대두되었다. 이 시기에 프랑스의 기욤 드릴(1675~1726)은 처음으로 과학적인 지도를 제작함으로써 이 분야를 선도해 갔는데, 그의 지도들은 동해 표기에 얽힌 비밀을 명확하게 풀어 준다. 서양에서 지도 제작의 주도권은 16세기에는 포르투갈과 스페인이, 17세기에는 네덜란드가 잡고 있었으나 18세기에 이르면 프랑스로 넘어가

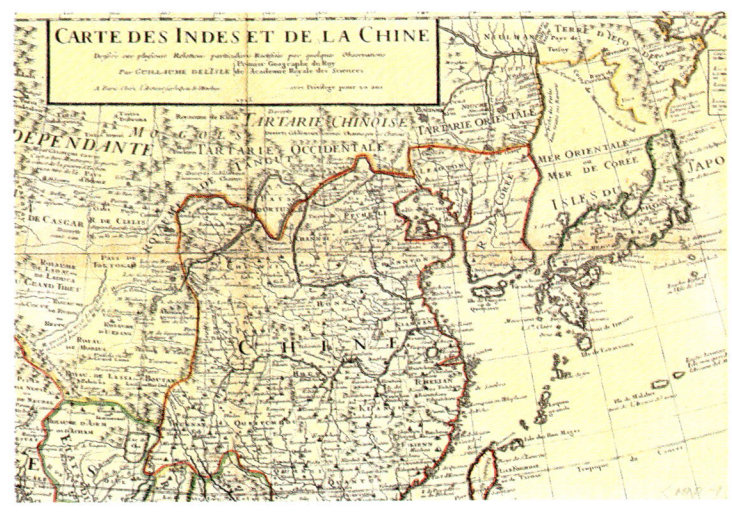

[지도-1]

[지도-2] 1800년 제작.

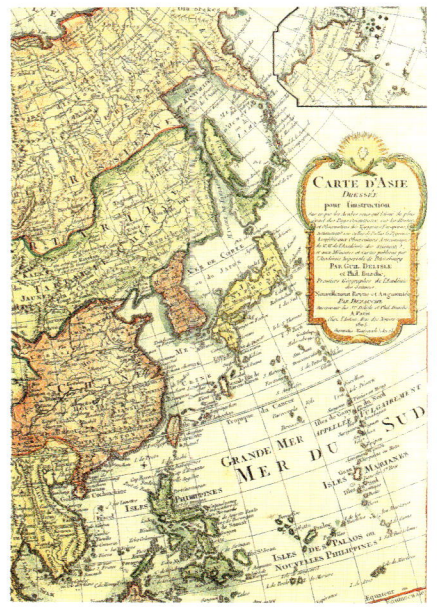

[지도-3] 1805년 제작.

고, 그 후에는 영국이 주도권을 쥐게 된다.

18세기에 프랑스가 지도 제작의 주도권을 갖게 되는 데에는 그만한 배경이 있다. 이미 1666년에 콜베르의 주도로 설립된 왕실 과학 아카데미는 외국의 저명한 지리 전문가들까지 초빙하면서 명실공히 유럽 최고의 권위를 지니게 되었다. 또한 국가 차원에서 학식 있는 선교사들을 동양 등 각처에 파견하여 세계 지리를 전문적으로 조사케 했다. 1667년에는 막대한 비용을 투자해 파리 천문대를 설치하고 이탈리아의 저명한 천문 지리학자 카시니를 초빙해 왔다. 카시니는 삼각측량법으로 지구의 형태를 연구하는 등 서양 과학계에 지대한 영향을 끼친 인물이다. 우리 나라에서도 영조 시대인 1744년에 카시니의 신법을 역서에 도입할 정도였다.

기욤 드릴은 카시니의 제자로 스승의 측량법을 계승 발전시켜 서양에서 최초로 과학화된 지도를 만들어 내기에 이르렀다. 이 시기부터 유럽의 거의 모든 지도는 프랑스 지도를 따랐다. 기욤 드릴은 1702년 왕실 과학 아카데미 회원이 되었고, 1718년에는 왕실 최고 지리학자라는 영예를 받기도 하면서 프랑스뿐 아니라 세계적인 명성을 지니게 되었다. 또 그의 부친과 동생, 사위까지도 저명한 지리학자로서 프랑스 지도를 발전시켜 나간 장본인들이었다.

기욤 가문에서 만든 지도에서부터 그 동안 동양해, 중국해, 일본해라고 부르던 혼선을 정리하고 동해를 한국해라는 이름으로 공식화해 가는 과정을 볼 수 있다. 우선 1700년에 발행된 기욤 드릴의 세계 지도에 동양해라고 표기되었던 동해가 1705년에 나온 인도 및 중국 지도(지도-1)에서는 '동양해 또는 한국해'라고 복기되면서 한국해의 표기를 예시했다. 특히 이 지도는 한국과 일본, 러시아의 캄차카 반도가 비교적 균형 있게 나타나 있어 권위를 더했다. 그리고 이후부터 제작된 1700년대와 1800년 지도(지도-2)에 이르기까지 18세기의 모든 드릴 가문의 지도에는 동해가 '한국해'로 100여 년간 공식화되었다.

한국해라는 이름이 세계적으로 가장 권위있는 지도에서 1세기 동안 공식화되었고, 유럽의 대다수 지도들도 이러한 프랑스 지도의 표기를 따랐던 것이다. 이와 같이 18세기 100여 년 동안 동해는 '한국해'로 세계 속에 살아 숨쉬고 있었다.

그러나 1805년에 나온 드릴 가문의 지도(지도-3)에서는 안타깝게도 동해가 '한국해 또는 일본해'라고 다시 표기되면서 100년 전에 그러했듯이 일본해로의 표기 전환을 예고했다. 다만 이 지도에는 일본해라는 표기가 한국해보다 유달리 작은 글자로 부기되어 있어 이 시점까지도 한국해라는 표기가 위상을 지키고 있었음을 시사해 준다. 또한 1811년 프랑스의 들라마르쉬 등 그의 제자들이 제작한 지도(지도-4)에서도 계속 한국해라는 명칭이 유지되었다. 그러나 결국 1819년 들라마르쉬의 지도(지도-5)에서 동해가 일본해로 바뀌어진다.

이렇게 일본해로 전환된 배경에는 18~19세기에 우리의 존재를 서양에 적극적으로 알리지 못했던 탓도 크다. 또한 일본해로 표기가 전환되는 데 결정적인 영향을 미치게 된 이유 중 하나는 프랑스인 라페루즈의 항해기이다.

조선이 대외적으로 문호을 굳게 닫고 있을 무렵 일본은 서양에 문을 열고 앞선 문물을 재빨리 받아들여 대외적으로 세력을 확장시켜 나가면서 서양인의 인식을 바꿔놓을 수 있었다. 그리고 19세기 말이 되면서 청일, 러일 전쟁의 주인공이 되고 조선까지 강점하게 된 일본은 별로 힘들이지 않고도 국제 사회 속에 일본해 표기를 고정화시킬 수 있었다.

현재 동해의 합리적인 명칭이 필요하다는 요구가 국제 사회에서 점차 호응을 얻어 가고 있다. 역사 속에 표류한 동해의 명칭은 한국의 이미지와 긴밀하게 직결되어 있다. 잃어버린 이름 '동해'를 되찾아야 할 때이다.

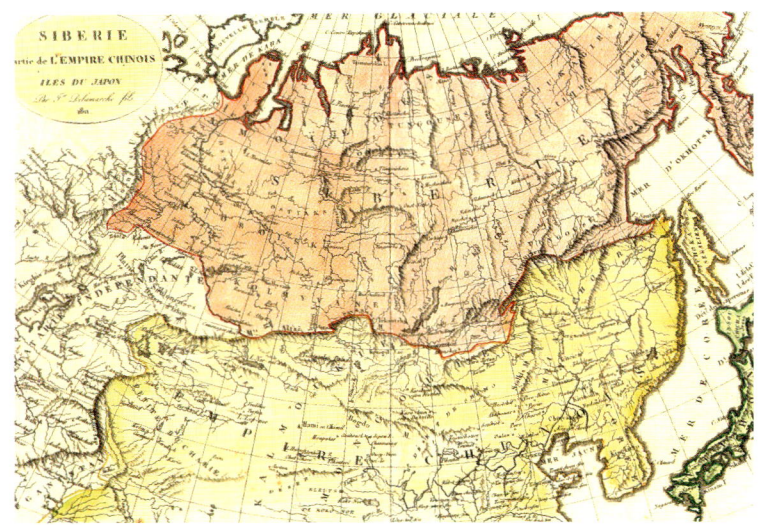

[그림-4] 1811년 제작

[그림-5] 1819년 제작

파란 눈에 비친 하얀 조선

프랑스인 라페루즈 선장 　조선 영해를 최초로 탐사한 서양인

[그림-1]

프랑스의 라페루즈 선장(그림-1), 그는 서양인으로는 최초로 한국 근해를 탐사한 인물이다. 즉 하멜처럼 표류나 사고가 아닌 자발적인 계획에 따라 조선을 방문한 최초의 서양인인 것이다. 그는 당대의 저명한 과학자와 예술가들이 포함된 250여 명의 일행과 함께 부쏠 호와 아스트롤라브 호라는 2척의 배로 1785년 8월 브레스트항을 떠나 1787년 5월 제주도 남단에 도착하게 된다. 바로 이 2척의 범선(그림-2)이 조선인들이 처음 목격한 서양 배인 것이다.

그는 제주도에서 대한해협을 통과하는 순간에 느낀 감격을 이렇게 적고 있다.

"해가 비치기 시작하자 안개가 걷히면서 정확한 위치를 파악할 수 있었다. 우리는 지금 어떤 서양 선박도 통과한 적이 없는 대한해협을 지나고 있다. 따라서 이 지역에 대한 과학적인 측량은 지리학적으로도 매우 중요한 일이며, 5월 25일 밤 통과하는 이 해협에 대한 보다 세밀한 해도 작성을 위해 30분 간격으로 정밀 탐사를 해 나갔다. 특히 조선 해안은 일본보다도 더

[그림-2] 1787년 5월 조선 영해에 나타난 최초의 서양 범선.
(라페루즈 선장이 조선 근해 탐사시 울릉도 주민이 보았던 부쏠 호와 아스트롤라브 호)

욱 중요한 관심 지역이기 때문이다.”

라페루즈 일행은 부산 근해를 거쳐 동해로 올라가 울릉도를 최초로 발견
했으나 귀로에 남태평양의 솔로몬 군도 부근에서 암초에 좌초되어 전원이
사망하였다. 1년 10개월간의 모진 항해를 헤치고 조선에 온 사람들, 마치 영
화의 한 장면을 연상케 하는 그들의 열정 속에는 과연 어떠한 비밀이 숨겨
져 있을까.

18세기 전반까지만 해도 유럽 탐험가들의 태평양 탐사는 항해 기술과 장
비 등의 부족, 크고 넓은 바다의 규모로 인해 한정된 수준에 머물고 있었다.

또한 그들은 18세기 중반에 이르러서도 북태평양과 유럽을 연결해 주는 직항로가 존재할 것이라고 믿었으며, 새로운 시장으로 부상되는 동아시아 지역과 유럽을 단축시켜 줄 새 항로인 태평양 탐험에 경쟁적으로 나서게 된다. 특히 이 시기 해상권에서 우우를 점하고 있던 영국과 프랑스는 1780년대에 접어들면서 그간의 무력 대결에서 벗어나 해군력을 인류에 공헌할 미지의 탐험으로 전용하게 된다. 이로써 이들 양국간은 자국의 이익을 우선하여 경쟁적으로 태평양 탐험 시대를 열어 가게 되었다.

이러한 배경 속에서 라페루즈 탐험대의 가장 중요한 임무는 대서양과 조선의 동해 등 극동 북부를 연결해 주는 최단 거리의 새로운 북태평양 항로를 개척하는 것이었다.

이것은 동아시아 시장을 선점하기 위한 신무역로 개척이라는 전략적 가치가 담긴 중요한 작업이었다. 그리고 또 다른 목적은 영국의 쿡 선장 이후에도 여전히 세계 지도상에 점선으로 표기되며 미지의 지역으로 남아 있는 군도들과 오스트레일리아 남서부 해안을 탐험함으로써 가장 과학적인 태평양 지도를 완성하는 것이었다. 특히 아직 어느 누구도 항해에 성공하지 못했던 한국의 동해를 탐사하는 작업은 가장 중요한 임무 중 하나이기도 하였다.

이것은 영·불간의 자존심의 싸움이자 프랑스의 영광을 회복하는 지름길이었으며, 프랑스 국왕 루이 16세도 재정적인 어려움을 감수하면서 당시 국가 예산에서 상당한 비중을 차지하는 거액을 투입했다. 또한 라페루즈 탐사대를 위한 2척의 선박을 건조하는 준비 기간만도 3년여가 소요된 사실에서 프랑스 전체가 이 탐험대에 거는 기대가 어떠한 수준이었는가를 알 수 있다.

250여 명으로 구성된 탐험대에는 정규 승무원 외에 천문, 지리, 생물, 물

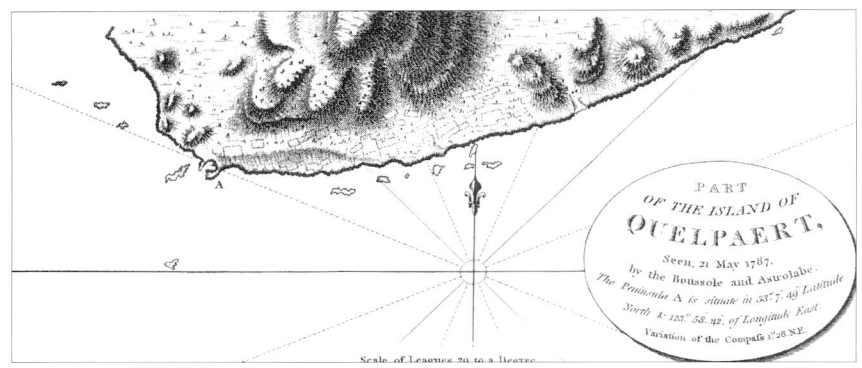
[그림-3] 세밀한 등고선과 가옥 위치까지 표기된 제주도 남해안의 정밀 해도.

리, 의학, 공학, 예술 등 여러 분야에서 당대에 가장 유능한 학자들을 포함시킴으로써 명실공히 프랑스뿐만 아니라 유럽의 선진 문명을 대표하는 규모였다. 특히 프랑스의 마지막 황후 마리 앙트와네트의 천거로 동행한 궁정화가 드 방시는 그가 본 원주민과 풍물 등을 직접 그렸으며, 이 중 극히 일부인 10여 점의 삽화만 『항해 도첩』에 수록되어 전해진다.

그의 삽화에서는 로코코 기법이 발견되며 이 양식은 웅장한 바로크 스타일에 이어 18세기 루이 16세 시대에 전성기를 이루었던 귀족풍의 전원적이고 경쾌한 감상적 리듬이 그 특징이다. 200여 년 전 조선 내륙과 아주 근접한 거리에서 우리의 풍물을 관찰한 로코코 화풍의 프랑스 화가 드 방시 역시 한국을 찾은 최초의 서양인 화가로 기록되어야 할 것이다.

라페루즈의 조선 근해에 대한 탐사 기록은 그의 사후 항해기로 출판되어 전해지고 있다.

"제주도로부터 다시 반도의 남동쪽으로 계속 항진해서 내륙쪽으로 바짝 다가갔다. 이 때 해안가에 있는 촌락과 가옥들까지도 똑똑히 볼 수 있었으며 만의 어귀까지 정찰했다"라는 그의 기록에서 보듯이, 조선의 육지에 대한 근접 탐사를 통해 해안가의 가옥까지 심도 있게 관찰하였음을 알 수 있다. 실제로 항해기 도첩 속에 제주도나 울릉도의 등고선과 마을까지 세밀히 그려진 해도는 지금 보아도 놀라운 수준이다(그림-3).

또한 조선 내륙을 근접 관찰하는 과정에서 유럽 수준과 유사한 방어벽과 탐시선 그리고 봉화 등 군사 신호 체제를 목격하기도 했다.

"우리는 산 꼭대기에 유럽의 요새와 거의 같은 수준으로 보이는 성곽들을 보았다. ……또 우리를 꾸준히 탐색하는 두 척의 배도 목격되었다. 그들은 우리를 두 시간 동안 추적하다가 항구로 되돌아갔으며, 그리고 나서 오후에는 내륙의 모든 산봉우리에서 봉화가 올려지는 것이 관측되었다. 조선 해안에 우리가 출현했다는 사실이 보고되었음을 확실하게 짐작할 수 있었다."

그리고 라페루즈는 서양인 최초로 울릉도를 발견하고 '다즐레'로 명명하

[그림-4] 위도와 경도가 정확히 표기된 다즐레(울릉도) 해도.

는데(그림-4), 당시 그가 울릉도에 보인 관심을 이렇게 기록했다.

"5월 27일 어떤 지도에도 나타나지 않은 미지의 섬을 발견했다. 그리고 이 섬을 최초로 목격한 천문관측사의 이름을 따서 '다즐레'라고 이름 붙였다. 이 섬 가까이 접근하여 1마일 거리를 두고 둘레를 거의 전부 둘러보았다. 아울러 주변의 수심 측량을 위해 부텡에게 보트를 내리도록 했다. ……우리 배가 대포의 사정거리 이내로 가까이 접근하자 일하던 주민이 놀라 숲속으로 황급히 몸을 숨겼다. ……나는 이 주민들에게 우호적인 모습을 보여줌으로써 우리가 결코 그들의 적이 아님을 이해시키기 위해 배가 정박할 곳을 열심히 찾았다. ……거센 파고로 보트가 표류하여 멀어져 모선과 합류하지 못할 것 같아 섬에 상륙하려는 순간 다시 되돌아오라는 신호를 보낼 수밖에 없었다."

이처럼 라페루즈가 위험을 무릅쓰고 울릉도에 정박을 시도하는 장면에서 그의 위대한 탐험가 기질을 엿볼 수 있다. 비록 거친 풍랑으로 상륙에는 실패했지만 이 순간은 조선과 서양 간에 새로운 역사가 만들어질 수 있었던 기회로 아쉬움을 던져준다.

이 시기에 서양에 대한 조선인의 인식은 어떠했는가. 18세기 후반 서학은 하나의 학풍으로 발전되어 박제가(1750~1815)에 이르러 서양과의 통상론까지 제기되었다. 그는 우수한 서양과학을 도입해야 하며, 이를 위해 서양의 표류선이 내도하면 그 중에는 반드시 훌륭한 기술자가 있을 것이니 우리 기술자로 하여금 선진 기술을 습득케 한 다음 돌려보내야 한다고 역설하였다. 그는 나아가서 기술을 지닌 서양 선교사들을 초청하여 청년들로 하여금 천문, 역학, 농학, 의학, 조선, 건축, 광업 및 무기 제조 등 제반의 과학 기술을 배우게 하면 수년 내에 상당한 성과가 있을 것이라고 예견했다. 아울러 천주교도 불교와 근원적인 차이가 있는 것이 아니며 서양의 과학과 기술은 불교에서는 볼 수 없는 장점이 있으니 적은 흠을 염려할 것이 아니라 서양의 지식을 활용하자고 강조했던 것이다.

그러나 이러한 선구적인 의견도 당파 싸움으로 기인된 천주교 배척론과 박해로 인해 빛을 발하지 못하게 된다. 정조는 천주교 탄압을 주장하는 상소를 접하고 구체적인 금지책을 수립토록 하였으며, 라페루즈가 방문했던 1787년에는 서학 서적의 반입을 엄격히 규제하였다. 더욱이 1791년에는 외규장각에 소장되어 있는 서학 관련 서적을 소각하는 사태로 비화되었다. 이로써 그간에 형성된 서양에 대한 인식은 급속히 쇠퇴하고 만다. 서양 문화를 이해하려는 접근은 1830년대에 가서야 비로소 고개를 들게 된다.

이 같은 배경 속에서 조선은 계속 베일에 감춰진 나라로 남게 되었고, 라페루즈의 사후인 1797년에 간행된 『항해 도첩』 속의 해도에는 동해가, 본문에는 한국해로 지칭하고 있음에도 불구하고 일본해로 표기되어 있다. 이렇게 일본해로 표기된 해도가 담긴 그의 항해기는 가장 인기 있고 권위가 담긴 애장서로서 동해 표기가 일본해로 전환되는 데 결정적인 영향을 미치는, 누구도 예기치 못한 결과를 초래하기도 했다.

라페루즈는 프랑스뿐만 아니라 유럽과 러시아 등 세계 모든 국가들의 발전에 지대한 공헌을 하였으며 현재까지도 콜럼버스, 바스코 다가마, 마젤란 그리고 쿡 선장과 비견되는 세계적인 탐험가로 추앙받고 있다.

1814년 미 해군의 남미 진출 기반을 만들어 놓았고 1815년에는 태평양과 일본 원정을 제의했던 데이빗 포터 함장은 그 당위성을 설명하기 위해 미국 메디슨 대통령에게 보낸 보고서 속에 라페루즈의 위대성을 실례로 들고 있다.

"네덜란드와 포르투갈까지도 우리와 비교할 수 없을 정도로 해외 시장을 확장했으며, 비록 그들 국가의 위상은 잊혀지더라도 이들 탐험가들이 남겨 놓은 항해기만은 영원 불멸할 것이다. 스페인이 국가적 명성을 얻게 된 배경도 퀴로스, 메디나 등이 실현한 탐험에 힘입은 바 크다. 그리고 영국이 자랑하는 항해가는 쿡, 안손, 벤쿠버 등이다. 프랑스의 라페루즈가 실종되었을 때 그의 운명에 대해 비상한 관심이 쏠렸고, 혁명 이후 무정부 기간임에도 불구하고 프랑스가 그를 위해 취한 조치는 곧 프랑스의 위신과 국가관을 과시하는 데 공헌했다. 모든 나라가 라페루즈 때문에 프랑스를 부러워했고, 인류는 그의 실종에 애도를 보냈다. 그는 위대한 과업을 이룩했고 더 해야 할 과제를 남긴 채 바다 속으로 자취를 감추고 말았다. 그를 수색하기 위해 구조선을 파견했으나 모두 실패했다. 그의 탐사 목적 중에는 아직도 조사해야 할 일들이 있으며, 지리학적으로나 과학적인 측면에서 흥미로운 미해결점들이 남아 있다.

이에 비해 영국의 쿡 선장의 탐험 중 가장 중요한 특징은 오래 전에 스페인과 기타 탐험가들이 항해했던 여러 군도와 주민들에 관해 기술해 놓았다는 점이다. 비록 쿡은 자신과 조국 그리고 여러 탐험가들을 위해 불멸의 업적을 남겨 놓았지만 그는 우리에게 새로운 발견을 남겨 놓지 못했다."

우리는 아메리카 대륙을 발견한 콜럼버스는 쉽게 알아도 조선을 최초로 탐사했던 세계적인 탐험가 라페루즈를 아는 사람은 그리 흔치 않다. 그리고 마르코 폴로는 알아도 그보다 먼저 몽고를 방문한 후 서양에서는 최초로 한국을 기록으로 남긴 프랑스의 루브룩 선교사를 알고 있는 사람은 또 얼마나 될까.

영국의 브루톤 선장 일행 자발적으로 조선에 상륙한 최초의 서양인

프랑스의 라페루즈 선장이 조선을 방문한 10년 후인 1797년 10월 영국의 브루톤 선장 일행은 부산 용당포 해안으로 들어와 조선 관리 및 주민들과 수일간의 직접적인 만남을 갖게 된다. 이들은 자발적인 입항을 통해 내륙에서 조선인들을 직접 접촉한 최초의 서양인이 되는 것이다. 귀국 후 발간한 항해기 『북태평양 탐험기』 속에는 조선에서의 체험담과 부산에서 채록한 하나, 둘과 같은 숫자와 눈, 입 등 신체 부위에 관한 우리말 어휘가 소개되어 있다. 또 진달래, 초롱꽃 등 채집한 여러 식물명이 수록되어 있는데, 이는 한국 식물을 전문적으로 채집한 최초의 서양 기록이다. 그러나 아쉽게도 조선의 풍물이 담긴 삽화는 발견되지 않으며, 다만 동해안과 부산항에 대한 해도가 전해질 뿐이다(부산항 해도). 그러나 부산항 해도에도 의사 소통이 제대로 되지 못해 그들은 부산항을 '조선항' 이라고 기록하고 있다.

"주민들은 이 항구를 '툐산' 또는 '쵸산' 이라고 부른다. ······보다 세밀한 것은 도면에 표시되어 있다."

이들은 당시 조선 정부의 강력한 제지로 인해 해안가 일부 지역에서 아주 제한된 관찰이 이루어졌으며, 더욱이 조선인들이 접촉을 가능한 회피하였기 때문에 극히 한정된 모습을 보는 데 그치고 말았다.

부산항 해도

　"해가 뜨기 전에 조선 감시원의 눈을 피해, 항구에 대한 해도를 완성하기 위해 접근해 들어갔다. ……남쪽 해안에 상륙하여 항구 주변을 지속적으로 관찰했으나 그들에게 들키지는 않았다. ……그들이 우리와의 접촉을 최대한 회피하였기 때문에 조선에 대한 풍물을 제대로 파악하기가 힘들었다. ……유감스럽게도 육지에 내려 걸어다닐 수 없도록 통행금지 조치가 내려졌다. ……그들의 이 같은 행동으로 미루어 보아 외지인들과는 어떠한 교류도 결코 원치 않는 것 같았다. ……그들의 엄중한 경계 때문에 이 나라 특산물에 대한 정보를 입수하지 못했다. 어떠한 경우에도 우리의 탐사를 용인하지 않았다."

　그러나 조선 관리들이 내륙 진입을 엄격히 통제했던 반면에 식수와 같이 필요한 물자 공급에는 최대한의 호의를 베풀면서 인도적인 태도를 보였다고 한다.

"그들은 우리가 되도록 빨리 떠나주기를 바라는 눈치였다. 그래서 나는 장작과 식수, 신선한 식료품을 얻기 전에는 떠날 수 없다고 설명했다. …… 그들은 계속 물을 날라다 주었고 땔감도 충분히 공급받았다. ……그간 친교를 가졌던 관리 네 명 중 한 명이 찾아와 출항을 준비하는 우리를 보고 좋아하는 것 같았다. 나는 그가 갖고 싶어하는 망원경과 총을 선사했다. 우리는 서로 기쁘게 헤어졌다. 그리고 즉시 항구를 떠나 출항하였다. 많은 조선인들이 근처 산으로 올라가 정감 있게 우리의 출항을 지켜봐 주었다. 어떠한 보상도 바라지 않고 연료와 물을 공급해 준 그들에게 고마움을 느꼈다."

또한 이렇게 짧은 일정 속에서 그들은 자신들이 보았던 조선의 문화적 특징에 대해 이렇게 적고 있다.

"남자들은 자연 모시로 만든 헐렁하고 겹으로 누빈 옷을 입고 있었으며, 이들 중 몇몇은 펄럭이는 도포를 걸치고 있었다. 여자는 치마 속에 짧은 바지를 입고 있었다. ……이들은 거의가 평민이었다. 도포를 착용한 관리들은 가운데가 높이 솟은 커다란 검은 색 모자를 썼고 우산 용도로 쓰이는 이 모자의 지름은 자그마치 3피트나 되었다. ……이들 관리들의 의복은 어느 누구보다도 화려했다. 군인들은 깃털로 장식된 모자를 착용했다. ……관리들은 잘 만들어진 밝은 색 의상을 걸치고 있었는데 도포는 주로 짙은 초록이나 연한 청색 아니면 회색이었다."

이 같이 이들은 내륙 안으로 깊숙이 진입할 수 없었던 상황에서 주로 관리를 접촉했기 때문에 흰 옷 물결 등 조선의 자세한 풍물을 감지할 수는 없었다. 그러나 모자에 대해서만은 각별한 호기심을 나타냈으며 그만큼 이들에게도 조선의 모자는 신기했던 모양이다.

또한 조선인들이 서양의 물건들 중에서 가장 관심을 보인 것이 모직 천이라는 대목은 매우 흥미를 끈다.

"그들은 우리가 하루 빨리 떠나가 주기를 고대하고 있었으며 영국에서 만든 여러 가지 물건들에 대해 호기심을 보였지만, 특히 우리의 모직 천에 남다른 관심을 나타냈다."

그들의 방문 내용을 정조 실록(21년 9월 6일)에서도 찾아볼 수 있는데, 이것은 우리 나라 사람이 영국 해군을 만난 사실을 밝혀 주는 공식적인 첫 기록이기도 하다.

"경상도 관찰사 이혈원이 달려와 보고하기를 '이상한 나라의 범선 한 척이 동래 용당포 앞바다에 내항했는데 배 안에는 50명이 승선하고 있었고(실제는 35명), 그 사람들은 모두 코가 높고 눈이 파랬습니다. 그들에게 국적과 오게 된 연유를 물어 보았지만 중국어, 만주어, 몽고어 및 일본어를 이해하지 못했습니다. 또한 삼도 통제사 윤득달이 보고하기를 역시 코가 높고 눈이 파란 것이 서양인 같아 보였으며, 배에 실린 물건들 중에는 유리병, 망원경, 구멍이 뚫리지 않은 은전 등 모두가 서양 것들이었습니다. ……우리에게 손짓으로 대마도 쪽을 가리키며 입으로 바람을 부는 모습으로 보아 바람을 기다리는 듯합니다. 영하신 대로 그들이 원하는 바람이 불기를 기다렸다가 보냈습니다."

이렇게 서양 탐험대로는 최초로 조선인들과의 직접적인 교류를 어렵게 실현시켰던 이들도 심도 있게 문물을 주고받지는 못했으며, 아울러 그들이 관찰한 조선의 풍물을 삽화로 재현시키는 데도 당시의 사정이 여의치 않았음을 짐작해 볼 수 있다.

서양인이 그린 조선의 첫 모습 흰 옷, 다양한 모자, 긴 담뱃대

　직접적인 만남을 통해서 한국의 모습이 서양인에 의해 처음 그려진 시기는 19세기 초이다. 1816년 2척의 영국 함대가 백령도 등 서해안 탐사 중에 조선인들과 수차례의 접촉 기회를 가졌으며, 극히 제한적이었지만 해안 지역을 방문했다. 당시 이들의 체험담은 1817년 알세스트 호의 군의인 맥레오드와 1818년 라이라 호의 함장 바질 홀에 의해 각각 항해기로 출간되었다. 이들 항해기 속에는 그들이 만난 조선 관리와 섬 주민들의 모습과 풍물이 담긴 여러 점의 채색 판화가 수록되어 있는데, 이것은 자발적인 직접 교류를 통해 서양인에 의해 그려진 최초의 한국 관련 삽화이다.

　맥레오드의 항해기에 게재된 2점의 채색 삽화는 짧은 만남 속에서도 그들이 인상깊게 보았던 기이한 의상과 뾰족하고 커다란 모자를 쓰고 긴 담뱃대를 물고 있는 조선인들 그리고 어촌의 초가 등이 특징 있게 부각되어 있다(그림-1, 그림-2).

　또한 바질 홀 함장의 항해기에 게재된 「조선 관리와 그 수행원들」이라는 제목의 채색 판화에도 커다란 모자를 쓰고 격식을 갖춘 조선 관리 일행의 모습이 비교적 세밀하게 담겨 있다(그림-3).

　특히 홀 함장은 귀로인 1817년 8월 12일에 아프리카 서해안의 세인트 헬

[그림-1]

[그림-2]

[그림-3] 조선의 관리.

레나 섬에서 유배중이었던 나폴레옹을 방문하였다. 이 때 그가 스케치해 온 조선의 풍물을 보여주었더니 당대의 영웅 나폴레옹도 갓을 쓰고 흰 수염을 한 노인을 가리키며 "아, 이 긴 담뱃대, 참 보기 좋다"라며 매우 신기해 하면서 찬사를 아끼지 않았고, 조선이라는 나라에 대해서도 여러 가지로 물어 보았다고 한다.

이렇게 조선의 풍물들을 삽화로 남긴 이들은 과연 조선에서 무엇을 느끼고 갔을까. 우선 모두가 입고 있었을 흰 옷 물결과 커다란 모자에 관심이 쏠리고 있었다.

"조선인들의 의복은 헐렁한 흰 옷과 ……몇 사람은 넓은 모자를 쓰고 있었고 나머지 사람들은 대부분 상투머리를 하고 있었다."

특히 모두들 쓰고 있는 커다란 모자에 대해서 유달리 깊은 관심을 나타내면서 이렇게 적고 있다.

"이전에는 보지 못했던 이상한 차림의 주민들이 몰려들었으며, 관리로 보이는 몇 사람은 특이한 모자를 쓰고 있었다. 지름은 거의 3피트나 되었고 높이도 9인치가 넘는 모자는 머리가 겨우 들어갈 수 있도록 만든 원형관을 도려낸 둥근 사탕 모양이었다. ……나이 많은 관리의 모자는 지금까지 본 어떤 것보다도 폭이 넓게 보여 3피트를 넘는 듯했다. ……이러한 모자를 쓰고 선실의 문을 통과하는 것은 쉽지 않았지만 결코 모자를 벗으려고 하지 않았다. 따라서 그의 옷과 모자는 거의 문을 막을 정도였다."

또한 그들이 조선 관리를 면담하는 과정에서 받았던 조선에 대한 인상은 한번 주목해 볼 대목이다.

"아주 다른 이방인들의 관습까지도 이해하며 여유 있게 받아넘기는 조선 관리의 자태는 정말로 경탄스러웠다. 이처럼 정체가 파악되지도 않은 외지인을 대하는 자연스런 품격에서 베일에 감춰진 조선 사회의 수준이 얼마나 높은지 짐작케 한다.

또한 새로운 사물에 대한 지적 호기심도 상당하여 처음에는 그를 당혹케 했던 서구 문물에 대한 궁금증이 풀렸을 때 너무 좋아 어쩔줄 몰라했다. 그렇지만 결코 가볍게 처신하거나 필요 이상의 과장된 찬사를 하는 일이 없어 세계 어디에 가서라도 손색이 없을 정도의 교양과 통찰력을 겸비하고 있었다."

이 밖에도 여러 가지를 언급하고 있으나 눈길을 끄는 기록은 한국인들이 책을 대하는 자세에 관한 것이다.

"첨사는 멕스웰 함장이 선물로 주는 성서를 가장 정중히 받아 가지고 마치 어떤 귀중한 공식 문서를 다루듯이 신중히 해안으로 옮겼다. 그가 성서를 받을 때 마치 성스러운 의식을 행하는 것 같았으며, 참으로 이 나라 사람들의 책에 대한 존경심이 얼마나 큰 지를 잘 알 수 있었다."

반면 조선의 국법이 외국인과의 교류나 문물의 교환을 엄금하고 있으며, 특히 외국 선박에 대한 경계와 감시도 매우 엄중하여 서양인의 상륙을 절대로 허용하지 않았다고 술회했다. 특히 이들이 그린 조선인들의 얼굴을 자세히 들여다보면 코가 서양 사람처럼 오똑하고 크다는 것을 알 수 있다. 이렇게 조선인을 서양인과 흡사하게 묘사했다는 점은 이 시기까지도 그들이 이해할 수 있었던 범위가 매우 한정적이었음을 말해 준다.

또한 이들 항해기에 최초로 수록된 조선에 관한 삽화들은 당시 유럽 사회에 상당한 영향을 미쳤으며, 1839년 프랑스와 1846년 스페인에서 발간된 여행기 모음집 속에도 역시 서양인과 흡사하게 인용된 조선인들의 모습이 발견된다. 이렇게 직접 목격된 조선인들의 모습이 유럽에 본격적으로 알려지기 시작한 시기가 1830년대였다.

바둑 두는 사람들

[그림-1] 나가사키 수용소 내의 조선인들.

영국의 멕스웰과 바질 홀 선장의 항해기 속에서 직접 교류를 통한 최초의
채색 삽화가 소개된 이후 조선의 생활상을 삽화로서 소상하게 소개한 서양
인은 일본에 체류하고 있던 독일인 의사 지볼트였다.

지볼트는 네덜란드 동인도회사의 군의관으로 1823년부터 1829년까지 6

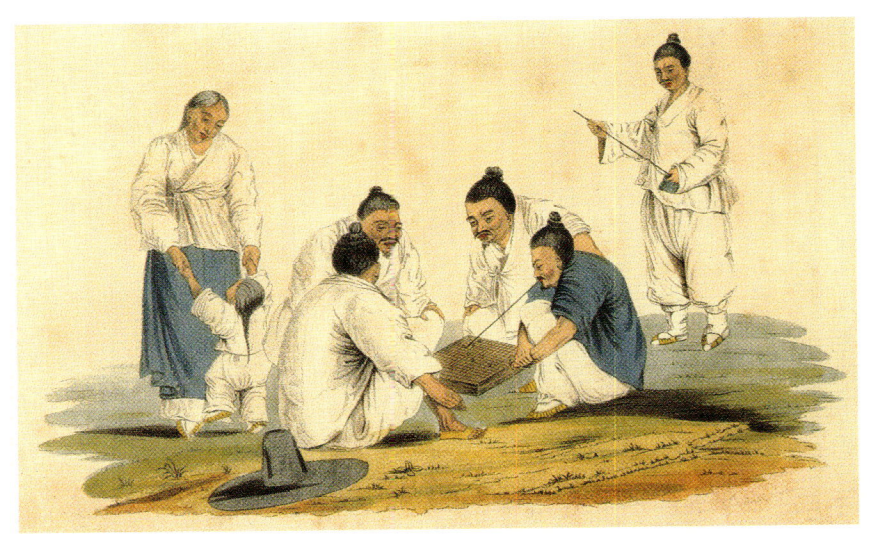

[그림-2] 바둑 두는 조선인들

년간 일본에 머물면서 일본 연구에 심취했고, 이 과정에서 1828년 3월 조난으로 나가사키에 체류 중이던 조선인 어부와 상인들을 만나 조선에 관한 지식을 수집하였다. 이러한 자료들이, 1832년에 시작하여 1858년에 완간된 『일본』지에 수록되었으며, 이 속에 한국에 관한 내용도 삽입되어 있다. 또한 『일본』지는 1897년에 다시 단행본으로 재편집되어 출간되었는데, 이 책에는 당시 그를 수행했던 일본인 화가 가와하라와 프랑스계 네덜란드 장교이자 화가인 드 벨네브가 그린 한국 관련 원색 삽화 10여 점이 수록되어 있다. 이들 삽화에는 바둑 두는 조선인, 나가사키 표착민 수용소에 있는 조선 상인과 어민들(그림-1), 조선의 어선, 문자, 의복, 불상, 화폐, 지도 등이 있다. 그의 저서에 게재된 조선인들의 생활상은 비록 일본에서 목격한 것이었지만 당시 서양 탐험대가 내륙을 방문하지 못한 채 해안가에서 매우 한정된 접촉만이 이루어지던 시점이었기 때문에 대단히 진보된 자료로서 관심을 끌기에 충분했다.

특히 주목받는 삽화는 「바둑 두는 조선인들」이란 제목의 삽화(그림-2)로서 상투 머리에 흰색 한복을 입고 긴 담뱃대를 물고 있는 모습에서 한국인의 특징이 강하게 부각되어 있다. 그러나 바둑알이 놓여 있는 바둑판은 일본 것이다.

이 그림은 조선시대 성인 남자들의 주요 잡기 중 하나였던 바둑 두는 장면을 아주 해학적으로 표현하고 있다. 표정에서 충분히 한국인의 정서를 읽어낼 수 있을 만큼 잘 표현되어 있어 풍속화라 불러도 손색이 없을 정도이다. 조선 사람에게 바둑은 단순히 오락이나 놀이가 아니라 수양의 방편이기도 했다. 조선 후기의 국기(國碁, 오늘날로 말하면 '국수'를 뜻한다) 김한홍에 관해 『이향견문록』에서 언급하고 있는 내용은 그 점을 분명하게 보여준다.

"혹 사람들과 대국할 때 상대가 한참 동안 생각하느라 돌을 놓지 않아도 싫어하지 않고, 어떤 사람이 곁에서 훈수를 해도 싫어하지 않으며, 상대가 한 수를 물리자고 다투거나 윽박질러도 역시 싫어하지 않았다. 어떤 사람이 만약 바둑을 두자고 하면 문득 한 판 응해 주었고, 비록 하루 종일이라도 말한 마디 없이 점잖게 앉아 있으니 정말로 덕이 있는 사람이었다. 옛 사람이 '거문고로 품성을 기르고 바둑으로 덕을 기른다'고 했는데 진실로 그러하다."

미국 펜실베이니아 대학 박물관장인 스튜어트 컬린은 1895년에 발간된 『조선 놀이』에서 한국 바둑판이 이웃 나라와 다른 점을 이렇게 적고 있다.

"일본 제품이 통판인 것과는 달리 한국의 바둑판은 네 개의 다리가 달려 있는 작은 테이블 형태를 하고 있다. 따라서 한국의 바둑판은 바둑알이 놓여질 때마다 울림소리가 나기 때문에 바둑판 위의 선이 마치 음표처럼 느껴진다. 중국의 바둑판은 종이 위에 그려져 있는데 거기에는 시합하는 사람과 승부 기록을 적어 넣게 되어 있다."

또 다른 삽화는 수용소 내에 모여 있는 조선인들의 모습을 담았다. 커다란 검은 갓과 겨울용 난모(煖帽)를 쓴 조선인들이 둘러앉아 이야기를 나누고 있다. 지볼트는 이들의 모습을 인류학적으로 비교 분석하면서 일행들의 각기 다른 의상과 얼굴 형태를 별도로 삽화에 담았다. 그의 한국에 대한 기록은 그 동안 우연적이고 극히 제한적 탐사를 통한 기존의 기록들과는 달리 한국의 역사, 정치, 경제, 산업, 사회, 문화 등을 다각적으로 서술함으로써 한국의 실정이 실질적으로 소개되는 전기가 되었다.

그러나 이 책에는 4세기 일본 신공황후의 임나 정벌설이 일본의 역사에 근거하여 기술됨으로써 이러한 왜곡된 사실이 여과 없이 서양 사회에 전달되는 과오를 남기기도 했다. 이러한 신공황후의 한국 정복사는 100여 년 전 서양인들이 발간한 고서에서 한국의 역사를 거론할 때 흔히 인용되어 영향을 주기도 하였다.

또한 그의 저서에 담긴 조선인들의 모습은 그 후 독일인 오페르트의 『금단의 나라』(1880년), 미국인 그리피스의 『은자의 나라』(1882년) 등 서양인들이 저술한 여러 저서에서 지속적으로 인용되면서 유럽에서 한국의 이미지를 형성시키는 데 상당한 영향을 미치게 된다. 또한 일본과 한국에 관한 다양한 내용과 삽화가 수록된 이 책의 초판본은 가장 값비싼 한국 관계 서양 고서 중 하나로 평가받고 있다.

이렇게 우리의 이미지는 우리의 의지와는 무관하게 전파되기도 하며 국내뿐 아니라 해외에서 일거일동을 관찰한 서양인들의 눈에 의해서도 보이지 않게 만들어지고 있었다.

제주도를 둘러본 서양인들 　인상적인 조선 관리와 주민들

[그림-1]

영국의 해군 함장 벨쳐가 지휘하는 사마랑 호가 1845년 6월 25일부터 7월
말까지 제주도 부근과 거문도 일대를 탐사했다. 벨쳐는 그의 항해 체험을
1848년 2권의 항해기로 출간하는데, 이 속에 그가 만났던 제주도 관리와 주
민들의 모습이 담긴 삽화 2점이 수록되어 있다.

첫번째 삽화는 커다란 모자를 쓰고 구군복(具軍服)으로 보이는 조선시대

군복을 입고 긴 담뱃대를 물고 앉아 있는 조선 관리의 모습인데 꽤나 인상적이었던 모양이다.

"그는 체격이 다부지고 풍만했으나 교양을 겸비한 것같아 보였다. 넓은 이마에 잘 생긴 용모가 마치 그리스인을 연상케 했다. 눈은 작았고 체구에 비해 다리는 짧았다. 그가 쓴 모자는 검은 색이 덮인 대나무를 재료로 정교하게 제작된 것이었으며, 지름이 2피트나 되었고 높이는 9인치이고 윗 부분의 지름도 3인치나 되었다. ……그가 입은 평상복은 결이 고운 천연 섬유로 만든 헐렁한 상의와 무명으로 만든 바지에 긴 가죽 신발과 양말을 신고 있었다. 옷깃 부분은 검정색으로 둘러쳐져 있었고, 소맷자락에는 분홍색 선이, 그리고 허리에는 푸른색 장식 띠를 두르고 있었다."

두번째 삽화는 조선 관리들과 수행원, 주위에 운집한 주민들의 모습을 담고 있는데 제주도 배경까지 폭넓게 묘사했다. 여기서도 일반 평민들을 제외

[그림-2]

하고는 하나같이 각기 다른 형태의 모자를 쓰고 있다. 이들은 조선 사회에는 여러 계층으로 신분의 구별이 뚜렷하게 존재하며, 하층 계급으로 갈수록 체격이 건장하고 힘이 세다는 기록을 남기고 있다.

"다양한 계층으로 이루어진 조선인들은 겉모습으로 그 신분을 구분할 수 있다. 상류 계층은 눈에 띄게 다르며 매무새도 잘 갖추고 있다. 일이 생길 때는 빠르게 움직이나 평상시에는 상당히 나약하게 보인다. 그들은 늘 책과 부채를 끼고 다닌다. 일부 수행원은 창백하고 맥없이 보이기도 하는데, 특히 긴 머리를 감아 올리고 살랑댈 때는 남자인지 의심이 갈 정도로 매스껍기도 했다.

중간층은 일반 관리나 군인들로 체격도 건장하며 튼튼해 보인다. 하층은 어촌민이나 노동자들로 힘이 아주 세서 서양인들보다도 무거운 짐을 더 잘 들고 활동적이다."

또한 당시 그들은 조선 관리에게 방문 경위를 상세히 설명했으며, 특히 자신들이 영국으로부터 얼마나 먼 거리를 거쳐 왔는가를 실감나게 알리기 위해 보여준 세계 지도가 그들의 이해를 구하는 데 효과적이었다고 술회했다.

"세계 지도를 보며 대영 제국의 여왕이 국위 선양을 위해 이렇게 먼 곳까지 전함 한 척을 보냈다는 사실에 매우 놀라는 표정이었으며, 이후부터는 우리에게 친절히 대해 주었다. 나는 이 지도를 제주목 방문시 선물하겠다고 약속했다."

그들은 7월 6일 거문도에 도착하여 4일간 측량했는데, 이 섬을 해군성 차관의 이름을 따서 '헤밀턴 항'이라고 명명했다. 이후 거문도는 전략적 요충지로 부상되어, 특히 1885년부터 23개월간 영국 해군이 러시아의 남하를 견제하기 위한 목적에서 무단 주둔하기도 했다. 이들은 또 제주도를, 해군성 장관을 기념하기 위해 '오클랜드 산'으로, 우도는 수로국장의 이름인 '보포르'로 각각 명명하기도 했다.

"조선 관리들은 우정의 표시로 개고기, 과자, 술, 부채, 종이 등을 선물로 준비했으며, 이 중에는 특이하게도 잘 포장된 조선 황제의 초상화도 끼여 있었다."

특히 조선 관리들이 이들에게 조선 황제의 초상화를 선물로 주었다는 기록이 있어 흥미를 끄는데, 이는 아마도 영국 여왕에게 전달하여 독립 왕국이라는 점을 서양 세계에 강조하려 한 외교적인 의지로 읽힌다.

이처럼 이들은 주로 조선 관리들을 면담했기 때문에 모자에 대해 퍽 강한 인상을 받은 듯한데, 거의 모든 주민들이 입고 있는 흰 옷 물결은 감지하지 못했던 것 같다. 조선인들의 흰 옷 물결에 대해 유달리 관심을 나타낸 서양의 첫 기록은 1859년 영국에서 발간된 트론손의 항해기에서 발견된다.

"우리가 접근하는 것을 보기 위해 언덕 위로 많은 주민들이 몰려들었다. 그들은 하나같이 흰 옷을 입고 있었고, 남자들은 뾰족한 원추형의 밝은 검정색 모자를 쓰고 있었는데 기이하게 보였다."

사마랑 호의 출현으로 당시 제주도 주민들은 피난을 가는 등 커다란 소요가 발생하였으며, 1840년부터 9년간 제주 정의현에 유배되어 있던 추사 김정희가 이를 목격하고 동생에게 보낸 서신에 그 내용이 적혀 있다.

"지난 스무날 이후 영국 배가 여기서 200리쯤 떨어져 있는 우도에 와서 정박하였다. 사실 이 배는 별다른 목적 없이 다만 지나가는 배이거늘 온 섬이 시끄러워 지금까지 20여 일간 소요가 지속되고 있다. 이로 인해 제주성은 마치 한 차례 난리를 겪은 것 같다는데, 이 곳은 겨우 일깨워 주어 다행히 그 곳과 같은 상황은 일어나지 않았다."

이러한 사마랑 호의 방문 이후 조선의 해역에 대한 서양인의 관찰은 거의 세부적으로 완성 단계에 이르며, 기존에 입수된 지리 및 탐사 지식을 토대로 영국은 1849년 조선에 관한 가장 정확한 지도를 발간한다. 이를 계기로 서양과 러시아는 조선에서의 전략적 우위를 선점하기 위하여 본격적으로 접근하게 된다.

3 신기한 서양 문물과의 만남

낯설지만 호감 가는 서양 물건들

　영국 화보잡지『그래픽』1888년 12월 22일자에 실린 조선 관련 그림들이다. 하나는「잼과 빵을 처음 먹는 조선인」으로 서양 음식에 신기해하는 조선인들의 모습을 묘사하고 있고(그림-1), 다른 하나는「조선인들이 성냥을 처음 접하는 장면」이다(그림-2).

　서양에 대한 개방 이후 5년째에 접어든 1888년 4월, 조선 정부는 외국인의 조선 선교 금지를 포고하는데, 이에 따라 미국, 러시아, 이탈리아 등 각국 공사에 선교 금지령을 전달했다. 게다가 6월에는 서양인들이 어린아이들을 잡아먹는다는 소문이 떠도는 등 외국인에 대한 민심이 흉흉하던 때였다. 선교 금지령도 서양인과 조선인의 접촉을 막기 위한 조처의 일환이었다. 따라서 이 시기에 서양인들이 국내를 여행한다는 것은 매우 위험한 일이었다. 그런데 그림에 있는 서양인들은 어떻게 조선의 민초들을 직접 만나 이 같은 장면을 연출할 수 있었을까?

　이 잡지는 위험을 무릅쓰고 조선 여행에 성공한 한 영국인의 재치있는 여행담을 통하여 조선인의 서양 문화에 대한 수용 태도를 이렇게 설명한다.

　"영국인 여행가는 신변 보호를 위해 경호인을 쓰는 대신 한국인들이 가장 호기심을 갖는 서양의 잼, 통조림, 버터와 빵 등을 가지고 다녔는데, 위험한 상황이 닥칠 때마다 이것들을 맛보이면서 조선인들의 적대감을 쉽게 누그러뜨릴 수 있었다. 특히 조선인들은 마치 요술을 부리는 듯한 성냥에 매료되어 서로 성냥을 켜 보려고 몰려들기도 했다. 이 덕분에 조선에서 지방 여행을 안전하고 성공적으로 마칠 수 있었다."

또한 한국과 관련된 여러 권의 책을 펴낸 미국 선교사 헐버트는 1906년 발간한 그의 저서 『조선 기행』에서 서양 문물을 대하는 한국인의 특성을 이렇게 회고했다.

"조선인은 매사에 아주 보수적이다. 그러나 그들의 보수성에도 불구하고 자신들에게 이익이 되는 것에서는 태도가 판이하게 달라진다. 이러한 점은 딱성냥이 소개되었을 때 극명하게 나타났다. 조선인들은 약 30년 전까지만 해도 부싯돌을 사용했다. 하지만 개방 이후 성냥이 보급되자 부싯돌보다 훨씬 싸고 좋다는 것을 알아차렸으며 평소처럼 따지지 않고 사용하기 시작했다. 물론 고지식한 일부 사람들은 새로운 상품을 거부하며 계속해서 부싯돌을 고집했지만 거의 대다수는 이들의 구태의연한 태도를 비웃고 있었다. 이러한 현상은 비단 성냥에서 뿐 아니라 석유나 재봉틀, 실, 비누 등 여러 가지 생활용품에서 찾아볼 수 있다. 이것은 중국인들에게도 마찬가지로 결국 문화 충돌에 있어서 자신들의 이익에 반하면서까지 보수성을 고집하지 않음을 입증해 주고 있다."

이처럼 조선 사람들에게 서양 문물은 낯설고 신기한 만큼이나 탐나는 것이었다. 문화적 충격이 우리 입맛에 실리는 장면에는 또 이런 모습도 있었다.

미 해군 기술관 존 포드는 1898년 발간한 그의 항해기 『미국 순양함의 극동 탐사』에서 처음 사탕을 대하는 조선인들의 표정을 이렇게 적고 있다.

"나는 별 생각 없이 신맛 나는 사탕 몇 알을 한 사람에게 주었다. 그는 이

[그림-1]

[그림-2]

것을 호박색 구슬의 일종으로 알았는데, 내가 맛있고 달콤한 사탕이라고 설명하자 막 달려가더니 곧 한 무리의 여인들을 데리고 왔다. 여인들이 신기한 사탕을 서로 가지려고 법석을 떠는 바람에 몇 개 남지 않은 사탕은 순식간에 동이 났다. 사탕을 순식간에 먹어 치운 그들이 빈손으로 허탈해하는 표정은 정말 재미있었다. 이 여인들은 내가 혼령을 불러내어 마술을 부린다고 생각하는 듯했다.”

처음 보는 자동차 　**'달리는 서양 괴물'에 혼비백산**

　　영국 화보지 『그래픽』 1909년 2월 20일자에 실린 이 그림의 제목은 「조용한 아침의 나라에 나타난 자동차」인데 '코리아의 수도에 처음 출현한 서양 자동차의 시위'라는 부제가 달려 있다. 원래 이 그림은 『대한매일신보』에서 일했던 앨프리드 맨험이 촬영한 사진을 바탕으로 크롬비에가 익살스럽게 그린 것이다.

　　"내 사진은 서울 도심에 처음 등장한 자동차를 찍은 것이다. 이 그림은 서구 문명이 만들어 낸 최신의 성과라 할 수 있는 자동차가, 서구인들에게 별로 알려져 있지 않을 뿐 아니라 멀리 떨어진 세계의 한 구석에 위치한 조선에 어떤 식으로 침투했는지를 흥미진진하게 보여 줄 것이다. 이 차는 30마력의 증기차이다.

　　대로변을 지나다가 이 차를 처음 본 한국인들은 혼비백산해서 사방으로 흩어졌고, 심지어 들고 있던 짐도 내팽개친 채 숨어 버렸다. 어떤 사람들은 이 새로운 괴물로부터 자신을 지켜 달라고 간절히 기도하기도 했다. 짐을 싣고 가던 소와 말도 주인들만큼이나 깜짝 놀라 주위의 상점이나 가정집으로 뛰어들었다."

　　친한파 인사였던 앨프리드 맨험이 잡지에 기고한 글에서 서울에 처음으로 자동차가 등장했을 때의 광경을 상세하게 묘사한 내용이다.

또 이와 거의 유사한 채색 그림이 프랑스 화보 주간지 『르 쁘띠 쥬르날』 1909년 3월 7일자에도 게재된 것으로 보아 당시 유럽인들에게 이 장면이 얼마나 흥미를 끌었는지 알 수 있다.

자동차는 20세기의 인류 문명을 상징한다고 해도 과언이 아니다. 근대화, 산업화의 첨병이라 할 수 있는 자동차를 앞세운 서양인들의 출몰에 혼비백산하는 금세기 초 서울 사람들의 모습이 불과 1세기도 안 된 일이라고는 믿기지 않는다.

한국이 자동차 보유 대수와 연간 자동차 생산량 그리고 연간 수출량 면에서 자동차 대국이 된 지도 오래다. 그러나 불과 한 세기 전만 해도 한국인들에게 자동차는 그저 '서양에서 온 괴물'일 뿐이었다.

기록으로 남아 있지 않을 뿐이지 어디 이런 에피소드가 한둘이겠는가. 러시아의 문호이며 군함 '팔라다 호'에 탑승하여 1854년 조선 탐사에 참여했던 곤잘로프의 글도 서양 문물을 처음 접한 조선인들의 당혹감을 잘 말해주고 있다. 곤잘로프는 항해기에서 피아노 소리를 처음 듣게 된 조선인이 놀라는 모습을 이렇게 묘사했다.

"오늘은 안개로 인해 측량에 나서지 않았기 때문에 여러 명의 조선인들이 우리를 찾아왔다. 막 음악 연주가 시작되었을 때 선실에 있던 나는 깜짝 놀라 어리둥절해하는 조선인들의 표정을 볼 수 있었다. 그 중 한 사람은 피아노 소리에 놀란 나머지 그만 객실 마룻바닥에 나자빠지고 말았다."

자동차뿐 아니라 생전 처음 대하는 모든 서양 문물은 조선인들에게 이렇게 낯설고 신기하고, 두렵기까지 한 존재였을 것이다.

조용한 아침의 나라에 처음 출현한 '달리는 서양 괴물'에 혼비백산하는 군중들(『그래픽』, 1909년 2월 20일자).

교통 정리하는 영국 해병 차는 없어도 신호만은 멋지게

이 그림은 「깃발 신호로 교통 정리하는 영국 해병」이란 제목으로 영국 주
간지 『런던 화보 뉴스』 1898년 3월 19일자에 게재된 것이다. 당시 자동차를
마치 요상한 괴물로 여기던 시절, 교통 체증은 없었겠지만 한옥으로 둘러싸

인 영국 영사관 앞길에서 양손에 깃발을 들고 절도 있게 흔들면서 교통 신호를 보내는 영국 해병의 몸짓은 분명 많은 조선인들에게 큰 구경거리였을 것이다.

깃발 교통 신호는 영국에서 최초로 시행된 것으로 이 삽화는 1898년에 이미 서울에 자동차가 출현했을 것이라는 새로운 사실을 증거한다는 점에서 주목을 끈다.

깃발 신호로 교통 정리를 하는 것은 꼭 차가 많아서라기보다는 위세(威勢)의 성격이 강했음직하다. 아마도 자기네 대사관 차가 들어올 때를 대비한 제스처로 보인다.

자동차와 함께 자전거에 관한 언급도 눈에 띈다.

1884년 미국 최초의 한국 파견 의료 선교사로 시작하여 외교관 등 20여 년을 조선에서 활동했던 알렌 공사는 서울 거리에서 처음 자전거를 타고 다닐 때 몸소 체험한 충돌 사고를 『조선학회지』 1896년 8월 호에 기고했다.

"서울의 거리에도 자전거가 등장하게 되었다. 이미 14대가 운행되고 있으며 수십 대를 주문해 놓고 있다. 또한 자전거를 타는 여성도 4명이나 된다. 조선에는 엉성한 짐수레 말고는 굴러다니는 차량이 없기 때문에 어떤 종류든 바퀴차가 다닐 도로가 제대로 닦여 있지 않았다. 어느 날 남녀 각각 3명이 함께 자전거를 타고 동대문 쪽으로 향하던 중 갑자기 커다라 모자를 눌러 쓰고 술이 얼큰하게 취한 시골 사람들이 앞을 가로막았다. 이들은 팔 물건들을 다 처분하고 술을 한 잔 마시고 몸이 풀린 채 무거운 다리를 이끌며 귀가하는 길이었다. 따라서 별안간 당한 일에 놀라 혼비백산하여 괴성을 지르며 망연자실해 했다. 갑작스럽게 들이닥친 용 같은 괴물 행렬의 출현에 깜짝 놀란 그들은 아마 다시는 술을 입에 대지 않았을 것으로 생각된다."

서양의 교통수단으로서 자동차뿐 아니라 자전거도 거의 같은 시기에 들어온 듯하다. 당시 서울 장안에 자동차와 자전거가 통틀어 몇 대나 되었을까마는, 교통수단이라고는 가마와 말이 고작이었던 당시의 상황에서 조선인들에게는 심심치 않게 교통사고도 발생한 모양인데, 이는 전혀 예기치 못하던 것과의 갑작스런 맞닥뜨림이어서 그 놀라움이 더 컸을 것이다.

지붕 위의 풍향계 　이젠 바람도 보인다

「원산의 한옥 지붕 위에 설치된 풍향계」라는 제목이 붙은 이 그림은 영국 화보 주간지 『그래픽』 1887년 4월 2일자에 실려 있다. 한옥 위의 풍향계는 마치 나라 운명의 향방을 간절히 알고 싶어했던 당시 조선 사람들의 처지를 상징적으로 보여주는 것 같아 더욱 애틋한 마음이 든다.

영문으로 표기된 방위테 위에서 바람 부는 방향에 따라 회전하는 화살 모형의 방향키를 신기한 듯 바라보고 있는 포졸 차림의 남성은 어떤 심정이었을까? 바람의 방향을 볼 수 있어 무척 신기했겠지만 어쩌다 저 물건이 이 땅에까지 흘러들어왔을까 하는 궁금증이 더 컸는지도 모른다.

이런 화살형 풍향계의 회전축은 건물 안에 별도로 설치된 방위판 위에 붙어 있는 시침과 철선으로 연결돼 실내에서도 시침의 움직임을 통해 풍향을 알 수 있도록 했다. 따라서 오늘날로 치면 풍향계가 설치된 이 건물이 곧 기상관측소였던 셈이다. 오늘날처럼 위성관측 등 첨단 장비가 발달되기 이전에 풍향, 풍속을 관측하기 위해서는 보통 6~10미터 정도 높이에 측기를 부착하는 풍향계가 보편적인 방법 중 하나였으며, 19세기 말 초가집이 즐비한 당시로서는 가장 높은 한옥 지붕이 풍향계 설치 장소로 선정되었던 것으로 보인다.

Weather Cock on the Jetty, Gensan

기상은 예로부터 농사일이나 수산, 임업, 건축, 교통, 공업 등 각 분야에 없어서는 안 될 필수적인 정보이며, 최근에 들어서도 패션이나 문화재 관리 및 보존 등 필요치 않은 분야가 없을 정도로 중요하다.

"연기가 곧바로 올라가면 날씨가 맑고 옆으로 흐르면 비가 온다", "별이 반짝이거나 구름이 빨리 움직이면 낮바람이 강하다" 따위의 속설에서 보듯 우리 조상들도 오래 전부터 풍향을 통하여 기후를 예측함으로써 기상을 실생활에 활용하여 왔다. 또한 조선시대에도 "바람의 방향을 측정하는 풍기를 붉은 색으로 했다"는 기록에서 보듯이, 『서운관지』, 『풍운기』 등 전문 서적을 통해 기상 지식을 발전시켜 왔음도 확인된다.

각국의 기상 정보를 교환할 필요성이 커지자 1873년 오스트리아 빈에서 최초로 국제적인 세계기상기구(WMO)가 발족되었다. 세계기상기구는 2차 대전 이후에는 UN 산하기구로서 스위스에 본부를 두고 현재 184개국이 회원으로 있다. 우리 나라는 1956년 2월에 68번째로 이 기구에 가입했다.

이 그림에서 풍향계를 영어로 'weather cock' 이라고 적고 있는데, 이것은 서양의 풍향계가 닭 모양을 하고 있는 데서 붙여진 명칭이다. 기원전 1세기경 유태인들은 밤의 시간을 3시간씩 4단위, 즉 저녁, 자정, 새벽, 아침으로 구분하였는데 바로 새벽을 '닭이 우는 시간' 으로 표시하고 있었다. 그 이후 성서에도 닭 울음으로 시간을 의미하는 구절이 발견되는데, "닭이 두 번 울기 전에 네가 세 번이나 나를 모른다고 할 것이다"라는 마가복음이 그것이다. 실제로 고대 기독교인들은 기운이 넘치는 새벽부터 모여 기도를 했는데, 닭이 우는 소리를 듣고 예배를 보러 갔던 것이다.

이후 시간을 알리는 기능은 '종' 이 대신하게 되었지만 닭은 여전히 시간과 풍향을 알려 주면서 교회 종루 꼭대기에 놓여져 농부나 주민들이 일을 나가기 전이나 어떠한 일을 시작할 때 희망찬 모습으로 바라보는 영원한 상징물이 되었다.

서울에서의 측량 작업 　**도대체 뭐 하는 걸까?**

　1899년 5월 17일 서울에는 서대문에서 청량리 간 노선에 처음 전차가 등장했고, 9월 18일에는 우리 나라 최초의 철도인 인천에서 오류진 간의 경인선이 개통되었다. 전차의 경우 등장 일주일만인 5월 24일 전차 반대 시위가 일어났는데 어린아이가 전차에 치여 죽었기 때문이었다. 경인선도 일본 회사가 운영했기 때문에 반일 감정으로 인해 초창기에는 한국인 이용자가 극히 적었다.

　경부선은 이보다 더한 의미를 갖고 있다. 말 그대로 일본의 착취를 위한 수단으로 건설된 것이었기 때문이다. 지금도 일본인들은 종종 자신들의 식민 통치가 조선의 근대화에 도움을 주었다는 주장을 하곤 하는데, 그 첫번째 근거로 열거되는 것이 다름 아닌 경부선 철도 건설이다.

　1906년에는 경의선이 개통되어 부산에서 신의주까지 연결되었고, 이것이 일본의 대륙 진출을 위한 발판 역할을 하게 되는데, 지금과 같은 복선화는 1939년에 이루어졌다.

　당시 국책사업이었던 경부철도 건설을 놓고 서양은 물론 일본 등 주변국까지 가세해서 열띤 각축전이 벌어졌으며, 이 같은 상황 속에서 조선인들은 급속히 도입되는 서양의 신기술에 그저 어리둥절할 뿐이었다.

　이 그림은 「서울에서의 측량 작업」이라는 제목으로 『그래픽』 1902년 10월 11일자에 실려 있다.

　"도대체 무엇을 하는 것일까?" 하고 궁금해하는 군중들에 둘러싸여 "우쭐대고 있는 서양인 측량사"의 모습이라고 이 잡지는 보충 설명을 덧붙이고 있다.

　"이제 서울에서도 전차를 볼 수 있게 되었고 부산까지 철도가 건설 중이다. 그러나 주민들은 이러한 신문명에 대해 아직도 미심쩍은 듯이 갸우뚱하고 있다. 또한 요리조리 캐물으며 신기해하면서 삽시간에 몰려드는 인파로 인해 서울에서 측량한다는 것은 결코 쉬운 일이 아니었다. 그들은 요물처럼 생긴 서양의 낯선 측량 장비에 커다란 호기심을 갖고 접근했다."

긴 삼각 받침대 위에 괴상한 측량기구가 부착되어 있는 이 장비를 처음 본 사람들이 어리둥절해하며 동요하고 있는 모습이 역력히 나타나 있다.

서양 문물에 대한 호기심은 일반 서민뿐 아니라 왕도 마찬가지였던 것 같다. 미국인 사진 작가 버튼 홈즈는 1914년 발간한 그의 여행기 『기행 모음』에서 조선의 어린 왕자가 호기심을 갖고 탐내는 소형 영사기에 얽힌 사연을 이렇게 적고 있다.

"우리는 소형 영사기 덕분에 황제가 거처하는 새로운 궁궐에 들어갈 기회를 얻게 되었다. 이 영사기는 처음에 이재순이라는 대신을 통하여 황제에게 전달되어 이틀 후에야 되돌려 받을 수 있었다. 한밤중에 내시가 찾아와 우리를 깨워 황제가 하사한 선물을 영사기와 함께 건네주었다. 황제의 가장 어린 아들이자 궁궐의 개구쟁이인 어린 왕자가 잠자리에 들어서도 꼭 부둥켜안고 내놓지 않는 통에 늦게 돌려주게 되었다면서 사례로 선물을 보낸다는 것이었다. 다음날 대신으로부터 궁궐의 무희들을 구경하라는 초대가 있었다. 올 때는 반드시 영사기를 가지고 오라는 당부도 잊지 않았다. 그 이야기를 들은 박기호 씨는 염려스러운듯 우리에게 '만약 영사기를 다시 궁궐로 가지고 들어가면 결국 빼앗기고 말 것입니다'라고 미리 귀띔해 주었다. 그러나 우리는 영사기를 정성껏 포장해서 기꺼이 어린 왕자에게 건네 줌으로써 그를 기쁘게 해 주었다."

양담배에 매료된 거문도 촌장

영국 해군이 거문도를 2년간 불법 점령했던 이른바 거문도 사건 당시 영국 군인과 촌장 사이의 에피소드를 다분히 해학적으로 묘사하고 있는 이 그림은 「양담배에 욕심을 내는 거문도 촌장」이란 제목으로 영국 화보 주간지 『그래픽』 1886년 12월 11일자에 실려 있다. 이 그림에서 촌장에게 담배를 건넨 장본인인 영국인 밀디유는 당시 상황을 이렇게 적었다.

"촌장의 정원에서 선물용 꽃을 얻은 답례로 은제 담배 케이스에 담긴 담배를 권했을 때, 양담배가 탐이 난 촌장은 우선 한 개피를 얼른 집어 뒤로 감춘 뒤 체면도 아랑곳하지 않고 마지막 남은 한 개피마저 입에 물어 버렸다."

우리 선조들에게 담배는 기호품 이상의 각별한 의미가 있었다. 긴 담뱃대는 곧 신분과 권위의 상징이었다. 그러면 우리 조상들은 어떻게 담배와 인연을 맺었을까. 최남선의 『조선상식문답』에 나오는 담배 이야기이다.

"담배는 본래 미주(美洲) 열대지방 토인의 기호품으로서 지금부터 450년쯤 전에 유럽으로 전하여 그 뒤 100년 동안에 다시 중국, 일본, 조선 등지로 퍼져 조선에는 광해군 초년에 대개 일본으로부터 전래하여 수십 년도 안 되는 동안에 전국에 퍼졌다 합니다. 전래하는 당초부터 이미 재배를 시작하니

토성(土性)이 맞아 아무데나 잘 되고 풍미 좋은 명품이 여지저기서 나왔습니다. 이를테면 평안도가 일반적으로 담배의 의토(宜土, 적합한 토지)여서 '서초(西草)'란 것이 보통 좋은 담배 이름이 되는 가운데, 성천초, 양덕초, 삼등초가 더욱 유명하고, 전라도의 진안초, 황해도의 곡산초, 경기도 광주 남한산성의 금광초 등이 또한 전국에 소문났습니다. 또 평안도의 담배는 국내뿐 아니라 벌써부터 만주족 사이에도 성가가 알려져서 그네들에 대한 무역품의 하나가 되고, 그 전에 북경으로 사신이 다닐 때에는 연로(沿路)의 관민에게 환영받는 선물이 되었습니다. 그러나 연초 전매제도를 실시하는 동시에 경작을 집중적으로 제한하고 품종을 획일적으로 개량하는 통에 그전 좁은 범위의 땅에서 되는 특품은 대개 보존되지 못하고 미국종 황색연초의 전성시대를 보게 되었습니다. 담배를 그 전에 남초(南草) 또는 남령초(南靈草)라고 쓴 것은 남방에서 전래했고 또 약효가 있는 풀이라는 뜻입니다.”

우리 나라에 담배가 들어온 것은 대략 임진왜란 전후인 16세기경으로, 실제로 1598년 가을 술상에 둘러앉아 담뱃대를 물고 있는 조선 선비들의 모습을 그린 「칠송정동회도」(七松亭同會圖)가 전해오고 있다.

이렇게 전래된 담배는 전래 당시부터 조정 안팎에서 흡연 예찬론과 금연론이 끊일 새 없이 논란되어 왔으나 결론을 얻지 못한 채 흡연 관습은 우리 국민의 생활 속에 깊게 뿌리내리게 되었다. 특히 개화기를 거치면서 들어온 양담배는 일제 강점 시기를 맞으면서 우리의 담뱃대(죽장)를 몰아냈다.

해안에서 만난 조선인들

이 그림에서는 무엇보다 이들이 보고 있는 것이 무엇인지부터 봐야 한다. 이들의 시선이 향하고 있는 한 점에 바로 서양이 있기 때문이다. 호기심 반 불안감 반을 이처럼 잘 담아낸 그림은 여간해서 보기 힘들다. 특히 세밀한 사실성은 사진에 힘입은 바 크다. 그렇지 않고서 1890년대에 조선을 찾은 서양인이 이처럼 조선인을 사실적으로 그린다는 것은 사실상 불가능하기 때문이다.

이들의 눈에서 읽어 낼 수 있는 약간은 신기해하는 시선은 당연히 카메라 때문이었을 것이다. 혼을 앗아간다고 들었던 바로 그 카메라 앞에 어렵사리 설득되어 섰으니 그럴 수밖에 없었을 것이다.

이 삽화는 「해안의 조선인」이라는 제목으로 1894년 3월 파리에서 발행된 여행지 『르 뚜르 뒤 몽드』에 게재된 것으로, 프랑스인 바뻬로의 「조선 방문기」에 수록되어 있다(그림-1).

그는 해안가에서 우연히 마주친 조선 여인을 설득하여 어렵사리 사진을 찍을 수 있었던 감격적인 상황을 이렇게 적고 있다.

"해안으로 가는 도중에 걷고 있는 5명의 여인들을 만났다. 마침 사진기를 가지고 있었으므로 그들을 촬영하고 싶은 욕망이 솟구쳤다. 가까이 다가가

서 말을 건네자 일행 중 3명은 황급히 줄행랑을 쳤다. 남아 있던 2명의 부인들은 잠시 머쓱해하더니 호기심 어린 눈빛으로 용기를 내어 우리 이야기에 귀를 기울여 주었다. 그들은 유럽인이 거주하고 있는 집 내부를 한번도 본적이 없었기 때문에 우리가 집을 어떻게 꾸미고 있는지를 보고 싶어했으며, 따라서 한국어를 유창하게 구사하는 세관 관리인 헌트의 집을 보여주는 조건으로 사진 촬영에 응했다. 사진기 앞에 선 두 여인의 모습에는 두려워하는 빛이 역력했다. 사진기에 대해 아직도 반신반의하고 있는 것이 틀림없었다. 두 여인은 두려움을 조금이라도 떨치려는 듯 서로 손을 꼭 잡았다. 이

[그림-1] 해안의 조선인

때 남자들 몇 명이 다가왔는데, 여인들을 안심시키기 위해 남자들을 옆에 같이 세웠다. 촬영이 다 끝났다고 하자 '휴' 하고 긴 한숨을 내뿜으면서 별탈 없이 끝난 것에 오히려 어리둥절해 했다."

실제로 서로 손을 꼭 쥐며 긴장하고 있는 여인을 담은 장면은 이 삽화의 진가를 더해 주고 있다. 그 시절에 서양인들이 여인들을 설득하여 사진을 찍는다는 것이 얼마나 어려운 일이었는지를 두 여인이 마주 잡은 손이 한눈에 설명해 준다.

[그림-2] 서양인이 최초로 그린 한국 여인의 모습.

그런 점에서 두번째 그림(그림-2)은 여러 가지로 의미가 깊다. 머리에 두건을 하고 흰 한복을 입은 이 여인 삽화는 1859년 5월부터 11월까지 조선의 남해와 동해안을 정밀 탐사했던 영국함 액튼 호에 승선했던 종군 화가 베드웰이 자신이 목격한 조선 여인을 그린 것인데, 동승했던 경리관 블레이크니가 펴낸 항해기 『한중일(韓中日) 해안 탐사기』에 실려 있다.

'유일하게 목격한 조선 여인의 모습'이라는 설명이 강조되어 있는 이 그림을 그리게 된 당시의 상황을 블레이크니는 이렇게 묘사하고 있다.

"우리는 조선 여인의 모습을, 그것도 오로지 한 여인만을 겨우 볼 수 있었다. 마침 화가인 베드웰은 항상 스케치 도구를 지니고 다녔기 때문에 선 자세로 일하는 그녀의 모습을 담을 수 있는 감격적인 행운을 얻게 된 것이다. 당시 우리 일행은 '여기에 여자가 있다' 라는 갑작스런 외침에 급히 해안으로 달려갔었다."

이 삽화는 서양인이 직접 목격한 조선 여인을 그린 최초의 드로잉이라는 의미를 갖는다. 여기서 여인은 자기를 그리는 것을 알아챈 듯 시선을 화가 쪽으로 향하고 있다. 이 여인 또한 지금 서양을 보고 있는 것이다. 내륙으로의 접근이 거의 불가능했던 시기에 조선 여인을 우연히 만나 그 모습을 그림으로 담을 수 있었던 서양인들이 '감격적인 행운'이라고 다소 들떠서 말하는 것도 충분히 이해되는 대목이다.

유모차와 남자 보모 　**서양식 육아법의 도입**

대단한 사회적 변화가 느껴지는 광경이다. 조선시대는 남자가 자기 자식을 안거나 업고 대문 밖을 나서는 것도 흉이 되는 '동방예의지국'의 사회였다. 하물며 남의 자식, 그것도 서양 '오랑캐'의 아이를 키우는 보모라니, 사람들이 놀라도 크게 놀랄 일이다. 남녀 차별이 오히려 사회적 지탄의 대상이 되는 오늘날도 뉴스 거리가 될 만한 일이다.

1905년 뉴욕에서 발행된 미국 선교사 언더우드의 부인이 쓴 책 『조선에서의 토미 톰킨스』에 실려 있는 이 그림은 아마도 우리 나라 최초의 남자 보모를 그린 삽화일 것이다.

이 책은 조선에서 태어난 서양 아이가 이질적인 문화와 환경 속에서 어떻게 성장했는지를 엄마가 육아일기 형식으로 쓴 것이다. 여기에는 또한 조선 어린이들의 생활상이 체험기로 묘사되어 있다.

「조선에서 태어난 톰킨스와 조선 남자 보모」라는 제목이 붙은 이 그림에서 남자 보모 못지 않게 인상적인 것이 당시로서는 세련된 자동차를 연상시킬 만큼 아름다운 신식 유모차다. 당시 조선에서 서양 아기의 출생은 매우 이례적인 일이었고, 더군다나 그림에서와 같이 스프링 쿠션에 레이스 장식의 양산이 달린 이 미국산 유모차는 아마도 조선에 도착한 최초의 것으로,

보는 사람들을 어리둥절하게 만들기에 충분했다.

언더우드 부인은 이 유모차가 톰킨스를 첫 주인으로 하여 조선에서 13년간 대물림되면서 다섯 가정 9명의 아이들이 사용했다고 적고 있다.

그리고 그림 속의 이 아이는 독립운동과 연희전문학교 설립 등에 크게 기여한 '원한경'이란 한국 이름도 갖게 되는데, 언더우드 부인은 "톰킨스가 '오지'였던 조선에서 제대로 성장할 수 있었던 것은 유모차 옆에서 아기를 보고 있는 남자 보모와 버선을 신고 소리를 죽여 가며 아기를 돌보았던 여자 보모의 보살핌 덕분이었다"고 술회했다. 또한 이러한 조선 보모들의 각별한 정성이 없었더라면 이 서양 아이가 조선에서 제대로 자랐을지 의문이라고 덧붙였다. 유모차 옆에 서 있는 이가 바로 그 남자 보모이다.

당시 조선에서는 전염병으로 인해 수많은 어린이들이 희생되었는데, 아이들이 병에 걸리면 우선 무당을 불렀고, 심지어 왕자의 경우도 마찬가지였다. 물론 한국에 체류하는 서양 어린이들도 전염병에 걸리긴 마찬가지였으나 예방주사로 병을 퇴치할 수 있었는데, 17년 동안 서양 어린이가 천연두에 걸린 경우는 단지 7명뿐으로, 이 중 주사를 맞지 않은 4명은 죽고 주사를 맞은 3명은 살았다. 이로 인해 조선인들은 서양 의학의 효험을 인정하기 시작했으며, 이러한 의학의 신뢰성을 바탕으로 선교활동도 쉬워져 갔다. 의학은 그만큼 서구화의 첨병이었다.

영국 해군 장교의 총과 가죽신 이것이 무엇에 쓰는 물건인지…

낯선 복장을 한 벽안의 군인이 장총을 들고 나타났지만 벽촌의 조선인들에겐 이들이 온 목적 따위는 관심 밖이다. 남루한 행색의 조선인들이 신식 무기로 무장한 영국 군인을 이리 저리 살펴보고 있는데 신기한 서양인의 모습과 장비들에 온통 관심이 쏠려 있다.

이 그림은 「영국 해군 장교를 살펴보는 라자레프 항의 조선인들」이란 제목으로 영국 주간지 『런던 화보 뉴스』 1887년 11월 26일자에 실려 있다.

라자레프 항은 영홍만의 원산항으로 1854년 러시아의 해군 제독 퓨자친이 명명한 것이다. 당시 퓨자친은 거문도까지 탐사하면서 주민들과 접촉하기도 했다. 이미 부동항을 찾아 헤매던 러시아는 일찌감치 한반도에 눈독을 들이고 있었던 것이다. 1880년대에 이르러 영국과 러시아는 아시아에서 주도권을 잡기 위해 더욱 첨예하게 대립하게 되며, 이에 따라 영국은 한반도 해역에서 부동항을 확보하려는 러시아의 동태를 면밀히 주시하고 있었다.

당시 영국의 언론은 러시아의 남하를 견제하기 위해서는 일본과 조선 사이에 위치한 한반도 남단의 항구를 먼저 확보해야 한다고 역설하기까지 했다. 특히 영국은 러시아가 가장 탐내고 있는 항구가 바로 원산항이라고 판단하게 되었으며, 이에 대응한 전략으로 영국 해군은 '러시아의 남진을 막

는다' 는 구실로 1885년 3월 1일부터 약 2년간 거문도를 불법 점령하는 사건이 발생한다. 그것이 이른바 거문도 사건이다.

이 당시 조선 정부가 얼마나 무력했는지는 영국이 점령 사실을 청과 일본에는 즉시 통고한 반면 조선 정부에는 한 달이 지나서야 알린 데서도 알 수 있다. 그나마 외신을 통해 이 사실을 접한 조선 정부는 외교고문 묄렌도르프 등을 거문도에 보내 항의했으나 무시당했다. 따라서 세계 열강들의 각축장이 되어 버린 원산항과 거문도 주민들은 예기치 못하게 서양인과 서양 문물을 접하게 된다.

그림 속에서 영국 해군 장교가 지닌 서양 총의 탄알을 직접 만져보며 의아하게 살펴보는 원산 주민들과 두려운 표정으로 어른의 옷깃을 꼭 잡고 긴장하는 소년의 모습이 이채롭다. 특히 긴 구두의 가죽 각반 부분을 이리저리 만져보기까지 하면서 신기해하는 짚신 신은 사람의 모습 속에서 그들의 문화적 충격을 짐작케 한다.

당시 한국의 내륙을 여행했던 프랑스의 민속학자 샤를르 바라도 가죽 구두에 부착된 가죽 각반에 대한 조선인들의 깊은 관심을 이렇게 회고하고 있다.

"서양인들을 보지 못 했던 산골 주민들은 내 모습을 매우 호기심 있게 관찰해 가며 내게로 다가왔다. 특히 처음 본 듯한 가죽 장갑과 가죽 각반에 가장 큰 관심을 보였는데, 조심스럽게 만져보면서 매우 신기해했다."

4 독특한 조선의 풍경들

한지 제작 모습 종이는 닥나무로 만든 한지가 최고

　학문과 책을 숭상했던 조선인의 오랜 전통과 관련시켜 볼 때 종이는 필연적으로 발전할 수밖에 없었을 것이다. 불국사의 석가탑에서 목판 인쇄본의 다라니경이 발견되어 지금까지 알려져 있는 목판 인쇄물로는 세계에서 가장 앞선 시기의 것임이 드러났다. 8세기 중엽 이전에 목판을 만들어 찍었다고 보여지는 이 불경은 우리 나라에서 전통적으로 내려오는 고유한 종이인 닥종이에 인쇄한 것이다. 고려시대부터 학문의 종주국이었던 중국에서조차 조선에서 제작한 책을 첫손으로 꼽았던 역사적 사실은 중국이나 우리의 문헌에서도 쉽게 발견할 수 있다. 일본 학자의 증언에 따르면 이런 전통은 신라시대에까지 소급할 수 있다.

　일본의 서지학자 야기(八木)는 이런 기록을 남겼다.

　"신라의 백추지는 다른 어떤 종이와도 비교될 수 없을 만큼 훌륭한 제품으로서 종이 발명국인 중국에서까지도 천하 제일이라 하여 소중히 여겼다. 한국의 옛 종이는 지금도 매우 희고 섬유질이 균일하며 면밀하게 짜여져 있는데, 표백 기술과 섬유를 다듬질하여 종이 질을 균일하게 하는 기술이 특히 능했다. 석반이나 목반 위에 올려 놓고 방망이로 두드려 곱게 다지는 과정은 한국인들의 정성이 더욱 돋보이는 특이한 장면이다."

[그림-1]

[그림-2]

[그림-3] 제조지에서 서울로 종이를 운반하는 모습.

이 삽화들은 구한말 영국 총영사를 지낸 크리스트퍼 토머스 가드너가 1895년 호주에서 발간한 『조선』에 실린 것으로, 한지의 제작 과정을 소개하고 있다.

첫번째 그림(그림-1)은 고지나 폐지 조각들을 나무통에 넣고 종이죽이 될 때까지 발로 밟고 있는 모습이다. 옆에 놓인 나무판 위에는 다음 공정인 돌로 된 커다란 통에 옮겨 담기 직전의 펄프 덩어리들이 가지런히 올려져 있다. 두번째(그림-2)는 물이 담겨진 커다란 들통에 닥나무 가지와 뿌리를 넣고 나무 막대기로 휘저어 펄프죽을 만드는 장면이다. 이것은 나뭇가지와 뿌리를 한데 섞어 세분화하는 과정이다. 세번째 그림(그림-3)은 공들여 제작한 한지를 들것에 올려 놓고 두 사람이 공방에서 서울로 정성스레 운반하는 광경이다. 이 모습에서 한지가 얼마나 소중하게 다루어졌는가를 실감할 수 있다.

학문의 숭상은 책에 대한 숭상으로 나타났고 그런 만큼 책의 재료인 종이는 소중하게 다뤄질 수밖에 없었다. 이 세 컷의 그림은 학문과 책과 종이에 대한 조선인의 태도가 얼마나 경건했는가를 확인시켜 준다.

무려 3,821종에 달하는 방대한 조선 서적들을 수년간 정리하여 『한국 서지』(1894~1901)라는 한국학 연구의 보고(寶庫)를 펴낸 프랑스의 외교관이자 조선 서지 전문가 모리스 꾸랑은 조선 종이에 대해 전문가다운 기록을 남기고 있다.

"한국의 종이는 닥나무 껍질로 만드는데 이 껍질을 얼마간 물에 담갔다가 꺼내어 두드리고 평편하게 만들어 햇볕에 말려 희게 하는 것이다. ……최고 양질의 종이는 가을에 만든다. 이것은 좀처럼 찢어지지 않고 두텁고 윤기가 나면서 상아빛 색조를 띤다. 찢긴 부분을 보면 마치 솜과 같고 두툼하며 매우 유연하다. ……최상급은 임금의 하사품이나 관용 문서 등 매우 한정된 경우에만 귀하게 사용된다. 중간질은 과거 시험지로도 쓰이는데, 이 시험지가 상인에게 팔려가 기름을 먹이게 되면 더욱 견고해져 완전히 방수가 되는데 우장이나 장판지, 상자나 부채 등 다양한 용도로 쓰인다. ……특히 조선의 인쇄 기술은 중국을 능가할 뿐더러 유럽에도 앞선다."

이게 19세기 말경의 조선 종이에 대한 언급이라는 점을 특히 유념할 필요가 있다. 비교적 한국 생활이 오래됐던 미국인 선교사 언더우드도 조선 종이에 관한 의미있는 증언을 남겨 놓았다.

"단단하고 강한 한지의 우수성은 널리 알려져 있으며 서양에서는 상상할수 없을 정도로 아주 오래 전부터 제작해 오고 있다. 그러나 중국과 일본에서 수입되는 값싼 종이로 인해 한국의 종이 생산이 중단되어야만 하는 현실은 유감스럽기 그지없다."

서울에서의 쇼핑 ▌그 도자기 싸게 파시오

이 그림은 영국 화보 주간지 『그래픽』 1909년 12월 4일자에 실린 것으로
영국인 기행화가 톰 브라운이 실제 목격한 장면을 그렸다.

그림의 제목은 「서울에서의 쇼핑」. 영국 신사와 귀부인이 길거리에서 옛
도자기를 사기 위해 열심히 흥정하고 있으며 무슨 볼 거리라도 생긴 양 아
랫도리도 입지 않은 어린아이까지 나와 지켜보는 재미있는 장면이다.

지금은 고상하게 '문화재' 라고 부르지만 과거 우리가 이런 물건들을 부
르던 이름은 골동품이었다. 쉽게 말하면 '고물' 이었다. 이 무렵 많은 외국인
들은 우리의 골동품 수집에 열을 올렸다. 전문적인 골동품 가게가 없던 그
시절에 옛 민속품을 사고 파는 데 있어 흥정이라고 해봤자 거의 헐값에 넘
기는 것이 고작이었다.

이 무렵 조선 민예품들을 정열적으로 수집했던 프랑스 민속학자 샤를르
바라는 그의 수집 체험을 이렇게 기록해 놓고 있다.

"프랑스 공사를 통해 서양인이 조선의 옛 민속품을 사고 싶어한다는 사실
을 여러 통로로 알리게 하자 소문을 들은 상인들이 각처에서 몰려들었다.
이른 시각인데도 많은 사람들이 갖가지 물건들을 들고 왔다. 그 중에서 쉽
게 귀중품을 선별해 살 수 있었다."

그렇게 해서 단돈 몇 푼에 팔려나간 우리 문화재는 숱하다.

고려 청자의 아름다움에 대해 1123년 개성에 온 송나라 사절 일행 중 한 사람인 서긍은 이렇게 경탄했다.

"사기 그릇의 빛이 푸르른 것을 고려인들은 비색(翡色)이라 한다. 근년에 와서 더욱 정교해지고 유색이 매우 훌륭해졌다."

또한 지금까지도 가장 매혹적인 색으로 평가받고 있는 불가사의한 청자색을 송나라 사람들은 '천하 제일품 고려 비색'이라 하여 당시 세계 28개 최상품 중 하나로 선정하기도 했다.

1946년 유럽에서 최초로 한국 예술품이 파리 세르니치 박물관 주최로 단독 전시되어 각광을 받았다. 전시 도록에는 영국의 빅토리아 알버트 미술관 도자기 전문위원 허니의 평론이 이렇게 소개되기도 했다.

"한국 도자기의 우수성은 독특함뿐만 아니라 우아함과 자연스러움을 가장 신비스럽게 표출시키고 있다는 점이다. 이것은 도자기가 지닐 수 있는 최상의 미가 담긴 것으로 이 안에는 단순미와 함께 선과 형이 이상적으로 완벽하게 조화되어 있고, 심지어 중국보다도 앞선 세계 최고의 명품이라 할 수 있다."

이것은 중국 문물을 단지 모방하는 데 그치지 않고 우리의 문화적 독창성을 끊임없이 접목시켜 새로운 가치를 창조하려는 예술혼이 만들어 낸 위대한 산물이었다.

최근 뉴욕의 한 경매장에서 우리 도자기 한 점이 63억 원이라는 도자기 경매 사상 가장 비싼 값으로 거래되어 한편으로는 우리를 놀라게 했고, 또 한편으로는 우울하게 했다. 어이없게 외국으로 반출된 소중한 문화재를 되찾기 위해서 얼마나 막대한 대가를 지불해야 하는가를 뼈저리게 깨닫게 하는 사례이다.

400여 년 전 강제로 일본에 끌려간 조선 도예공들이 우리의 역사에서 갖는 의미를 되새겨 보면, 우수한 한국적 가치는 우리 자신이 스스로 인식하고 보호하고 발전시켜 나가지 않으면 안 된다는 사실이 교훈처럼 다가온다.

이층뗏목과 조선 배

그림-1]

우리에게는 예로부터 한선(韓船)이라 해서 튼튼한 배가 있었다. 다만 지역
에 따라 간단한 고기잡이나 연락용으로 다양한 형태의 뗏목을 만들어 사용
했다.

이 삽화는 「거문도에서 본 조선 뗏목」이란 제목으로 영국의 화보 주간지

『런던 화보 뉴스』1887년 11월 26일자에 실린 것이다(그림-1). 그림이 다소 서툰 것은 이 무렵 거문도에 주둔했던 한 영국 해병이 해안가에서 섬과 섬 사이를 왕래하는 이층뗏목을 처음 보고서 신기한 마음에 직접 그린 것이기 때문이다.

우선 뗏목의 모양 자체만으로도 상당한 학술적 가치를 지닐 것으로 보인다. 이층뗏목은 그 동안 흔하게 볼 수 없는 것이었다. 웬만한 파도에도 물이 닿지 않도록 만든 이층 갑판에 서서 잔물결 치는 바다를 유유히 저어 가는 모습이 인상적이다.

일본 역사학자 신지 니시무라 교수가 1925년 발간된 그의 저서『일본 뗏목의 기원』에서 밝힌 기록은 이층뗏목이 지닌 독창적인 가치를 학술적으로 뒷받침해 준다.

"역사적으로 한국의 조선술과 항해술은 모두 일본보다 앞서 왔으며, 일본은 삼국시대에 신라, 백제 등을 통해 조선술을 전수받기도 했다. 조선에는 다양한 종류의 해상 운반기구가 있으며, 이 중 뗏목선은 세계적으로도 가장 우수하다고 평가할 수 있다. 특히 이층뗏목은 주로 제주도 근해와 남해 도서 지역에서 제작되었는데, 부력과 안정성을 유지하기 위해 오래된 통나무를 통째로 사용했다. 이층 구조로 된 갑판은 어부와 어구가 파도에 휩쓸리거나 젖지 않도록 독특하게 고안되었는데, 갑판에는 대나무를 돗자리처럼 바닥에 깔아 물이 잘 빠지고 습기가 차지 않도록 배려했다."

뗏목뿐 아니라 조선 배에 대해서 서양인이 최초로 평가한 내용을 보면 해양 국가인 일본이나 대국인 중국보다 높이 평가하고 있어 매우 인상적이다. 영국의 브루톤 함장은 항해시 유심히 목격한 조선의 전통 배인 한선(그림-2)이 일본이나 중국 배와 비교할 때 여러 면에서 월등히 우수했다고 기술하고 있다.

[그림-2] 한선(미국의 『하퍼즈 위클리』, 1871년 9월 9일).

"우리가 본 일본 배들은 30톤에서 300톤 정도로 거의 같은 구조를 지니고 있다. 대개가 무명천으로 만든 작은 돛 하나로 항해하고 있으며, 속력은 빠른 편은 못 된다. 또한 침로를 좌우로 이동할 수가 없어서 잠깐 동안은 바람이 불어오는 쪽으로 선수가 돌려지계 된다.

조선의 배는 우선 크고 돛이 한 개며, 중국 배와 형태나 항해 방법 등이 유사하다. 남해안에서 본 배는 두 가의 돛을 가진 것도 있는데, 일본 배와는 달리 나무로 된 닻을 쓴다. ……배의 중앙에는 진흙으로 빚은 네모난 화덕이 있다. 이 곳엔 항상 불씨가 살아 있는데, 아마 담뱃불 용도인 듯싶다. ……조선인들은 배를 아주 민첩하게 조정했다. 어떤 배는 오륙십 명이나 타고 있었는데도 속력은 무척 빨랐다."(그림-3)

[그림-3] 거문도 앞바다를 지나는 전통 한선(『런던 화보 뉴스』, 1865년 1월 7일).

글 쓰는 선비 초가삼간일지라도 기개는 당당하게

　조선 왕조 500년을 지탱해 준 바탕이 무엇일까. 초라한 선비의 글쓰는 모습을 묘사한 이 그림에서 그 대답의 실마리를 찾을 수 있다.

　구한말 조선을 방문한 외국인들 가운데 평범한 가정의 내부를 구경할 기회를 가진 사람은 그다지 많지 않았다. 겉으로 다소 초라하고 구차하기까지 한 집의 외관 때문에 조선인들을 얕잡아 봤다가 막상 그 안을 들여다보고 상당한 충격을 받았다는 기록들이 지금도 많이 남아 있다. 방문을 여는 순간 한눈에 느낄 수 있는 학문과 책에 대한 조선인들의 남다른 사랑 때문이었다. 1890년 프랑스 외교관으로 조선을 방문했던 모리스 꾸랑이 한국학의 보고(寶庫)라는 『한국 서지』를 펴낼 결심을 한 것도 이 같은 조선인의 책 사랑에 대한 충격에서 비롯된 것이라 할 수 있다.

　「작은 방에서 붓으로 글을 쓰고 있는 조선 선비」라는 제목의 이 삽화는 1866년 프랑스가 불법적으로 강화도를 공격한 사건인 병인양요에 참가했던 프랑스 해군 장교 주베가 인상깊게 목격한 장면을 직접 스케치한 것으로, 1873년에 발행된 프랑스의 여행 전문 잡지 『르 뚜르 뒤 몽드』(세계 일주)에 실린 것이다.

　주베는 자신들이 침공 대상으로 삼았던 강화도 한 촌락의 초라한 집에서 학문에 열중하고 있는 조선 선비의 기개 있는 모습을 접하고 받은 충격을 이렇게 묘사했다.

"조선과 같은 먼 극동의 나라에서 우리가 경탄하지 않을 수 없는 것은 아주 가난한 사람들의 집에도 책이 있다는 사실이며, 이것은 선진국이라고 자부하고 있는 우리의 자존심마저 겸연쩍게 만든다. 조선 사회에서 문맹자들은 심한 천대를 받기 때문에 글을 배우려는 애착이 강하다. 프랑스에서도 조선에서와 같이 문맹자들을 가혹하게 멸시한다면, 경멸을 받게 될 사람이 허다할 것이다."

그의 놀라움은 관아의 커다란 창고에 보관되어 있는 방대한 양의 책과 종이를 보고 더욱 커진다.

"방대한 양의 서적과 비축용 종이를 발견했으며, 서적 등 일부는 훌륭한 그림을 담고 있는데, 그것들은 오늘날 파리 국립 도서관에 옮겨져 소장되어 있다. 거의 모든 책들은 한서(漢書)이나 조선은 고유한 언어를 지니고 있으며, 그것은 동양의 어느 나라에서도 찾아볼 수 없는 진정한 표음문자이다."

여기서 주베는 한 가지 착오를 일으키고 있다. 한문으로 된 책은 당연히 중국 책일 것으로 여기고 있다는 점이다. 우리의 책도 90퍼센트 가량이 한서였다는 사실을 알았더라면 그의 충격은 더 컸을 것이다.

모리스 꾸랑은 당시 서양인들이 일으키고 쉬웠던 오해와 관련해 이런 언급을 하고 있다.

"중국 책으로 생각한 것들 가운데 십중팔구는 한국에서 인쇄된 것이라는 사실을 증명하는 데는 대단한 검토가 필요한 것도 아니다. 본문에 적힌 내용은 차치하더라도 책의 크기나 질기고 질 좋은 종이 등 그 외형만으로도 중국에서 온 책들과 혼동할 여지가 없는 것이다."

이 그림에서 주베가 목격했던 것은 다름 아닌 조선의 힘이 아닐까. 이에

관한 증언은 또 있다. 영국인 선교사 언더우드는 저명한 언어학자이며 역사학자인 존스 박사의 말을 인용해 중국인이나 일본인과 비교되는 조선인의 특징을 이렇게 적고 있다.

"조선인은 지식욕이 강하고 학자가 되는 것이 모든 사람들의 이상으로 되어 있다. 이에 반해 중국은 기질이 상업적이고 상인의 국가인 것 같고, 일본은 군국주의적이고 무사의 나라인 것 같다. 그러나 조선은 학문적이고 학자의 나라라는 인상을 준다."

그의 관찰은 계속된다.

"한국의 역사를 보면 이웃 나라 사람들이 거의 갖지 못한 독창성이 있음을 느낄 수 있다. 현재도 그러하지만 과거에도 필요한 일이 생기면 이전에 생각지도 못했던 방책을 즉각 제시한다."

사실 책의 문화만 중국이나 일본을 앞섰던 것이 아니다. 책을 뒷받침해주는 인쇄술과 제지술 등에서 우리는 단연 그들을 앞서 있었다. 그런 전통은 이미 고려시대로 거슬러 올라간다. 조선 종이의 질과 인쇄술에 대한 꾸랑의 언급이다.

"나는 한국에서 종이가 언제 제조되었는지 알지 못한다. 필사를 위해 다른 재료가 사용되었다는 말을 듣지 못했고, 9세기에 이미 도서가 널리 보급되었으며, 그 다음 세기에 도서관이 설립되었으므로 종이는 이미 고려 왕조에서 사용되었다고 생각된다. ……인쇄기술에 있어서 한국은 중국을 능가하고 유럽에 앞선다."

이 소박하면서도 장엄한 그림 한 장은 우리가 가진 저력을 새삼 자부하게 하면서 이렇게 질책하는 듯하다.

"학문 숭상과 선비의 기개는 어디로 갔는가?"

장독대와 독 장수 조선의 맛은 장독에서 나오지

옹기는 예로부터 우리 삶 속에서 빼놓을 수 없는 생활 도구였다. 천혜의
흙과 물로 빚어진 토기는 옹기장이가 장작불로 온도를 어떻게 맞추어 구워
내느냐에 따라 질이 결정된다. 그만큼 정성이 필요했다. 이렇게 한국적인
자연과 혼이 어우러져 만들어진 토기는 눈에는 보이지 않는 미세한 구멍들
을 통해 숨을 쉬기 때문에 장맛을 지키는 데는 으뜸이다.

[그림-1]

이 삽화는「장독대 풍경」이라는 제목으로 1915년 뮌헨에서 발행된 베네 딕트 회 수도원장 독일인 노베르트 베버 신부의 저서『고요한 아침의 나라』 에 게재된 것이다(그림-1).

23년간 한국의 격동기를 현장에서 지켜본 미국 공사 알렌은 1908년 발간 한 그의 저서『조선 풍물』에서 역겨운 냄새를 풍기는 김치독으로 인해 겪게 된 일화를 소개했다.

"소금에 절인 야채인 김치는 배추와 무를 기본 재료로 하여 고추, 굴, 마 늘 등 약 140여 종의 양념을 집어넣을 수 있다고 하며, 드럼통만한 크기의 독에 약 2개월간 숙성시킨다. 어느 날 병원으로 돌아왔을 때 온 집안에서 이 전에 맡아 보지 못했던 고약한 냄새가 진동했다. 즉시 냄새를 내보내기 위 해 창문부터 열게 한 후 살펴보니 흔히 볼 수 있는 조그만 항아리에서 새어 나오는 냄새였다. 나는 즉시 내던져 버리라고 하였는데, 바로 그것이 고마 움을 표시하기 위해 한 환자가 놓아 두고 간 것으로, 가장 정성을 들여 만든 잘 익은 김치가 담긴 상급의 김치독이었다.

이런 일이 있은 후에 나는 마늘을 넣지 않은 김치를 맛보게 되면서 김치 가 지닌 진미를 이해하게 되었다. 김치를 먹을 때마다 냄새에 기겁했던 우 스꽝스런 추억을 떨쳐 버릴 수가 없다."

장독대는 컴컴한 지하에서 발효시키는 서양의 포도주통과는 달리 햇볕과 바람이 잘 드는 양지바른 곳에 놓이면서도 남의 눈에는 잘 안 띄는 뒤꼍이 나 정결한 자리에 배치한다. 또한 장독대는 배수가 잘 되도록 약간 높은 곳 이나 아니면 호박돌과 자갈을 깔고 그 위에 여러 개의 판석을 깔아 만든다. 이 곳에는 우리의 기본 식품인 간장, 된장, 고추장과 빈 항아리를 나열한다.

프랑스 해군 장교 주베는 농가를 살피다가 집안의 담장 밑에 있는 장독대 를 보고 그들의 치즈와 흡사한 한국의 발효 음식 문화에 공감했다.

"벽으로 둘러싸인 또다른 마당 구석에는 다양한 발효 식품을 담가 둔 아주 커다란 토기 항아리들이 놓여 있었다. 이들 중 김치독에는 잘 익어 가는 배추와 무를 볼 수 있었다. 조선인들은 다른 동양인들처럼 물에 익힌 쌀을 주식으로 하고 있다. 그러므로 간이 되지 않은 쌀밥에는 발효 음식이나 매우 자극적인 양념으로 입맛을 돋구게 할 필요가 있었을 것이다."

이렇듯 독은 우리 음식 문화에 있어서 없어서는 안 될 필수품이었다. 그래서 장날은 항상 옹기장수가 등장하게 된다. 옹기를 운반할 수 있도록 개조한 독특한 지게에 여러 개의 옹기들을 동여매고 가는 독 장수(그림-2)의 모습은 불과 20~30년 전까지만 해도 쉽게 볼 수 있는 정겨운 장날 풍경이었다.

"장맛을 보면 그 집안을 알 수 있다"는 속담과 같이 장독은 어린아이로부터 어른까지 한 가정의 이야기가 은밀히 담겨 있기도 하다. 특히 여인들은 하루에도 몇 번씩 각기 다른 크기의 뚜껑을 여닫으며 장독대 치레에 많은 정성을 쏟았다. 시집살이에 고달픈 며느리가 남몰래 눈물을 흘리던 곳이자 어머니가 아들을 위해 정화수를 떠놓고 기도하던 곳이기도 한 장독대는 한국적 정서가 가장 많이 담겨 있는 문화유산이기도 하다.

[그림-2] 독 장수(『일본의 자유 투쟁』, 1904년).

초가집과 온돌 `보기에는 이래도 살기에는 최고`

한국의 주택에서 가장 독특한 것은 설치가 비교적 간편하고 열 효율이 높은 온돌이라는 난방장치이다. 삼국시대 주거지에서도 발견되는 것을 보면 온돌은 꽤나 오래 전부터 전해 오는 우리 민족의 고유한 난방법이다.

1900년대 초 독일 신문의 특파원으로 방한했던 지그프리드 겐테 박사는 그의 체험기 속에 온돌에 대해 자세하게 적고 있다.

"주민들이 장작 등 땔감을 아궁이에 집어넣으며 불을 피우는 몸에 밴 능숙한 솜씨를 보면 감탄하게 된다. 추운 겨울철에 따뜻한 방에서 아늑하게 몸을 녹일 수 있는 이처럼 뛰어난 난방 기술을 지닌 민족은 동아시아 전역을 통틀어서 한국인밖에 없다. 중국인들은 실내의 벽 한 구석에 연통 난로를 두고 자면서 짚으로 불을 때기 때문에 화재가 발생할 위험이 높을 뿐 아니라 매캐한 연기와 냄새로 항상 실명이나 질식의 위험이 도사리고 있다. 일본인들은 대체로 한국이나 중국 같은 난방법을 모르고 산다. 그저 방안에 작은 화로를 놓고 차가운 손을 덥이는 정도이며 난방까지는 되지 않는 매우 소극적인 난방법이다. 따라서 추운 겨울에 뜨끈하고 훈훈한 온돌방에서 보낼 수 있는 한국인들은 그들의 우수한 난방 기술에 긍지를 가지고 자랑할 만하다."

주한 이탈리아 총영사를 지낸 까를로 로제티는 1904년에 발간한 그의 여행기 『꼬레아 꼬레아니』에서 온돌을 이렇게 기록했다.

"한국의 가옥들은 한결같이 나즈막한 단층이며 2층으로 된 서민의 집은 찾아볼 수 없다. 한국 가옥에서 볼 수 있는 특이한 점은 동양에서는 오로지 그들만이 고안해 낸 온돌이라는 난방장치를 사용하고 있다는 점인데, 실제로 아주 훌륭하고 독창적인 것이다. 한국의 집은 땅을 파고 기초 공사를 하는 게 아니라 지면 위에 그냥 짓기 때문에 방바닥이 지면보다 약간 높아 온돌이라고 부르는 공간 사이에 나무나 짚 등을 때어 바닥을 덥이면 방안 전체가 훈훈해진다."

프랑스 여행가 듀크로끄도 한국의 온돌이 세계적으로 우수한 난방법이라고 감탄했다.

"조선인들은 거의가 초가집에서 살고 있으며 기와집은 200호 중 한 집이 있을까 말까 할 정도로 드물다. 이러한 조선인들이 서양보다도 먼저 난방장치를 활용해 왔다는 사실은 우리를 놀라게 한다. 방바닥 밑으로 연결된 통로를 통해 더운 연기가 지나면서 충분한 열기를 만들어 내는데 설치 방법도 간단하다. 이렇게 기막힌 난방법을 세계 속에 널리 알려야 하지 않을까."

또한 23년간 한국에서 선교활동을 했던 언더우드 박사도 온돌이 한국의 환경에 알맞는 실용적인 난방법이라고 설명했다.

"아궁이 밑에서 때는 불의 열기와 연기가 구들장 사이를 지지면서 방바닥을 덥인다. 이러한 난방은 겨울철에 가장 적은 비용으로 가장 따뜻하게 지낼 수 있기 때문에 연료가 부족한 지역에서는 확실히 권할 만하다. 사용하는 땔감도 나뭇가지나 통나무 등 저렴한 것이며, 이마저도 없다면 잡초,나뭇잎 등 어느 것이라도 땔감으로 활용된다. 이 때문에 한국의 서민들은 이웃 나라인 중국과 일본 사람들보다 따뜻한 집에서 살고 있다."

조선시대의 시골 초가집(『르 뚜르 뒤 몽드』, 1894년).

서울역과 기차 사연과 추억이 서린 마음의 정거장

조선의 철도는 그야말로 파란만장한 사연을 안고 있다. 철도와 함께 들어온 서구 근대 문물은 개화와 근대화를 상징하기도 하지만, 일본 제국주의가 조선을 수탈하고 대륙 침략의 첫 단계로 시도한 것이 바로 철도라는 점에서 우울한 추억을 지니고 있다.

이 삽화는 「제물포 왕복선-서울역」이라는 제목으로 1904년 파리에서 나온 여행 화보지에 기고한 프랑스인 장 드 팡즈의 「조선 답사기」에 실려 있다. 매우 사실적인 그림 스타일로 인해 당시의 생생함이 그대로 전해진다 (그림-1).

서울역은 초창기에 남대문역으로 불렸다. 우리 나라 최초의 철도인 경인선이 1899년에 개통되었고, 그 이듬해인 1900년에 남대문역이 생겼다. 남대문역은 당시 목조의 작은 역사였다. 막 기차가 도착한 듯 승무원이 여유있게 먼저 내리고 있고, 역 주변에는 도착을 알리려고 어디론가 달려가는 머슴, 설레임 속에 머리를 가리고 열차 앞으로 다가서는 부인네들, 뒤편에서 손님을 기다리는 지게꾼 등이 한데 어우러져 부산한 모습을 보이고 있다(그림-2). 이렇던 남대문역은 1910년 경성역으로 명칭이 바뀌고, 새로 공사를 시작한 지 3년만인 1925년 오늘날과 같은 절충주의 양식을 모방한 붉은 벽돌 건물

[그림-1] 남대문

[그림-2] 미국산 열차가 오가는 서울역

돌 건물 모습으로 탈바꿈했다.

　일본이 조선에서 생산되는 여러 물자들을 수탈하기 위한 목적으로 건설한 철도는 초기에는 주로 일본인들과 상류층의 전용물로 이용되어 서민들의 원성을 샀다. 또한 연기를 뿜어내고 굉음을 내며 달리는 기차에 겁을 먹고 놀라는 등 여러 가지 사연도 많았다. 러일전쟁을 취재하기 위해 스웨덴 종군 기자로 한국을 방문했던 아손 크렙스트는 당시의 상황을 이렇게 회고했다.

　"새 철로로 개통하는 첫번째 민간용 열차여서 기관차는 조화와 일장기로 치장하고 있었다. 역 주변은 구경하러 나온 조선인들로 온통 흰색 물결을 이루었는데 대부분 어른들이었다. 괴물같이 생긴 기관차를 보고 잔뜩 겁에 질린 표정들을 하면서 안절부절 못하는 기색이 역력했다. 그들은 처음으로 역에 나와 보았으며 기관차도 처음 보는 것이었다. 기관차의 원리에 대해 전혀 아는 바가 없는 그들이었기에 무슨 일이 일어날지 몰라 상당히 망설이는 눈치였다. 좀더 가까이서 보기 위해 마술을 부리는 차량으로 접근할 때는 무리를 지어 행동했다. 여차하면 도망칠 자세를 취하면서 서로 밀고 당기고 하였다. 그들 중 가장 용감한 사나이가 큰 바퀴에 손가락을 대자 주위 사람들이 감탄사를 연발하며 이 용기 있는 사나이를 부러운 듯 바라보았다. 그러나 기관사가 장난삼아 쇠 굴뚝으로 갑작스레 연기를 뿜어내자 혼비백산하여 달아나느라 대소동이 벌어졌다. 이러한 장면은 마치 무리를 지어 우왕좌왕하는 우둔한 양떼들을 연상케 했다. 그들은 '위험한 짓이야! 천만금을 준다 해도 다시는 이런 짓 안 해. 도깨비가 장난치는 게야. 요란한 숨소리를 내뿜는 이 괴물은 악령이 붙었어'라고 생각하는 듯 보였다. 나는 객실의 창가에 서서 이 소동을 흥미롭게 지켜보고 있었다. 가장 우스운 일은 사정없이 잔인하게 조선인들을 몰아붙이는 난장이처럼 키 작은 일본 역원들을 지켜보는 것이었다. 조선인들이 이런 대접을 받는 것은 정말 굴욕적인 것이었다."

또한 운행 초기에는 기관차의 실수로 2명의 조선인이 치여 죽는 불상사가 발생하여 소요가 일어나기도 했다. 전차와 비슷한 고초를 겪어야 했던 것이다.

구한말 의료 선교사로 활동한 닥터 홀 가족의 회상기에도 초기 전차에 얽힌 에피소드가 기록되어 있다.

"한때 전차는 조선인들에게 저주의 대상이었으며 '서양 마귀의 발명품'으로 지탄받기도 했다. 전차가 처음 도착했을 때는 운이 나쁘게도 오랜 가뭄이 지속되던 시기였다. 점술인들은 비가 오지 않는 이유가 전차 때문이라고 했다. 이로 인해 사람들의 마음속에는 전차에 대한 적개심이 더욱 커져 갔다. 다행히 장마가 시작되어 잠시 말썽은 진정되었으나 더 큰 문제가 기다리고 있었다. 조선에서는 더운 여름 밤에 흔히 밖에 나와 자리를 깔고 잠을 잤다. 부드러운 새털 베개를 선호하는 서양인들과는 달리 조선인들은 나무로 만든 목침을 베고 자는 것을 좋아한다. 길에서 자는 사람들은 전차의 철로가 목침 대용으로 적격이라는 것을 곧 알게 되었다.

1899년 어느 날 아침에 발생한 사고를 나는 생생하게 기억하고 있다. 그때 어머니는 선교사 모임에 참석해야 했고, 나는 치과에 가기로 약속이 잡혀 있어서 평양에서 서울로 올라왔다. 그 날이 바로 첫 전차가 운행하는 날이었다. 이른 아침 유난히 짙은 안개가 전차 주위를 덮고 있어 승무원은 앞을 보기가 힘들었다. 전차는 그만 철로를 베게 삼아 잠자고 있던 여러 사람들의 머리 위로 지나가고 말았다. 이 순간 그들의 목은 잘려 나가 버렸다. 잠시 후 해가 떠오르고 안개가 걷히자 참혹한 광경이 드러났다. 커다란 소요가 일어났다. 광폭해진 군중들은 운이 나빴던 승무원을 공격하고 전차까지 전복시킨 후 불을 질렀다. 세월이 흘러 전차의 원리를 이해하기 시작하면서 '서양 귀신이 만든 괴물'이라고 두려워했던 과거의 감정은 사라지고 지금은 조선인들을 가득 실은 전차가 언제 그런 일이 있었느냐는 듯이 시내를 질주하고 있다."

프랑스인 장 드 팡즈는 당시의 열차 분위기를 이렇게 적고 있다.

"주민들은 되도록 철로가 보이는 곳에 마을을 두고 있다. 각 시골역은 특산물과 생필품을 교환하기 위해 서울로 오는 사람들로 제법 북적였다. 조선인들은 함께 승차한 서양인에게는 별 거부감 없이 상냥하게 대하지만 일본인들에게는 경멸과 질시의 시선으로 증오하는 빛이 역력했다."

한 이탈리아 여행자는 새로운 문명의 이기(利器)에 대해 조선인들이 여러 가지 선입관을 갖고 있다며, 그 중 하나를 이렇게 소개했다.

"연속되는 가뭄으로 고통받게 되자 가뭄의 요인이 기관차의 연기가 하늘을 건조시킴으로써 빚어진 것이라고 여겼다. 또 산을 깎아 길을 냄으로써 산신을 화나게 했고, 산신들은 궁극적으로 인간들을 빈곤에 빠뜨림으로써 복수하려 한다고 믿었던 것이다."

이어서 그는 "이럼에도 불구하고 기차의 빠른 속도와 그로 인한 편리는 마법에 대한 모든 미신을 변하게 했고, 개통된 철로의 승객들이 부족하지 않을 만큼 몰려들었다"고 회고했다.

서울역은 오랜 세월 동안 이별과 만남 그리고 무작정 상경과 금의환향 등의 갖가지 사연들을 교차시키면서 지금도 많은 사람들에게는 애틋함을 불러일으키는 마음의 정거장으로 남아 있다.

빨래하는 여인들 하얗게 더 하얗게 돋보이소서

프랑스의 저명한 화가 드 라네지에르가 1902년 고종의 공식 초상화를 그리기 위해 한국을 방문했을 때 그의 눈에 가장 이색적으로 보인 것이 바로 빨래터다. 그는 이 그림의 제목을 「한국 여인들이 모여 개울에서 빨래하는 모습」이라고 붙였다. 여기서 '모여'라는 말이 두드러져 보이는 것은 사라진 우리 고유의 정취에 대한 아쉬움 때문이다.

드 라네지에르는 이 장면을 화폭에 담아 간 후 한국의 당시 여러 풍물과 함께 『극동의 이미지』(1902)란 화집을 내기도 했다.

그는 빨래와 관련된 이야기도 함께 전해 준다.

"시집가기 전의 한국 여인은 빨래와 다듬이질을 얼마나 잘 하느냐에 따라 평가받는다. 뒤섞인 여러 가지 옷을 자주 빨래하며 7~8시간 정도 나무 방망이로 두들겨 옷을 다림질하는데, 규칙적이고 반복적인 리듬 속에 담겨 있을 그녀들의 마음을 읽으면서 야릇한 감정을 느꼈다."

빨래 장면을 목격한 비숍 여사의 증언은 더욱 생생하다.

"모든 시냇가에는 평평한 돌에 웅크리고 앉아서 더러운 옷을 물속에 담그고 꽉 비틀어 짜서 돌판에다 올려놓고 반반한 방망이로 두드리며 빨래하는 여자들이 가득하다. 한국의 전통적인 빨래 방법은 매우 뛰어난 것처럼 보인

다. 한국식 빨래의 첫 공정은 나무나 짚을 태운 재를 물에 풀어 빨랫감을 적시는 것이다. 그렇게 잿물에 담가 둔 빨랫감을 두드려 빤 다음 다시 잿물에 넣고 삶는다. 펄펄 끓는 물에 푹 삶은 빨래를 다시 두드려 빤 다음 맑은 물에 헹구고 짜서 빨랫줄에 넌다. 밝은 햇빛 아래서 하얗게 마른 후 밥풀로 아주 엷게 풀먹여지고 곤봉처럼 생긴 '다듬이 방망이'로 돌판 위에서 짧고 빠르게 얼마 동안 두드려진 보통의 흰 무명은 그 깨끗함이 막 뽑아낸 흰 세틴과 같다."

다듬이질에 대해서는 프랑스인 듀크로11가 남긴 다음과 같은 말이 더욱 인상적이다.

"서울은 다듬이질이 끊이지 않는 거대한 세탁소이다. 한국의 여인은 남편을 돋보이게 하기 위해 온갖 정성을 바친다. 그리고 이것을 행복으로 여긴다."

또 다른 서양인은 "한국 여인은 빨래가 여가이며 삶의 중요한 일과이다. 쉴 새 없이 두드리는 그들의 손에 마음이 담겨 있다"라고 했다.

한밤중의 성벽 넘기 문이 닫혔으면 넘어서라도

　"해가 지면 수문장은 철과 놋쇠가 부착된 육중한 성문을 어김없이 닫는다. 성문이 굳게 닫힌 후 때를 놓친 서민들은 성 안으로 들어가는 나름의 독특한 방법을 갖고 있었다. 그들은 성벽의 비교적 낮은 부분을 찾아 돌출된 부위나 구멍을 이용해 맨발로 성벽을 타고 오르거나 안에서 밧줄을 던져 주어 담을 넘어간다."

1905년 프랑스에서 발간된 『극동에서의 러일전쟁』이라는 책에 실린 로베르 살레의 그림에 저자인 앙리 갈리가 붙인 설명이다.

갈리는 러일전쟁을 취재하기 위해 한국을 방문했다가 주변 강대국들의 틈바구니에서 고유문화를 상실해 가고 있는 한국의 상황을 안타까워하면서 전쟁 속에서도 한국의 특징적 모습을 발견하기 위해 노력했고, 인상 깊은 광경을 삽화로 재현하려 애썼다. 웬만한 역사 기록에서는 찾아볼 수 없을 만큼 희귀한 자료라고 할 수 있는 이 그림은 오래 전부터 야간 통금을 피해 성벽을 타넘는 일도 서슴지 않았던 우리 조상들의 모습을 전해 주고 있다.

성벽 넘기는 주로 낡고 허물어진 성벽 부위에서 시도되었던 것 같다. 1894년 조선을 방문한 독일인 헤세 바르텍은 이듬해 발간한 그의 여행기 『조선』에서 허물어져 있는 성벽을 보수하지도 않은 채 성문만 엄중히 지키는 병사들의 일면을 바라보며 이렇게 회고했다.

"서울에서 가장 주목할 만한 건축물은 성곽이다. 서울은 12마일 정도의 거대한 성벽으로 둘러싸여 있는데, 성벽 사이로는 팔방으로 성문이 나 있다. 이 성문은 이중 지붕의 대문으로 서울에서 가장 높은 건축물이다. 해가 질 무렵 닫혔다가 새벽 일찍 다시 열린다. 발바닥만큼이나 커다란 성문 열쇠는 밤새 궁에서 보관하는데 새벽이 되기까지는 어떤 일이 있어도 내놓지 않는다. 왜 이리도 엄격한 것일까.

또 성벽이 군데군데 허물어져 있는데도 보수할 생각은 전혀 없는 것 같았다. 조선에서는 어디에서도 보수공사 하는 것을 볼 수 없다. 허물어진 성곽 위 초가집에서 군졸들이 몇 년 전부터 보초를 서고 있는데, 이 병졸들이 며칠만 달라붙어도 금세 고쳐 놓을 수 있는데도 빈둥대며 잠만 자고 있다."

구한말 의사이며 미국 공사였던 알렌 박사 역시 그의 조선 체험기에서 한밤중 성벽 오르기를 이렇게 묘사했다.

"예전부터 밤에 성문을 닫아 통행을 금지해 왔다. 따라서 제물포에서 가마나 조랑말을 타고 서울로 돌아올 때면 성문들이 닫히기 전에 당도할 수 있을까 항상 조마조마했었다. 성문이 닫히게 되면 법을 위반해서라도 밧줄을 사용하여 성벽을 넘어 들어가야 했다."

그러면 통금에 걸린 사람들은 어떤 형벌을 받았을까?

프랑스인 부르다레가 1904년 파리에서 발간한 『조선』에는 이런 기록이 남아 있다.

"과거에는 일몰 후 1시간이 지나면 28번의 종이 울렸는데, 이 때 주민들은 서둘러 집으로 귀가해야만 했다. 만일 남자들이 밤중에 포졸에게 잡히면 밤새도록 옥에 갇혀 있다가 다음날 곤장 10대를 맞고서야 풀려났다."

이러한 야간 통행금지 때문에 아주 오랫동안 한국인은 하루 24시간이 아니라 20시간 이하를 살아야 했다.

물장수 봉이 김선달의 후예들

한국처럼 식수가 풍부한 나라에 어떻게 물장수라는 직업이 존재할 수 있는지 의아한 생각이 앞선다. 그런 한편으로 우리의 기억 한켠에는 이런 시가 남아 있다.

새벽마다 고요히 꿈길을 밟고 와서
머리맡에 찬물을 쏴~ 퍼붓고는
그만 가슴을 디디면서 멀리 사라지는
북청 물장수.

물에 젖은 꿈이
북청 물장수를 부르면,
그는 삐걱삐걱 소리를 치며
온 자취도 없이 다시 사라져 버린다.

날마다 아침마다 기다려지는
북청 물장수.

[그림-1]

　파인 김동환이 1924년에 발표한 「북청 물장수」 전문이다.

　이 삽화는 「물지게꾼」이라는 제목으로 1925년 파리에서 발간된 아드리앙 로네 신부의 저서 『조선과 프랑스인 순교자들』에 게재된 것이다(그림-1). 짚신에 상투 머리를 한 물장수가 물지게로 물을 힘겹게 길어 나르고 있는 모습을 담았는데, 물이 조금이라도 흘러 넘칠까봐 양손으로 나무 물통을 꼭 잡고 걷는 모습이 인상적이다.

　서울에 언제부터 물장수가 생겨났는지는 정확히 알 수 없다. 다만 전하는 말에 1800년 초 함경도인이 서울에 와 우물물을 수용가에 배달하였고, 그 뒤로 주로 함경도 사람들이 물장수를 하였다 한다. 구한말 이 땅을 방문한

[그림-2] 우물가의 물지게꾼(『일본의 자유 투쟁』, 1904년).

외국인들이 많이 지적한 대로 당시 서울은 근대적인 상수도 시설을 전혀 갖추지 못했고 도시 전체의 청결·위생 상태도 지극히 열악했다. 따라서 오염되지 않은 깨끗한 물을 힘들이지 않고 얻으려면 물장수가 필요했다. 이 무렵에는 북청 물장수가 대변해 주듯 물 장사도 하나의 전문 업종에 속했다. 하루에도 몇 번씩 고객들에게 물을 대주면서 물값으로 살림을 꾸려 나갔다. 이후 물장수들은 각자의 급수 구역을 갖게 되면서 독점적 권리를 상호 보장하기 위해 수상 조합을 결성하여 급수권을 관리하였다.

영국인 써드는 서울에서 본 물장수에 대해 아래와 같은 기록을 남겼다.

"물통이 달린 지게를 지고 지나가는 물장수의 삐걱거리는 소리는 서울에서만 들을 수 있는 특이한 것이다. 성안 주민들은 깊숙한 땅 밑에서 나오는 물을 그냥 마실 뿐만 아니라 건강에 좋은 약수로 생각하고 있다. 유럽에서는 이런 물을 식수로 사용한다는 것은 상상도 할 수 없는 일이며 아마도 법으로 엄격히 통제했을 것이다. 그러나 서울에서는 물장수가 버젓이 물지게를 지고 다니면서 거리낌없이 물을 사라고 외치며 다닌다."

물장수들은 이른 새벽부터 각 가정에 물을 배달했고, 단골에게서는 보통 일시불로 대금을 받았다. 처음에는 흔히 나무로 만든 물독을 썼는데 물독은 여러 개의 쪽나무를 대나무 등으로 테를 둘러 만들었다. 따라서 물이 배인 물독은 그 자체만으로도 무게가 상당했다. 이후 석유가 수입된 뒤에는 석유를 담았던 양철통 두 개를 이용한 물지게를 사용했다. 그러나 1908년 서울에 상수도가 준설되었고, 1914년 일제는 물장수에 의한 급수가 위생상 좋지 않다고 하여 수상 조합을 폐지하였다. 그렇지만 물장수는 쉽게 사라지지 않았는데, 지대가 높은 곳에서는 여전히 물장수의 물을 사서 쓸 수밖에 없었기 때문이다. 물장수는 한국전쟁 전까지도 있었으나 상수도 시설이 널리 보급되면서 점차 사라져 갔다.

종각 　힘찬 종소리와 함께 민족의 정기도 살아나라

　종각의 원래 종은 조선 왕조가 출범한 지 4년째 되는 1395년에 주조되어, 운종가(雲從街, 대략 지금의 종로)에 종각을 짓고 현수하여 조석을 알려 왔다. 이 종소리와 함께 장안으로 통하는 모든 성문이 열리고 닫혔으며, 도성 내에 대화재가 발생해도 이 종을 울려 모든 주민에게 알렸다. 즉 이 종소리와 함께 조선 사회는 깨어나고 다시 그 소리와 더불어 잠들었던 것이다. 그후 다시 1468년(세조 13년)에 대종을 주성해 달았지만 임진왜란 때 불타 없어졌다. 지금의 보신각 종도 1468년에 제작된 것으로, 1895년(고종 32년), 종루에 보신각이라는 현판을 걸게 되면서부터 보신각 종이라 불리게 되었다. 이 그림에는 그 이전 시기라서 종의 이름이 인경 종으로 붙어 있다.

　이 삽화는 「성문을 닫을 때 울리는 서울의 인경 종」이라는 제목으로 프랑스 화보 주간지 『일류스트라시옹』 1894년 9월 1일자에 게재된 것이다(그림-1). 이것이 바로 종로 네거리에 세워진 보신각 종이며, 그 주위로 많은 사람이 운집해 있는 모습이 보인다. 조선 초기부터 서울 한복판의 대로가 동서남북으로 교차되는 지점에 세워진 종루를 중심으로 상인들이 모여들면서 이 곳은 상업의 중심지가 되었다.

　이 시기 서울을 방문했던 독일 여행가 헤세 바르텍은 그의 저서 『조선』에서 종각 주변의 풍경을 이렇게 설명하고 있다.

"서울 시내에는 조선인들의 생활을 한눈에 생생하게 접할 수 있는 번잡한 대로가 둘 있는데, 이 거리들이 서로 교차하는 네거리가 시내의 중심부이다. 이 지점에 세워진 종루에는 커다란 종이 매달려 있는데 이 종을 울려 조석에 성문이 열리고 닫히는 것을 알린다. 종각 주위로 서울을 비롯한 전국의 상인들이 모여들어 상거래가 이루어진다. 이른 아침부터 저녁 늦게까지 바삐 움직이는 사람들로 가득찬 모습은 조선의 어느 곳에서도 볼 수 없는

[그림-1]

[그림-2]

장면이다. 또한 서울에서 일어나는 온갖 사건이나 조정으로부터 새어나오는 소문들 외에도 혼사, 부음 등 일상생활에서 일어나는 모든 이야기들이 바로 이 곳을 통해서 전국에 퍼지게 된다. 어느 누구든지 새로운 소식을 얻기 위해서는 이 종각 중심부를 자주 찾아야 한다."

구한말 영국 총영사를 지낸 가드너는 1895년 호주에서 발간한 저서 『조선』에 종각을 삽화로 묘사하면서 이렇게 소개했다(그림-2).

"동대문과 남대문이 접합하는 큰 사거리에는 여러 상인들이 흰색 광목으로 천막을 치고 들어앉아서 물건을 팔고 있다. 이 곳에는 구리로 만든 거대한 종이 있는데, 하루에 조석으로 성문을 열고 닫을 때 두 번 울린다. 이 삽화의 우측에 보이는 이층집은 옥내 상점으로 내부에는 고객들이 진열된 상품을 보며 지날 수 있도록 좁은 통로가 나 있다. 위층에는 상품을 보관하고 있으며, 아래층에는 개별 상점들이 5평방피트 정도의 칸막이로 나뉘어져 있는데, 점원이 앉아서 비좁은 선반 위에서 물건을 꺼내어 정리하고 있었다. 종각 부근의 거리에는 사고 파는 사람들로 온종일 북적댔다."

또한 프랑스인 부르다레도 1904년 발간한 그의 『조선 여행기』에서 종각 주변의 번잡한 광경은 이집트 시장을 연상시킨다고 적고 있다.

"종로 네거리에는 커다란 종과 종각이 있다. 이 주변으로 상인들이 몰려 있다. 갖가지 물건들을 놓고 팔면서 요란스럽게 흥정하는 소리가 마치 이집트 카이로의 야시장을 방불케 한다. 이들 중에는 가격을 대신 깎아 주고 수수료만 챙기는 뚜쟁이들도 상당수 포함되어 있어 더욱 씨끌벅적하다."

1985년까지 보신각에 현수되어 제야의 종으로 사용되었던 이 조선시대의 종은 현재 국립중앙박물관 경내로 이관되어 보관 중이다.

서울의 곡물 시장   "쌀이 곧 조선이다"

시장통 곳곳에 짚으로 만든 곡물통이 흩어져 있고 흥정하는 모습과 곡물을 직접 확인하고 있는 광경에서 전통 곡물시장의 정취를 물씬 느낄 수 있다. 전통시장은 그 규모와 관계없이, 그저 물건을 사고 팔기만 하는 단순한 거래 공간이 아니라 지역 소식과 중앙의 정국 흐름까지 폭넓게 교환되고 정감까지도 공유되는 지역 공동체의 광장 역할을 했다.

조선 시대 서울에서도 가장 활발하게 상거래가 이뤄지던 장소가 종로 거리였다. 광화문에서 동대문까지 육의전이 있었으니 그야말로 가장 번화가였을 것이다.

이 그림은 1900년경 발간된 프랑스인 아드리앙 로네의 또 다른 한국 관련 책『조선과 프랑스 선교사들』에 실린 것으로「서울의 곡물시장」이라는 제목이 붙어 있다. 이와 거의 흡사한 사진들이 남아 있어 이 곳이 종로 싸전거리라는 것을 쉽게 알 수 있다.

조선에서 쌀 시장이 형성된 때는 1894년 갑오경장 이후다. 그 이전까지는 쌀이 곧 세금이었기에 시장에서의 거래가 활발하게 이루어지지는 못했다. 그러나 조세의 금납화가 실시되자 조운(漕運) 경로를 통한 쌀 유통은 사라지고 사상(私商)에 의해 쌀 유통이 이뤄지게 된다. 여기다가 철도가 개통되

면서 시장 유통은 폭발적으로 확장일로를 걷게 된다.

개항 이전에 한국 내 시장에서 상품으로 유통되던 물품은 약 170여 종이 었다고 한다. 물론 전국의 각 시장에서 이 많은 물품이 모두 거래되었던 것은 아니며, 또한 계절적, 지역적 제한이 있어서 차이는 있겠지만 상당히 많은 종류다. 상품은 주로 농산물과 수산물 등 1차 생산물과 수공업제품들이 대부분이었다. 그 후 개항과 함께 상품의 종류는 2배 가까이 늘어나는데, 면제품을 비롯한 섬유류와 생활잡화 등이 대표적인 수입품이었고, 우리의 수출품은 쌀과 인삼이 주종을 이뤘다.

육당 최남선은『조선상식문답』어서 쌀에 대해 이렇게 말한다.

"쌀의 산액은 평년이면 약 2천 5백만 섬 가량이 되고 근년에 3천만 섬을 표준으로 하여 증산에 대한 계획을 진행하고 있었는데, 수리 설비가 좀더 완전하고 비료 생산이 제대로 되면 아마 이만한 정도는 난사(難事)가 아닐 듯도 합니다. 이 가운데 3분의 2는 우리가 잡곡을 섞어 낭비(소비의 뜻 - 지은이)하고 3분의 1을 일본을 주로 하는 외국에 팔 수가 있는데, 이밖에 시원한 수출품을 갖지 못한 조선으로서는 이만한 분량을 수출함이 국가 경제상 절대로 필요한 일입니다. 그런 즉 우리는 금후에 누가 시키기를 기다릴 것 없이 힘껏 쌀을 증산하고 또 그 소비를 절약하여 외국에서 생활상 절대 필수품을 사들이는 밑천을 삼아야 할 것입니다."

지금 보면 참으로 격세지감을 느끼게 하는 호소라고 할 수 있다. 사실 쌀에 대한 조선인의 의식은 가히 종교적이기까지 하다. 쌀밥은 곧 부의 상징이었다.

전통시장 이야기가 나온 김에 한 가지 의문을 풀어보자. 우리 전통시장의 맥을 잇고 있는 동대문시장과 남대문시장 중 어느 쪽이 먼저 생겨났을까? 동대문시장은 1905년 7월 포목상 거부들에 의해 생겨났다고 한다. 처음에는 이현(梨峴)의 예지동에 세워졌다고 해서 '배우개장'이라고 불렀고, 시장 설립을 주도한 사람들이 광장 주식회사를 만들어 시장을 관리했기 때문에 광장시장이라고도 불렀다.

반면 남대문시장은 1921년 친일파 송병준이 설립한 부동산 금융회사 조선농업주식회사의 설립과 함께 시작되었다. 물론 그전에도 남대문 밖에 칠패시장이라는 게 있었지만 본격적인 시장은 이 때부터인 것이다.

길거리 싸움과 구경꾼   말로 안 된다고 주먹을 써서야

이 삽화는 구한말 영국 외교관으로 부영사를 지낸 칼스가 1894년 런던에서 펴낸 저서『조선 체험』에 실려 있다. 「길거리 싸움과 말리는 구경꾼」이란 제목이 붙은 이 그림은 원래 원산에 사는 한 조선 화가의 묵화를 보고 재현시킨 것으로 동양화 스타일에 서양식 드로잉이 어우러져 이색적이다.

당시 길거리에서 이러한 싸움을 직접 목격했던 미국 공사 알렌은 그의 저서『조선 생활』에서 이렇게 적고 있다.

"한국에서 두 남자가 서로 싸우는 싸움판에 항상 감초처럼 끼는 것이 말리는 사람이다. 이들은 처음에는 서로 길 건너 맞은편에서 불평을 털어놓으며 말싸움으로 시작하는 것이 보통이다. 처음에 점잖았던 이들은 화제를 먼저 꺼낸 상대방이 논쟁의 불씨를 던지거나 지쳐서 말을 잠시 멈출 때까지 기다린다. 말솜씨로 한몫 잡는 그들은 주변 사람들과 행인들이 모두 들을 수 있도록 큰소리로 떠든다. 조금 지나면 구경꾼들이 모여들고 이에 고무된 이들은 더욱 신이 나서 목청을 돋우어 열변을 토한다.

그들 중 하나가 쟁점이 된 사항을 가지고 결말이 날 때까지 끈질기게 물고늘어진다. 이 때 구경꾼들 앞에서 서로 공방을 벌이는 가운데 가문이 들먹여지게 되면 분위기가 격앙된다.

감정이 상한 상대방이 길을 건너와 두 주먹을 불끈 쥐며 마치 곧 때리기라도 할 듯이 저돌적으로 달려든다. 그리고 이 순간 군중 속에서 말리는 사람이 자연스럽게 나타난다. 얼마간은 말리는 사람의 손을 뿌리치려고 안간힘을 쏟는다. 이들 중 하나는 겉옷을 벗어 던지면서 덤벼 보라고 대든다. 역시 그쪽에도 말리는 사람이 붙는다. 때때로 이러한 상황은 돌발적이고 예상치 못한 상황으로 전개되기도 한다. 그러나 대개는 격렬한 몸싸움으로 머리를 잡고 흔들거나 코피를 흘리는 선에서 끝이 난다.

누구 하나가 피를 흘리게 되면 흥분한 군중들도 잠시 마술에서 풀린 듯 잠잠해진다. 이것은 흰 옷에 핏자국이 묻어 더럽혀지는 것에 대한 한국인 특유의 거부감에서 나온 것으로 보인다. 그러나 실제 이러한 길거리 싸움은 흔히 일어나며 나도 목격했다."

마치 풍속화를 보는 듯한 이 그림에서는 한국 사나이들의 기질이 느껴진다. 길거리에서 웃통을 벗어젖히고 엄포부터 놓는 이러한 싸움을 구경한 서양인들에게는 신사답지 못한 행태로 비쳤을 법도 하다.

정취 있는 돌다리 인간과 모든 것을 이어주는 상징

우리 선조들에게 다리는 혼이 담긴 건축물 중 하나였다. 큰 강이나 샛강이 많은 편인 우리의 국토 사정상 다리는 대단히 중요한 의미를 가졌다. 물론 조선시대에 큰 강은 배를 이용했지만 유난히 샛강이 많은 서울의 원활한 교통을 위해서는 다리의 역할이 컸다. 그림의 다리도 작지만 아름다운 우리의 전통적인 돌다리의 모습을 잘 묘사하고 있다. 시골의 경우에는 지금도 산간벽지에서 간혹 볼 수 있는 나무다리(木橋)가 일반적이었지만 서울의 주요한 곳에는 석재를 이용해 운치있는 무지개다리(홍예교)를 만들었다. 현재 홍예교는 주로 사찰에 많이 남아 있다.

이 그림은 「하천 위의 옛 다리」라는 제목으로 『그래픽』 1910년 1월 29일자에 실린 톰 브라운의 스케치이다.

우리 나라는 삼국시대에 이미 상당한 수준의 교량들을 가설해 활용한 것으로 알려져 있다. 석재가 비교적 풍부한 환경에서 선조들이 만들어 낼 수 있었던 가장 좋은 다리가 바로 돌다리였을 것이며, 현재 남아 있는 대부분의 옛 다리들도 역시 돌다리이다.

그림에서도 서울의 돌다리 위로 전통 옷차림을 한 여인과 소의 등에 땔감을 가득 실은 나무장수가 지나고 있으거, 의관을 차린 채 담뱃대를 물고 담

A BRIDGE OVER THE RIVER. SEOUL.

소하며 걸어가는 노인들의 여유 있는 모습 속에서 은은한 옛 정취를 느낄 수 있다. 다만 뒤로 보이는 전봇대는 이미 불어닥친 근대화의 거센 파고를 상징적으로 보여준다.

이러한 다리는 강과 하천을 지날 수 있도록 연결시켜 주는 교통 시설물의 역할을 넘어서 긴 세월 속에 여러 가지 다양한 역사와 전설을 담아 오고 있다. 따라서 도시와 마을마다 다리에 얽혀 전해 내려오는 수많은 이야기들이 있으며, 이것은 다리가 생활 속에서 그 지역을 대표하는 상징물이 되어 왔음을 의미하는 것이기도 하다. 즉 다리는 부처와 인간 사이를 이어주기도 하고, 정월 대보름날 다리를 밟으면 일 년 내내 병과 재앙을 막을 수 있다고 하여 남녀노소가 밤을 새워 다리밟이를 하였으며, 남녀가 사랑을 주고받는 장소이기도 하였다.

주한 미국 공사였던 알렌도 정월 대보름에 무병장수를 비는 다리밟이를 매우 신기한 눈으로 보았다고 술회하고 있다.

영국인 비숍 여사는 "서울에서만 볼 수 있는 더욱 독특한 풍습은 새해부터 15일이 지난 뒤에 행해지는 다리밟이이다. 한밤중이 다 되도록 남녀노소를 가리지 않고 모든 사람들은 자기의 나이만큼 다리를 왕복한다. 이는 한 해 동안 다리나 발에 병이 나는 것을 막아 준다는 것이다"라며 다리와 연관된 한국인들의 풍속에 특별한 관심을 보였다.

서울에서는 광교와 수표교가 다리밟이에 가장 인기가 있었다. 휘영청 달 밝은 밤에 어우러져 다리를 밟는 광경을 상상해 보면 민속을 넘어서 신과 혼이 교감하는 신화적인 신비감마저 느끼게 한다. 반면에 고려 말 절개의 충신 정몽주가 이방원이 보낸 자객에게 철퇴를 맞고 숨진 선죽교의 '핏자국'은 암울했던 투쟁사를 전해 주기도 한다.

이렇듯 다리는 삶 속에서 일어나는 갖가지 희로애락을 함께 전하면서, 그 지역의 정서적인 이미지를 대변해 으고 있는 것이다. 그러므로 우리 조상들에게 다리는 개울을 건너는 수단 이상의 것이었다. 모든 헤어져 있는 것을 이어주는 정신적 소통의 의미를 강하게 갖고 있던 것이 바로 다리였다.

아낙네들의 식사 　

외국인으로서는 보기 어려운 조선 여인들의 식사 장면을 포착하고 있다
는 점에서 이 그림은 흥미를 자아낸다. 우리 민족의 먹거리의 핵이라 할 수
있는 밥과 김치에 관한 외국인의 그림이라는 점에서 보기 드문 장면이다.

프랑스 해군 장교 주베는 강화도 점령 후 조선인들의 가정을 방문하고서
이런 인상기를 남겼다.

"각 가정은 빛깔이 매혹적이고 각종 음향을 내는 다량의 놋그릇을 갖고
있다. 아주 가난해 보이는 초가에도 놋그릇이 있다는 사실에 놀랐고, 그 중
상당히 큰 그릇은 식사 때마다 사용되는 주발이었다."

또 그는 처음으로 목격한 한국 김치에 대해서도 "마당에는 여러 종류의
저장 식품을 채운 매우 큰 도기 항아리가 놓여 있는데, 그 속에서 발효를 시
작한 배추와 무를 볼 수 있었다. 물에 익힌 쌀을 주식으로 하는 조선인에게
발효음식인 매운 김치는 아주 어울리는 반찬"이라고 적고 있다.

프랑스의 화가 드 라네지에르의 저서 『극동의 이미지』에 「조선 여인들의
식사」라는 제목으로 실린 그림이다. 드 라네지에르는 1902년 시베리아, 중
국, 한국, 일본 등을 차례로 여행하면서 각국의 풍물들을 스케치했는데 이
그림도 그 중 하나이다.

Femmes du peuple.

Bourgeoises en costume de ville.

En Corée

Mmes Montagne d'or, Tranche de lune, Morceau de jade prennent leur repas.

이와 같이 100여 년 전 서양인들이 한국 음식에 대해 언급한 기록은 다수 발견되나 이처럼 가정에서 식사하는 모습이 담긴 서양 삽화는 매우 희귀하다. 근대화를 상징하는 안경을 끼고 아들을 낳은 표식으로 젖가슴을 내놓고 식사하고 있는 여인의 모습(오른쪽 여인)을 특징있게 묘사했다. 이 여인들의 이름까지도 알고 있었던 저자는 그들의 식탁 위에 쌀밥이 넘치도록 수북이 담겨 있는 주발을 유난히 크게 묘사했으며, 김치로 보이는 반찬은 붉은 색으로 채색했다. 간소하면서도 궁색해 보이지는 않는 상차림이다.

작가는 조선 사회에서 여자들이 외출할 때 얼굴을 가리던 장옷 차림의 여인들의 모습을 그림 상단에 배치함으로써 여인들만의 식사 장면을 목격한다는 것이 얼마나 어려운 일인가를 대비해 보여주고 있다.

당시 동양의 음식을 접해 본 한 프랑스 민속학자는 "서양인인 나는 자극성 있는 동양 음식보다 위에 부담이 적은 스테이크가 좋으나 만일 중국, 한국, 일본 음식 중 가장 선호하는 것을 택하라면 한국 음식이라고 말할 수 있다"라고 평가한 바 있다.

드 라네지에르에 앞서 1894년 여름 조선을 방문했던 독일인 헤세 바르텍은 여행기 『조선, 고요한 아침의 나라』에서 조선인의 식성에 대해 이렇게 기술했다.

"선교사의 말에 따르면 먹는 데는 조선 사람을 당할 민족이 없을 거라고 한다. 일본인들도 조선인들이 세 배는 더 먹는다고 한다. 나는 비슷한 수의 조선인, 일본인과 중국인이 거주하는 제물포 지역에서 이러한 장면을 실제로 수차례나 목격할 수 있었다. 중국인이나 일본인들은 식사 때가 되어야 먹지만 조선인들은 시도 때도 없이 먹는 편이었다. 엄청난 양의 밥을, 빨간 고추를 재료로 만든 김치와 함께 단숨에 먹어 치운다."

비숍 여사는 한국 음식문화의 핵심의 하나로 식탐(食貪)을 지적하는데 아주 예리한 관찰이다.

"그들은 배고픔을 달래기 위해서 식사를 하는 것이 아니라 미각의 즐거움을 위해서 먹는다. 이러한 쾌락을 위한 단련은 내가 몇 차례 관찰한 바에 따르면 아주 어릴 때부터 시작되는 것이다. 극성스런 한국의 어머니들은 그의 어린 자식에게 밥을 먹일 때 선 위치에서 더 이상 먹일 수 없으면 띠를 둘러 아이를 등에 업은 채로 다시 먹이고 가끔 위를 넙적한 숟가락으로 토닥거려가며 억지로 밀어넣을 수 있는 한 먹인다. 한국의 성인 남자들은 한번 꺼억하고 트림을 뱉어 내고는 배를 두드리는 것으로 만족스런 포만에 이르렀다는 것을 과시한다. 한 번 요리할 때 쓰이는 상당한 양의 쌀은 일꾼들의 끼니였고, 그 외에도 그저 그렇게 입맛에 맞는 다른 요리들도 있다. 그 중에는 무친 가지, 콩, 다소 역겨운 냄새가 나는 토속장, 김치, 시디신 장아찌류, 해초, 자반 고기, 소금에 절인 해초를 밀가루 반죽에 묻혀 튀긴 요리 등등이 있었다. 아주 가난한 사람들은 단지 하루 두 끼의 식사로 만족해야 했고 여유가 있는 사람은 세 끼나 네 끼를 들었다."

그러면서 아주 재미있는 말을 덧붙였다.

"이런 식탐 경향은 어느 계층이나 마찬가지였다." "한국인들은 무엇이든 먹는다."

한 프랑스 선교사가 남긴 기록에는 개고기에 대한 언급이 포함되어 있어 흥미롭다.

"한국인들은 동물성 기름을 전혀 사용하지 않으며, 우유와 치즈를 대신한 발효 식품으로 소금에 절인 야채를 반찬으로 하고 있다. 특히 양고기를 거의 볼 수 없고 그 대용으로 개고기를 먹는다."

물론 양고기의 대용으로 개고기를 먹는다는 대목은 정확한 지적이라 볼 수 없지만 말이다.

한 미국 외교관은 "왕을 포함한 모든 한국인이 즐겨 먹는 조선의 토속음식인 개고기가 과연 공식 외교만찬 식탁에 올려지는지를 흥미있게 지켜보았다"라고 술회했으며, 조선을 방문한 벨기에의 한 여행가도 "소, 양 등 육류가 부족한 한국인은 옛날부터 개고기를 보신용으로 상용해 오고 있다"라고 전통적인 음식으로서 관심을 표명했다.

서구인의 시각에서 혐오식품으로 낙인 찍고 있는 오늘날의 야단법석과 달리 당시 서양인들은 별다른 거부 반응 없이 토속 음식으로 개고기를 호기심 가득찬 눈으로 보았음을 알 수 있다.

짚신을 만드는 소년 능숙하고 뛰어난 손재주

「짚신을 손수 만드는 소년」이란 제목의 이 삽화는 1915년 베를린에서 간행된 노베르트 베버의 책 『고요한 아침의 나라』에 실린 것이다. 베버는 대부분의 가정에서 손수 짚신을 만드는 장면을 보고 퍽 강한 인상을 받은 듯 이렇게 적고 있다.

"모든 서민들은 노소 할 것 없이 신발을 직접 만들어 신는다. 별다른 기구도 없이 단지 짚을 꼬아 끈으로 만든 다음 허리에 감아 지탱하고 양 엄지발가락에 연결시켜 능숙한 손동작으로 당기고 꼬아가며 신발의 모양을 금세 만들어 내는 모습은 신기하기만 했다."

그래서 바닥만 새끼로 꼬아 만든 일본의 조리와 달리 양 옆에 날을 세우고 발을 싸는 복잡한 덮개와 뒷굽까지 짚 하나로 정교하게 만들어 낸 한국의 짚신은 외국인들에게 하나의 공예품처럼 비쳤을 것이다.

또 어디서나 손쉽게 얻을 수 있는 짚이 재료인데다가 소박한 모양새를 만들어 내는 짚신 공예기술은 모든 서민들의 손에 깊이 배여 있었다. 특히 할아버지, 아버지, 아들 3대가 함께 앉아 짚신을 삼으면서 자연스레 삶의 지혜가 전수되었으리란 점은 짐작하기 어렵지 않다.

그래서 한국인의 손재주와 노동 능력에 대한 미국 선교사 언더우드의 평가는 상투적 인사치레가 아니다.

"세계 각지의 노동자들을 모두 고용해 보았던 영국인이나 미국인 모두가 가장 우수한 근로자로 한국인을 꼽고 있다. 또한 서울의 한 미국 경영인에 따르면 한국인은 기술 습득 기간이 빠르며 성실하기 때문에 어떠한 일도 안심하고 맡길 수 있다는 것이다."

대신의 출근 캐딜락이 부럽지 않은 가마

이 삽화는 「가마를 타고 궁궐로 출근하는 대신 이용익」이라는 제목으로 1904년 파리에서 발간된 프랑스인 장 드 팡즈의 저서 『조선에서』에 게재된 것이다(그림-1). 양쪽에서 신식 군인들이 호위해 가고 있는 문 닫힌 가마 속에 대신이 타고 있고, 큰 거리는 훤하게 뚫려 있다.

이탈리아 외교관 로제티는 조선 관리들이 타고 다니는 가마에 대해 이렇게 기술하고 있다.

"조선 관리들이 걸어다니는 일은 품위에 손상이 가는 행동이라고 생각하고 있다는 점은 주목할 만한 일이다. 그들은 말이나 가마를 타지 않고는 백성들 앞에 나타나지 않는다. 가마도 직위에 따라 모양이 다르다. 다른 것에 비해 훨씬 편하고 지붕이 덮여 있으며 높이가 낮은 가마인 평교자는 1품 관리들만 탈 수 있다. 예외적으로 몸이 불편하거나 연로한 관리들에게 특별히 사용이 허락되기도 한다. 또 한 개의 바퀴가 달린 초헌(그림-2)이라는 기묘한 가마도 있는데, 이는 약 1.5미터 높이로 커다란 바퀴 하나로 굴러가는데, 가마꾼들은 양쪽에서 중심을 잡으려고 애를 쓴다. 이 가마는 2품 이상만 사용할 수 있다. 이러한 가마는 그들의 독점적인 특권을 암시해 줄 뿐이다. 관리라 하더라도 궁궐은 걸어서 들어가야 한다. 왕궁까지 가마로 들어갈 수

[그림-1]

[그림-2] 초헌을 타고 궁으로 가는 관리(사베르 렌더, 『고요한 아침의 나라, 조선』, 영국, 1895년).

있는 사람은 청나라 판무관과 3정승뿐이기 때문이다.

이 경우에도 두 명의 하인이 겨드랑이 밑을 잡고 떠받쳐서 거의 끌고 가다시피 부축을 받는다. 걸어야 하는 수고를 피하게끔 하는 것이다. 그들에게는 혼자 걷는다는 것 자체가 품위를 떨어뜨린다는 관념이 배여 있다."

또한 샤를르 바라도 서양인의 시각에서 한국 가마의 특징을 이렇게 적고 있다.

"1평방미터 크기의 내부 공간에 문을 여닫는 가마도 있는데 중국의 그것과는 아주 다르며, 오히려 옛날 서양에서 사용되던 스타일에 가깝다. 이 안에서는 다리를 겹치게 꼬고 앉아 있어야 하며 움직일 수도 없다. 서양인들에게는 더욱 불편하다. 이러한 가마는 남자뿐 아니라 여염집 여인들이 바깥나들이할 때도 타고 다닌다."

특히 프랑스인 부르다레는 대신들을 수행하는 가마꾼들의 해이한 행동을 보고 더욱 의아해했다.

"궁궐 앞에는 국왕을 알현하기 위해 도착한 대신들의 가마가 차례로 놓여 진다. 주인이 떠난 가마 안에서는 가마꾼이 뒹굴며 쉬고 있는 모습을 볼 수 있다. 그들은 이러한 잘못된 행동을 대수롭지 않게 여기고 있다. 그리고 이제는 으레 그렇게 해도 되는 관행으로 완전히 굳어졌다. 대신들이 궁궐 밖으로 나올 때면 포졸들이 누워 있거나 마시며 놀고 있는 수행원들에게 호각을 불어 준비하라고 알려 준다."

가마가 언제부터 사용되었는지는 알 수 없으나 신라 시대의 기와에 바퀴 달린 가마와 비슷한 것이 새겨진 것으로 미루어 그 이전부터 존재했던 것으로 보인다. 조선시대에는 관리들의 품계에 따라 수레나 가마를 타는 데 차등을 두었던 교여지제(轎輿之制)가 있었다. 이에 따르면 평교자(平轎子)는 1품과 기로(耆老), 사인교는 판서와 그에 해당하는 관리, 초헌은 종2품 이상, 남여는 3품의 승지와 각 조의 참의 이상, 장보교(帳步轎)는 하급 관원이 탔다.

세곡을 운반하는 남해의 조운선 부디 제대로 쓰여지기를

　과거나 지금이나 한 나라가 움직이는 데는 세금을 빼놓을 수 없다. 특히 농경사회에서는 세금의 형태가 주로 농작물이어서 그 수집과 운반에 많은 교통수단이 필요했다. 조운이란 조세로 거둬들인 곡물을 산지에서 서울까지 선박으로 운송하던 관제로서 하천을 이용한 강운과 해로를 이용한 해운 두 가지가 있었다.

　조선시대 조운의 경로를 보면, 전라도, 충청도, 황해도에서 거둔 세금은 해로를 통해 배로 운반했으며, 강원도는 한강을 따라 역시 배로 운반되었다. 경상도는 낙동강을 통해 배로 상류까지 옮긴 뒤 육로를 통해 서울로 옮겼다. 함경도와 평안도는 거둔 조세를 서울로 옮기지 않고 현지에서 군사비와 사신 접대비로 썼다. 이렇듯 운반 경로의 대부분이 해운이었기 때문에 조운에는 선박이 필수적이었다.

　이미 고려 초기부터 확립된 조운 제도는 중국보다 3백여 년 앞선 역사를 갖고 있으며, 조선(漕船)은 곧 우리의 전통 선박 한선(韓船)의 뿌리이기도 하다.

　조선시대에는 운반해야 할 물량이 늘면서 병선을 개조해 조선으로 활용한 병조선이 개발되었는데 전시에는 다시 군용으로 사용했다. 『경국대전』에

도 이와 관련된 내용이 다음과 같이 수록되어 있다.

"세미(稅米)를 운반하는 조운선(漕運船)을 가리킨다. 일명 조전선(漕轉船)이라 한다. 세종 28년에 조선의 크기와 적재량이 규정되었는데 대선은 길이가 50척, 너비가 10척 3촌 이상, 중선은 길이가 46척, 너비가 6척 이상, 소선은 길이가 41척, 너비가 8척 이상이다. 적미석수(積米石數)는 대·중·소선이 각각 250석, 200석, 130석이었다. 세조 7년에는 신숙주가 조선과 병선의 겸용을 제의하여 세조 11년에 병조선(兵漕船)을 만들어 평시에는 조전(漕轉)을 하게 하였다. 성종 1년에는 조선 149척에 매선마다 조군(漕軍) 24명을 정하였다. 그 후 조군 40명이 2번으로 나누어 해를 바꾸어 가면서 조전하였으나 성종 6년부터 1선에 1천 석 이상 적재할 수 있으면 조군 22명을, 7백 석 이상이면 20명을, 6백 석 이상이면 18명을 분정(分定)하여 조운하게 하였다."

조선의 조운 제도 못지 않게 조세 체계 또한 외국인들에게는 관심의 대상이었을 것이다. 미국 선교사 헐버트는 1906년 발간한 저서 『조선 기행』에서 조선의 세금 제도와 현황에 대해 비교적 상세히 기록하고 있다.

"조선의 세금은 수십 종류나 되는데 가장 중요한 것이 토지세이며, 그외에 가옥세, 소금세, 관세, 인삼세 등이 있다. 따라서 세금을 제때 거둬들이기 위해 341개 지방의 경작지에 대한 자세한 지도가 각 고을에 비치되어 있으며, 채소밭은 제외된다. 토지세가 국가 세입에서 차지하는 비중은 3분의 2에 달한다.

주요 산물인 쌀은 가격의 척도로서 얼마 전까지만 해도 농부는 쌀로 세금을 냈다. 이로 인해 세금을 준비하기 위해 보리, 수수, 콩 등 잡곡을 쌀로 바꾸어야 했다."

또한 그는 조선의 해안 지역에서 거두어 들이는 선박과 관련된 세금에 대해서 특별한 관심을 나타내고 있다.

"조선은 해군이 없지만 해안에는 전쟁시 사용할 수 있는 상당수의 선박을 보유하고 있으며, 이 배들을 어민들에게 빌려 주고 적정한 세금을 거둬들인다. 수년 전부터는 정부가 소유한 상당히 많은 수의 배들을 어민에게 아예 판매해 오고 있지만, 이로 인해 생긴 자금으로 조선 해군을 육성시키기에는 역부족이지 않겠는가. 모든 상선들에게도 적재량에 따라 세금이 부과되는데 입항시 포대당 계산하여 받는다. 지금처럼 돈으로 내기 전에는 종종 이에 해당하는 쌀로 지불하기도 했다."

이 삽화는 「남해에서 세곡을 운반하는 조선(漕船)」이란 제목으로 영국 주간지 『그래픽』 1898년 4월 30일자에 실린 것으로, 콜 기자가 스케치했다.

이 잡지는 "손님에게 후대하는 미덕을 지닌 동양에서도 세리(稅吏)의 방문만은 달가워하지 않았다. 조선에서의 세금 부담은 과중하여 손님에게 후덕했던 인심마저 한계를 느끼게 한다. 세무관리들은 육로로는 운반키 어려운 다량의 세곡을 선박을 이용해 운송시키고 있다"고 적고 있다.

이 그림에서 인상적인 것은 공무 수행중임을 알리려는 듯 깃발이 매인 줄 최상단에 태극기가 휘날리고 있다는 점이다.

이미 임진왜란 시에도 조선 수군이 태극기의 원형이 그려진 깃발을 달고 왜군과 해전을 벌였던 기록이 있다. 이와 같이 태극기의 사용이 선박에서부터였음은 이미 알려져 있는 대로다. 최근에는 청나라를 찾은 영·정조 시대의 사신 접견 모습이 학계에 공개돼 관심을 모았는데, 그 그림에서 태극 문양을 담은 깃발이 사용돼 국가 상징으로 태극기는 이미 오래 전부터 사용되고 있었음을 보여준 바 있다. 이렇듯 민족의 오랜 전통과 의식을 내포하고 있는 태극기가 국가의 상징으로 공식 반포된 것은 1883년 1월이었다.

5 남녀노소의 다양한 삶들

시골의 어린이들

[그림-1]

조선 사회에서 상민층 아이들은 일찍부터 한몫하는 일손이었다. 어린이라는 말도 20세기에 와서야 생긴 것이고 보면 오랜 농경 사회에서 그저 '어린것들'이라고 손 놓고 있을 수 있었겠는가.

이 그림은 1892년에 발간된 『르 뚜르 뒤 몽드』에 실려 있다. 이와 똑같은 그림이 1904년 파리에서 발행된 드라게리의 저서 『조선』에도 실려 있는데, 판화가 띠리아가 그렸다(그림-1).

[그림-2] 산골 '상산날리' 개울가에서 물장구 치고 있는 어린이들(『르 뚜르 뒤 몽드』, 1892년).

[그림-3] 처마 밑에서 해맑게 웃고 있는 더린이들의 모습이 퍽이나 인상적이다.
(엘라수 와그너, 『한국의 어린이』, 런던 1920년경).

조선의 가옥에서 가장 특이한 것은 온돌일 것이다. 따라서 연료로 쓰이는 땔감 나무를 보관하기 위해 대부분의 집에는 헛간이 딸려 있었다. 주로 가을부터 소나무, 낙엽, 건초 등 겨울나기용 연료로 쓰일 수 있는 것들을 이곳에 모아두었다. 이 때 아이들도 땔감을 모으는 데 동원된다. 이렇게 해서 사내 아이들은 7~8세부터 지게 지는 법을 배워 근처 산에서 나무를 했고, 여자 아이들은 일찍부터 머리에 이는 것을 배웠다. 특히 대여섯 살만 되면 물 긷는 것은 소녀들의 책임이었다. 남부여대(男負女戴)는 이처럼 이미 어릴 때부터 시작되었던 것이다.

미국 외교관 샌즈는 이런 회고를 남겼다.

"어린 동생을 포대기로 등에 업고 무거운 빨랫감을 머리에 인 여자아이들을 강가에서 만나기란 쉬운 일이었다. 동네 골목길에서도 물동이를 머리에 얹고 지나가는 어린 소녀들을 흔히 마주친다. 이밖에도 어린 엿장수, 어린이 행상들도 쉽게 목격된다."

실제로 그랬다. 이런 전통은 사실 본격적 산업화가 시작된 60년대까지도 심심찮게 볼 수 있었다.

조선의 아이들은 그래도 해맑았다. 삽화에서 보듯 땔감 가득한 지게를 지고 서 있는 두 아이와 야채나 이삭을 주워 담은 바구니를 앞에 놓고 있는 두 아이의 얼굴은 순수하다. 다소 경직된 분위기는 난생 처음 모델이 된 데서 오는 어색함 때문으로 보인다.

당시 아이들은 온갖 집안일을 거들며 고된 일을 마다하지 않으면서도 형제애와 효심이 깊었다. 그래서인지 외국인들 눈에도 우리네 아이들의 모습은 깊은 인상을 남겼다. 영남 지방의 산골 개울가에서 마주친 시골 아이들을 세심하게 심미적으로 관찰한 프랑스 민속학자 샤를르 바라의 목격담이 그 대표적 사례이다(그림-2).

"우리를 호기심 있게 쳐다보고 있는 발가벗은 꼬마들을 만났다. 인류학적인 관점에서 인상깊게 보았던 몇 가지 특징을 전하겠다. 사내아이와 여자아이들 모두가 놀라울 정도로 균형이 잘 잡혀 있고 하나같이 날씬했다. 거의 똑같은 크기의 아담한 머리를 지니고 있었으며, 머리 뒷면 또한 알맞게 자연스런 경사면을 그리면서 매우 우아한 선으로 목이 받쳐 주는 아름다운 신체였다.

머리색은 아주 짙은 갈색에 윤기가 넘쳐흘렀고 눈은 검고 반짝거렸으며 똑부러지고 쾌활했다. 코와 턱은 좀 작고 손과 발처럼 아주 우아하고 섬세해 보였다. 이 모든 신체적 구조가 감탄스러울 정도로 탁월했다.

실제로 팔과 다리는 우아한 균형을 지녔고 모든 신체 부위에서 유연한 탄력을 발견할 수 있었다. 가슴은 앞으로 잘 펴져 있었고 허리 또한 적당한 곡선을 이루고 있었다. 이러한 모든 신체적 조화가 미학적으로 희귀할 정도로 완벽했다. 특히 햇볕에 알맞게 그을려진 12살 정도의 어린 소녀의 모습은 프랑스의 유명한 조각가 후동이 제작한 「달의 여신과 천사」라는 작품에 등장하는 주인공처럼 아름다웠다."

아이들 이야기라서 다소 과장된 느낌에도 불구하고 흔쾌하게 그의 평가를 수용하고 싶다(그림-3).

고단한 여인의 일생 　원초적 멍에를 진 인고의 삶

　　우리의 역사에서 여성들은 인류 역사상 유례를 찾아보기 힘들 만큼 억압
적인 사회구조에서 살아야 했는데, 이 그림이 바로 그러한 일생을 고스란히
담고 있다. 조선 사회가 제시한 이상적 남성상이 선비였다면 여성상은 열녀
였다. 열녀(烈女)라는 개념은 조선 중기부터 강화되기 시작한 정절(貞節) 이
데올로기의 핵심을 차지하면서 남성 위주의 일부일처제와 여성의 재혼 금
지를 법률보다 더 강력하게 관습으로 규제하는 기능을 하게 됐다.

　　1926년 뉴욕에서 발행된 캐롤라인 싱거의 저서 『극동을 향하여』에 「조선
여인의 일생」이라는 제목으로 게재된 이 그림은 저자의 남편으로 극동 여행
에 동행했던 기록화가 르로이 볼드리즈가 스케치하였다.

　　그림은 귀여운 아기로 태어나서 정숙한 소녀로 성장하고 그 후 가족에게
헌신적인 어머니와 안살림을 맡아 이끄는 집안의 안주인으로, 그리고 지혜
로운 할머니에 이르는 한국 여인의 일대기를 마치 한 폭의 드라마처럼 특이
하게 묘사하고 있다.

　　20세기 초 한국을 찾은 많은 서양인들은 여성의 낮은 사회적 지위에 대해
충격과 동정심을 함께 표시했다. 마치 우리가 요즘의 중동이나 인도 여성들
의 처지에 그런 감정을 느끼듯이 말이다.

　　미국인 게일은 이런 기록을 남기고 있다.

"결혼한 조선 여성은 남편, 시부모 등 가족들 뒷바라지로 하루 하루를 정신없이 보낸다. 안타까운 점은 이러한 현실을 거부할 권리나 기회가 한국 여성들에게 부여되어 있지 않기 때문에 한국 여인들은 더욱 불행해진다는 것이다."

이사벨라 비숍 역시 『한국과 그 이웃 나라들』에서 한국 여성의 지위에 대해 일반 농촌 여성과 상류층 여성을 구분해 상세히 기록하고 있다.

"한국의 농촌 여성들은 가족의 모든 의복을 만들고 모든 식사를 준비하고, 무거운 공이와 절구로 쌀을 탈곡하고 찧고, 무거운 짐을 시장까지 머리에 이고 나르며, 또한 물을 긷고 멀리 떨어진 지역까지 나가 밭일을 한다. 그들은 일찍 일어나고 자정이 넘어서야 휴식하며, 틈날 때마다 실을 뽑고 베를 짠다. 대개 많은 아이들을 갖는데 아이들은 세 살까지 젖을 떼지 못한다. ……상류사회에서는 절대적 격리가 하나의 규범이 된다. 부녀자들은 자신의 안마당과 집을 가지며 남자들의 집에서는 어떠한 창문도 그 곳을 향해서는 안 된다. 방문객은 절대로 가족 중의 여성에게 눈짓을 보낼 수 없다. ……여성들은 어떠한 지적 교육도 받지 않고 모든 계층에서 열등한 지위를 갖는다. 어떤 종류의 이원적인 철학을 가졌는지는 모르겠으나 한국 남성들이 생각하는 자연(自然)은 여성이 열등한 존재로서 남성에 부속된 상태이다."

이러한 한국 여성들의 억압된 삶을 안타깝게 여긴 나머지 비숍은 자신이 알고 지내던 한 지적인 한국 여성에게 여성에 대한 서구의 관습을 어떻게 생각하는지 물어보았는데, "가엾어라. 남편이 당신을 너무 구박하고 보살피지 않는군요"라는 대답을 들었다고 한다.

구한말 한국을 찾았던 한 프랑스 신부도 조선 여인들의 고단한 삶에 대해 비숍과 비슷한 증언을 하고 있다.

"한국 여인의 일상 생활은 인간 대접을 받지 못하고 있으며, 남편과의 관계에서도 인생의 동반자라기보다는 단지 시중을 드는 위치에서 온갖 가사를 도맡아 하면서 시달리고 있었다. 식사 준비, 빨래와 다듬이질, 옷감 짜기 등 집안 일은 물론 심지어는 밭일까지도 맡아 하면서 그들은 휴식도 모른 채 하인 같은 생활을 한다."

이처럼 당시 한국을 방문했던 서양인들은 그들의 사회와는 판이한 대접을 받고 있는 한국 여인들의 예속된 생활 속에 과연 행복이란 것이 존재하고 있는가에 대해 강한 의구심을 가지고 있었다.

한편 극소수에 해당되는 사례이지만 한 프랑스 작가는 또다른 시각에서 조선 여인을 관찰했다.

"모든 서양인들이 보는 것처럼 조선 여성들의 인생 자체를 온통 불행한 것으로 볼 수만은 없다. 겉으로 보기에 고생스런 생활을 하는 것은 틀림없지만 자신들의 희생과 헌신으로 인해 성장해 가는 자식들과 편안해하는 남편의 모습을 보면서, 그리고 웃어른들에게 효도함으로써 내면에서 솟아나는 보이지 않는 그녀들만의 값진 행복을 지니고 있다는 것을 느낄 수 있다."

모델이 된 독립 운동가의 아내 다소곳함 속엔 보이지 않는 강인함이

　이 삽화는 미국인 화가 르로이 볼드리즈가 1947년 발간한 여행기 『시간과 기회』(*Time and Chance*)의 겉표지에 실린 것으로, 서양 화가가 한국 여인을 모델로 화폭에 담고 있는 이색적인 장면이다.

　1919년 한국을 방문했던 볼드리즈는 가난한 청진 주민들이 독립 자금에 쓰라고 정성스럽게 내놓은 금과 은 장신구들을 받아 몸 안에 감추고 온갖 위험을 무릅쓰고 압록강을 건너 밀반출하여 상해 임시정부 요원들에게 전달해 주는 자발적인 모험을 감행하기도 했다. 또한 3.1운동에 이어 같은 해 11월에 새로운 대규모 독립 시위가 전개될 것이라는 비밀 전문을 입수하고서 현장 탐사를 위해 재입국하는 용감성도 보였다. 이렇게 그는 한국에 체류하면서 온갖 악조건 속에서도 독립 운동을 필사적으로 성원하는 한국인들의 처절한 모습과 일제에 항거하며 투쟁을 지속하는 현장을 목격하고 삽화로 남긴 유일한 서양화가였다. 그는 미국에서도 종군 화가와 프리랜서 기록화가로 명성을 얻고 있었으며, 1차 대전에도 참가해 전투 상황을 기록화로 담아 냈는데, 특히 미 군사 일간지 『성조기』에도 삽화를 연재할 정도로 잘 알려져 있었다.

　또한 마르코 폴로의 동방 여행 기록을 그림으로 재현시키는 작업에 몰두

했던 그는 실제로 아프리카, 중국, 인도, 일본 및 중동과 유럽 등지를 직접 돌아보며 각국의 풍물을 삽화로 묘사했다.

표지의 삽화를 유심히 보면 그가 여행했던 아프리카, 중동, 심지어 일본 등 여러 나라 사람들을 배경으로 하면서도, 하얀 한복에 흰 손수건을 들고 앉아 있는 한국 여인을 중심 모델로 유달리 부각시킨 것을 보면 이 여인에게서 얼마나 깊은 인상을 받았는지 짐작할 수 있다. 그러면 이처럼 한국 여인이 가장 인상적인 대상으로 선정된 데에는 과연 어떠한 사연이 깃들어 있는 것일까.

"서방 선진국들의 민족 자결주의 원칙 표방에 고무되어 지난 3월 황제의 장례식을 계기로 부녀자, 학생, 어린이, 심지어 지게꾼들까지 합세한 약 20만 명 규모의 조선인들이 봉기를 위해 서울에 집결하였다. 정오가 되자 모두들 '대한독립 만세! 만세!'를 외쳐대며 거리로 쏟아져 나왔고, 우레와 같은 함성은 이제 탄압에 항거하여 독립을 염원하는 애국 민족의 외침이었다.

일본군은 비폭력 시위대 앞을 가로막으며 첫째 줄부터 총과 칼을 휘두르며 무자비하게 진압해 나갔다. 이에 굴하지 않고 둘째 줄에 있던 시위대에도 계속 가혹한 행위가 가해졌다. 조선인들은 밤새도록 곳곳에서 필사의 저항을 벌였으며 산봉우리에는 신호를 위한 봉화까지 타올라 마치 전쟁을 방불케 했다. 일본군은 끔찍할 정도로 포악스러웠다. 무려 1만 1천 명이 투옥되어 갖은 구타와 심한 고문을 받았으며 사망자도 헤아릴 수 없을 정도였다.

이러한 격랑의 물결 속에서 여행의 본래 목적이었던 한국 풍물의 생동감 있는 스케치 소재를 발굴해 내는 일도 어렵거니와 이러한 일을 실행에 옮긴다는 것은 더욱 쉽지 않음을 직감했다. 그래서 청순하고 우아한 미모를 지닌 한 여학생을 모델로 택하게 되었다. 모델이 된 여성이 돗자리 위에 앉아서 포즈를 취하고 있을 때 친구가 곁에서 그녀의 저고리를 슬며시 열어제치는 순간 달군 인두로 짓이겨진 검붉은 흉터가 드러나 보였다. 그것은 분명 감옥에서 당한 고문으로 생긴 용기의 산물이었다.

편안한 아름다움과 우아함을 고루 지닌 이 여성은 성경학교에서 선발된 기혼녀였는데, 그녀의 남편과 장남은 망명 중이고, 막내 아들은 고문으로 사망했다고 한 여인이 귀띔해 주었다. 그녀가 성경반에서 나의 모델로 선정된 배경은 아름답고 온화한 이미지 때문이었으며, 이렇게 기막힌 사연을 간직한 기혼녀라는 사실이 믿기지 않았다."

또한 그는 청진을 방문했을 때 독립 운동가인 한 조선 청년으로부터 독립 활동 자금을 위해 금을 밀반출해 달라는 간절한 부탁을 받고 이를 승낙했던 과정들을 자세히 기록으로 남겼다.

"청진에서 상투와 망건에 갓까지 쓴 나이든 연약한 조선 노인을 모델로 그리고 있을 때 한 젊은 청년이 그림에 관심이 있는 척하면서 은밀하게 접근하였다. 그는 현재 상해 임시정부가 지하 신문인 『독립신문』(Independence) 발간 등 제반 활동에 소요되는 상당한 운용 자금을 필요로 하고 있지만 한국 내 금을 국외로 반출하는 것이 엄격히 통제받고 있어 어려움을 겪고 있다고 호소했다. 얼마 전에도 3명의 학생들이 금을 몰래 소지한 채 600마일 이상을 걸어와 압록강 다리를 건너 밀반출하려다 발각되는 바람에 2명은 현장에서 4만 달러 어치를 압수당했으며, 거의 같은 양의 금을 지녔던 나머지 한 학생은 강물로 뛰어들어 만주로 헤엄쳐 가려다 그만 금 무게를 못 이겨 익사했던 사건을 밝히면서 간곡히 부탁했다.

나의 답변을 초조하게 기다리던 그 청년에게 흔쾌히 승낙 의사를 밝혔으며, 이렇게 나는 조선의 독립 자금을 위한 금 밀반출 임무를 수행하게 되었다. 이 일을 맡게 된 후부터는 일부러 모델을 구하러 나서지 않아도 되었는데 나를 찾아온 한 일행은 모델료를 바라지도 않았으며 등잔불 밑에서 본 그들은 발자국 소리를 내지 않기 위해 밤새 맨발인 상태로 걸어왔음을 확인할 수가 있었다. 더욱 놀라운 것은 이들이 흰 옷을 입은 늙은 노부인과 어린이들 그리고 남루한 옷을 걸친 짐꾼들이었으며, 어린이들은 헌 천 조각으로 기워 만든 옷을 입고 있었다. 노부인은 아무 말 없이 결혼 반지와 금은 팔찌를 풀어 내 손에 꼭 쥐어 주었다. 짐꾼들도 옷 속에 감추어 왔던 여러 개의 금가락지들을 바닥에 쏟아 놓았다. 초상화를 그리기 위해 서 있던 아이들도 엄마가 눈길을 주자 누더기 외투 안에서 금 덩어리를 풀어 내놓고는 도망치듯 나가 버렸다. ……지쳐 기진맥진한 눈빛을 하고 있던 10대 소녀들도 있었는데, 그녀들은 커다란 명주천 조각을 내놓았다. 이것은 그녀들과 친구들이 수놓아 만든 조선 지도에 태극기와 무궁화가 그려진 보자기로 거기에는 미국 대통령에게 청원하는 글귀가 새겨져 있었다. 나는 이것을 보는 순간 반드시 윌슨 대통령에게 이것을 전달하리라고 굳게 다짐했다.

이제부터 나는 외국인 여행자로서 이 어려운 임무를 수행하기 위해 험난한 여정을 나서야 했다. 우선 자수가 놓여진 천은 네 겹으로 작게 접어 깊숙히 감추었고 그들에게도 더없이 귀중한 전 재산을 나에게 믿고 맡긴 금붙이 등 장신구들은 최선을 다해 감쪽같이 숨기면서 내 손에 그들 국가의 희망이 달려 있다는 것을 몇 번씩 되뇌이며 발길을 옮겼다."

그는 아내인 캐롤라인 싱거 여사와 한국을 다시 방문하였고, 이들은 함께 뉴욕에서 『극동을 향하여』라는 여행기를 발간했다. 여기에는 독립운동을 위해 장신구를 가지고 왔던 조선 여인들의 모습이 담긴 볼드리즈의 삽화들이 추가로 게재되어 있다. 일생을 두고 소중히 간직해 온 결혼 반지마저 내주는 조선 여인들의 독립을 향한 강한 의지, 그리고 용기의 산물인 고문의 흔적 등은 다른 어느 나라에서도 접할 수 없었던 가장 감동적인 장면이었음이 그의 그림에 잘 나타나 있다.

아들을 지고 가는 아버지 자식에 대한 한없는 애정

프랑스의 화보 주간지 『일류스트라시용』 1894년 8월 4일자에 「시골 농부와 그 아들」이란 제목으로 게재된 이 삽화는 프랑스인 갸스통 르페브르가 찍은 사진을 판화로 모사한 것이다(그림-1). 당시의 삽화들이 강한 사실성을 띠는 까닭은 이처럼 상당수가 일단 사진으로 찍은 것을 삽화로 재구성했기 때문이다.

[그림-1]

아버지를 따라 함께 농사일을 거들었음직한 어린 아들이 짐이 실린 바지게 위에 올라앉아 마냥 즐거워하고 있다. 고단한 일상의 삶이 짙게 스며든 아버지의 발걸음과 아무것도 모르는 양 아버지의 지게 위에서 마냥 행복해하는 낫을 든 아들의 표정이 너무나 대조적이다.

짐과 아들을 함께 지고도 한 손에 담뱃대까지 들고 집으로 향하는 농부의 약간은 축처진 두 어깨는 삶의 고단함을 고스란히 짊어지고 있는 듯도 하다.

농부와 아들의 격의없고 소박해 보이는 이 같은 모습과는 달리 어른과 아이 간의 엄격한 예절과 가부장적 관계가 엄정한 양반들의 세계는 서양인들의 눈에 매우 생소하고 신기해 보였을 것이다. 이렇게 한 사회 속에서는 여러 형태의 아버지의 얼굴이 존재하고 있게 마련이다.

각국 어린이들의 생활상을 담은 시리즈 중 한국편은 미국인 파이크에 의해 『어린 조카, 박영』으로 1905년 보스턴에서 출간되었다. 그의 책에 수록된 이 삽화는 화가 브리즈먼이 그린 것으로 "소년은 무릎을 꿇고 앉아서 정중히 절을 올려야 한다"는 설명이 붙어 있다(그림-2).

과연 무슨 연유로 이렇게 어린 소년이 땅바닥에 앉아 어른에게 절을 올리고 있는 것일까. 이것은 군신과 부자 간에 예의 범절이 아주 엄격했던 조선 사회의 일면을 상징적으로 묘사한 것으로, 저자는 자신이 느낀 사회상을 이렇게 기술했다.

"조선 소년 박영의 부친은 궁궐을 드나드는 관리 중 한 사람이었다. 그는 가정교사인 나를 보자 머리를 굽혀 절을 했다. 왜냐하면 조선 소년들은 부모, 스승, 관리들에 대한 예의 범절을 어려서부터 익혀 왔기 때문이다. 이 때도 그는 새로운 가정교사에게 존경심을 나타내는 자신의 태도를 자랑스러워했다. 일찍부터 엄격한 부친 아래서 철저히 가정교육을 시키는 이러한 생

[그림-2] 노상 알현.

활은 성장해 가면서도 마찬가지로 지속된다. 이들은 아버지가 보는 앞에선 경망스럽게 놀지 못하며 항상 몸가짐을 바르게 하고 있어야 했다. 그는 식사할 때도 부친을 기다려야 하며 잠자리도 사전에 확인해 놓는다. 만일 아버지가 늙고 병들면 자식이 밤새 간호하며 낮에도 곁을 떠나지 않는다. 부친이 감옥에 들어갔을 경우에도 자식은 면회시 음식을 넣어 드려야 하며 귀양을 가게 되면 멀리까지 전송하거나 함께 동행하기도 한다.

그림은 조선 소년 박영이 길에서 아버지를 만나자 비록 땅이 젖었더라도 그 위에 무릎을 꿇고 예를 표하고 있는 광경이다.

특히 부친에게 문안 편지를 보낼 때는 가장 존경하는 귀절을 서두에 쓴다."

조선 사회는 가부장적 사회로 아버지와 아들은 왕과 신하, 스승과 제자 등과 함께 조선을 떠받치는 3대 지주, 즉 군사부일체(君師父一體)의 한 축이었다. 그래서 효자는 열녀와 함께 국가적으로 존중되었다. 비숍 여사가 『한국과 그 이웃 나라들』에서 적고 있는 대목이다.

"나는 개성에서 서울이나 다른 지역에서는 거의 볼 수 없었던 홍문(紅門)을 볼 수 있었다. 이것은 정절을 지킨 과부나 국왕에 충실한 사람 또는 효자들을 기리기 위해 만드는 희귀한 것으로 매우 큰 명예를 나타낸다. ……자신의 아버지를 장수하게 한 아들의 경우 그 명예는 더욱 강조된다. 자식으로서의 미덕은 다음과 같은 방법으로 나타난다. 그는 매일 아침 아버지의 침소에 가서 건강은 어떠신지, 어떻게 주무셨는지, 식사는 무얼 하셨고 맛있게 드셨는지, 저녁식사로 잡숫고 싶은 게 있는지, 그가 시장에 가서 조기를 사올지, 그가 돌아와서 아버지의 산책을 도울지를 여쭙는다."

부모 자식 간에는 양반 상놈이 따로 없었다.

한편 서양인들은 앞의 그림(그림-1)에서 보이는 한국의 지게가 지닌 효율성과 독창성에 많은 찬사를 보냈다. 독일인 특파원으로 한국을 취재한 경험이 있는 겐테 박사는 한국 견문기에서 지게에 관해 이런 기록을 남기고 있다.

"지게는 한국 사람들이 무거운 짐을 나를 때 양 어깨의 힘을 균형 있게 이용해서 힘을 덜 들이고 수월하게 운반할 수 있도록 만든 것으로 한국의 자랑스런 발명품이다."

프랑스 민속학자 샤를르 바라도 한국인은 짐을 나를 때 중국이나 일본인들과는 달리 그들의 지형에 아주 적합한 '등짐'을 선호해 왔으며, 특히 지게는 양 어깨와 등의 힘을 조화시킨 창의적이고 과학적인 운반기구라고 평했다.

특히 프랑스의 여행 전문지 『르 뚜르 뒤 몽드』가 샤를르 바라의 한국 탐사기가 담긴 1892년 판을 홍보하기 위해 특별히 제작한 광고 포스터에 지게 진 농부와 조선 관리의 모습이 각각 좌우에 실려 있다. 이렇게 보면 서양인들의 관심을 모았던 지게 진 조선인은 최초로 서양의 광고 포스터에 시각적 소재로 선정된 한국의 이미지인 셈인데 이는 흥미로운 일이다.

존경받는 노인 마을과 공동체의 지주

이 그림은 마을의 최고 어른인 노인들의 다양한 모습을 미세한 표정과 함께 잘 잡아내고 있다. 굳이 노인들의 모습을 담으면서 한 구석에 마을을 그리고, 그 마을을 내려다보는 큰 나무를 그려 넣은 것은 곧 그 나무가 조선 사회에서 노인의 지위를 상징하는 것으로 여겨졌기 때문으로 읽힌다.

농경사회에서 노인은 최상의 지혜를 간직한 움직이는 백과사전이었다. 정보화 사회라는 지금이야 어떤가? 정반대다. 나이가 들수록 새로운 기계에 둔하고 새로운 정보에 어둡고 빠른 변화에 주눅든다.

그러나 불과 지난 몇십 년 전까지만 해도 우리는 수천 년 동안 이어져 온 농경사회에서 살았다. 농사와 관련된 모든 것은 경험이 많을수록 유리하다. 당연히 나이가 들수록 지식과 정보가 많았으니 한 사회에서 노인들이 주도권을 쥘 수밖에. 그래서 그들은 당당했고 그만한 품격이 있었다.

같은 농경사회라도 한국 사회는 특히 더했다. 한국인 특유의 품성에다가 사회적 격변이 드물었기 때문에 농경사회 윤리의 핵심인 노인 공경이 고스란히 유지되었기 때문일 것이다.

이처럼 조선 사회에서 노인은 마을을 내적으로 지켜 주는 공적인 버팀목이었다. 무당이 질병과 각종 희원(希願)과 같은 사적인 고민을 해결해 주는

미국 화가 볼드리즈의 스케치로서, 그의 부인 캐롤라인 싱거의 저서 『극동을 향하여』(1926년)에 게재되어 있다.

역할을 맡았다면 노인은 공적인 문제의 해결자였던 것이다. 그런 점에서 노인은 곧 사제이기도 했다. 실제 각종 의례를 둘러싼 분쟁이 생길 경우 최후의 심판은 그 마을의 최고 어르신이 내렸다.

한국에서 오랫동안 선교 사업을 펼쳤던 미국인 선교사 언더우드는 "조선의 유교는 아득한 옛날 중국에서 도입되었는데, 초기부터 국민의 생활과 정서에 엄청난 영향을 미쳤다. 이것은 종교라기보다는 누구나 지켜야 할 효에 기초를 둔 하나의 윤리체계라고 할 수 있다"라며, 한국인의 의식 속에 뿌리 깊게 심어진 효친 사상에 대해 관심을 표명했다.

또한 역시 구한말에 17년간 선교 활동을 하면서 한국학에 관한 다수의 저서를 출간한 영국계 캐나다인 선교사 제임스 게일(James S. Gale)은 1909년에 발간한 『조선 사정』에서 조선 사회의 유교적 의식을 이렇게 설명했다.

"조선 사회는 아직도 오륜(五倫)이라는, 사람이 지켜야 할 유교적 도리가 유지되고 있다. 이것은 군신유의, 부자유친, 부부유별, 장유유서, 붕우유신 등 다섯 가지 사항으로 임금과 신하 사이의 의리, 아버지와 아들 간의 친애, 부부 사이의 분별, 어른과 연소자 사이의 순서, 친우 사이의 신의를 뜻한다. 이와 함께 모든 조선인들이 주지하고 있는 것은 오상(五常)으로, '인 · 의 · 예 · 지 · 신'이라는 것이다. 부모 형제 자식이 저마다 지켜야 할 도리, 즉 아버지는 의리로, 어머니는 자애로, 형은 우애로, 아우는 공경으로, 그리고 자식은 효도로써 대해야 할 마땅한 길을 의미한다. 한국의 교육이 명료하게 요약되어 있는 이 구절에 대해 다양한 서적이 발간되어 있으며, 아예 '인의예지신'을 한 단어로 머릿속에 담고 산다. 식자층뿐만 아니라 지게꾼까지도 이 구절을 잘 인지하고 있으며, 이를 잘 지키면 교양인으로 대접받고 이를 어기면 무시당한다."

6 조선의 풍속과 문화

서울의 밤 나들이 바삐 오가는 다양한 종이 등불

이 그림은 1905년에 출간된 프랑스인 앙리 갈리의 저서 『극동에서의 러일 전쟁』에 실려 있으며, 삽화가 로베르 살레가 그린 것으로 「서울의 밤 나들이」란 제목이 붙어 있다.

아직 전깃불이 없던 시절에 등불을 밝히며 어딘가를 향해 바삐 가는 두 남녀의 모습이 인상적이다. 등은 그 재질이 비단이냐 기름종이냐에 따라 다른 빛을 냈는데, 이 그림에서 삽화가는 등불 빛을 붉은색과 노란색으로 달리 표현하여 조화시키고 있다. 그러나 남녀의 복장 묘사는 한복이라고 하기에는 다소 어색해 보인다. 하지만 서양인들의 눈에는 그렇게 비쳤나 보다.

구한말 미국 공사를 지낸 알렌 박사는 그의 회고록 『조선 풍물』에서 서울의 밤거리에서 볼 수 있는 다양한 형태의 등불을 이렇게 표현했다.

"차량이 지나다니는 소리나 경적을 울리는 소음이 없는 서울의 밤거리는 매우 고요하다. 인적이 거의 없는 거리에는 가로등도 없고 창밖으로 스며나오는 빛도 보이지 않아 어둡고 적막하다. 단지 이따금 지나는 소수의 행인이 들고 다니는 지등에서 새어나오는 불빛이 눈길을 끌 뿐이다. 길에서 마주치는 주민은 대부분 여성들로서 이들은 흰 옷에 장옷으로 얼굴을 가리고 손에는 희미한 빛이 새어나오는 촛불이 담긴 엷은 종이등을 들고 다닌다. 야간 통행금지를 위해 성문을 닫는 종이 울리면 새벽까지 관리를 수행하는

일행을 제외하고는 일반 남성들이 거리로 나오는 것을 금지하지만 여성들은 통제를 받지 않아 밤중에도 즐겨 외출을 하기 때문이다."

당시 조선을 찾았던 한 프랑스 신부는 서울의 밤 거리를 이렇게 묘사한 바 있다.

"조선인들이 서양의 램프 대신에 긴 막대기에 매달린 등불을 들고 어두운 앞길을 밝히며 나들이하는 모습은 매우 운치가 있다. 특히 포근한 초가집에서 스며나오는 순수하고 아주 섬세한 불빛 속에서는 훈훈한 가족애가 느껴진다. 이러한 불빛은 궁핍하지만 결코 슬프지 않은 한국인의 밝은 정을 말해 주고 있다."

그의 이야기는 계속 이어진다.

"조선의 밤은 기쁨과 슬픔이 공존한다. 잔칫날에는 온 동네가 서로 음식을 나누며 격의 없이 밤새 흥겹게 지내며, 또 상을 당했을 때도 상가에서 불을 밝히고 유족과 함께 며칠씩 밤을 지새우며 서로 위로하고 고인의 명복을 빈다."

경제 개발과 산업화로 인해 우리는 밤낮 없는 생활을 하게 됐지만 이 그림은 새삼 그 과정에서 우리가 밤의 정취를 잃어 버린 것은 아닌지 물어 온다.

편싸움 용장 쾌활한 민속놀이

영국 화보 주간지 『그래픽』 1902년 2월 8일자에 실린 이 그림은, 지금은 사라진 우리 조상들의 대표적 민속놀이 '편싸움(石戰)' 장면이다. 서울 시내 한 마을에서 실제로 진행된 놀이를 찍은 사진을 바탕으로 영국의 판화 작가 해넨(F. De Haenen)이 생동감 있게 묘사한 것으로, 유럽인들에게는 매우 이색적인 것이어서 흥미를 불러일으키기에 충분했다.

편싸움(石戰)은 삼국시대부터 전래되어 온 전통 민속놀이로 서양 사람들 눈에는 상당히 충격적이고, 심지어 야만적인 풍습으로까지 비칠 만큼 거칠었다. 특히 이 그림의 후면에는 4만여 관중의 열띤 응원 속에 거행되는 국제 규모의 웨일스 대 스코틀랜드 간 럭비 경기 장면 삽화가 실려 있어 동서양 간의 문화적 대조를 보이고 있다.

미국인 의사이며 선교사로 한국에 오래 머물렀던 알렌 박사는 편싸움을 직접 목격한 듯 이런 회고담을 남겼다.

"서로 경쟁 관계에 있는 두 마을 주민들이 초봄 무렵 들판에 모여 힘겨루기를 한다. 선봉대는 머리를 보호하기 위해 밀짚모자를 쓰고 막대기로 무장한 채 대치선을 넘어 상대 진지로 쳐들어간다. 나머지는 언덕으로 올라가 상대편에게 돌을 던진다. 맨마지막의 승부는 돌싸움에서 결판이 나는데, 모

두들 돌 던지는 솜씨가 매우 능숙하다. 우세한 진영은 밀리는 상대방을 향해 함성을 지르며 제압해 나가는데, 이 광경을 보기 위해 인근 언덕에는 수천 명이 몸을 숙이고 모여 있었다. 추격해 가는 진영에서 던지는 돌 세례를 피하려는 상대 진영은 금세 아수라장이 되어 버린다. 이 놀이에서는 매년

서너 명의 사망자와 다수의 부상자가 발생한다. 이 싸움이 끝난 다음날 아침 일찍 치료를 받기 위해 나를 찾은 환자들 중에는 앞이마가 으스러져 머리 속까지 상해 있는 경우도 있었다.

아마 군인들이 보면 이렇게 격렬하기 싸우는 주민들이 훌륭한 군사 훈련을 한다고 생각할 정도다."

한편 영국인 선교사 와그너는 편싸움을 이렇게 기록하고 있다.

"돌싸움은 수백 명의 청년들이 참가하는 놀이로 매우 거칠고 위험하다. 언쟁이나 의견 충돌이 있는 마을끼리나 이웃끼리 문제를 이런 식으로 해결하려고 한다. 돌 던지는 사람들 중 많은 사람이 표적을 명중시켜 상대를 해치려고 돌을 겨냥했다. 이 난폭한 놀이는 많은 사상자를 내어 정부가 중지시켰다."

그러나 후반부의 언급은 편싸움 놀이의 취지를 제대로 이해하지 못한 것으로 생각된다. 애당초 편싸움은 줄다리기와 함께 마을 사람들이 공동으로 하는 우리의 대표적인 민속놀이 중 하나였다. 한강 이남에서는 줄다리기를, 한강 이북에서는 편싸움을 주로 했다. 특히 편싸움은 한강 연안과 대동강 연안에서 활발하게 치러졌다. 서울에서는 만리재 편싸움이 유명했다. 그래서 남편이나 아들이 싸움에서 패하여 집으로 도망오면 대문을 열어 주지 않고 내쫓아 끝까지 싸우게 할 정도로 여성들도 여기에 적극적이었다고 전해진다.

삼국시대와 고려 때는 단오절에, 조선 시대에는 정월 대보름에 주로 행해졌다. 참가자들은 어린아이부터 어른까지 머리가 터지고 심지어는 사망자까지 발생할 정도로 치열했다고 한다.

그러나 밤알보다 더 큰 돌을 던지면 안 된다든가, 일정 시점 이후에는 싸움을 더 이상 할 수 없도록 하는 나름의 규칙도 있었다. 일정 시점 동안 상대방 마을의 당목을 점령하면 싸움은 끝나는데, 그 시간에 끝이 나지 않으면 씨름이나 태껸으로 승부를 가렸다고 한다.

이를 직접 체험한 육당 최남선이 전하는 편싸움 이야기는 더욱 생생하다.

"고려시대와 조선시대 초기에는 단오의 놀이로 시골이나 서울서 이를 거행하였습니다. 그런데 언제부터인지 다시 세초(歲初)로 치켜올라가서 근세 서울에서는 온 서울을 동서(東西) 두 편으로 갈라서 큰 성벽으로써 해마다 굉장한 편쌈을 거행하고 나중에는 돌싸움 끝에 몽둥이 싸움까지 하여 용장 쾌활(勇壯快活)하게 승부를 내어 1년 동안의 화제를 만들어 내곤 하였습니다. 러일전쟁 뒤에 일본인의 간섭으로 말미암아 차츰 싱거워지다가 병합과 함께 아주 없어졌습니다. 평양지방에서는 편쌈이 없어진 뒤에도 오랜 전통이 있기 때문인지 돌팔매질이 숭상되고 신기(神技)에 가깝다고 할 만한 능수(能手)가 끊이지 않아 지금도 예와 같음은 재미있는 일입니다.

편쌈은 어느 정도 잔인한 의사도 있을 법한데 국민의 용기를 일으킴에 큰 도움이 되었으며, 임진왜란 중에는 팔매질꾼의 힘으로 적을 물리친 일이 종종 있어서 결코 가벼이 볼 수 없는 국민 훈련의 일면이었습니다."

물론 이 놀이는 양반들은 하지 않았고 민중들 사이에서 널리 행해진 것으로 싸움의 와중에 횡포가 심한 일부 양반집에 돌을 던지는 등 간접적인 시위 효과도 있어서, 조선시대에는 이 놀이를 규제하려는 시도가 있었다. 그러나 구한말까지도 면면히 이어지다가 그 격렬함이 항일운동으로 이어질 것을 두려워한 일제에 의해 철저하게 금지당하면서 결국 사라졌다.

활 잘 쏘는 민족

[그림-1]

한국 사람 활 잘 쏘는 것은 예로부터 중국에까지 널리 알려져 있었다. 이미 고대 중국 문헌들에도 한민족은 말 잘 타고 활 잘 쏘는 민족으로 묘사되어 있다. 활쏘기에만 능한 것이 아니라 활도 잘 만들어 중국에 조공하던 물품 중에 반드시 활이 들어 있을 정도였다.

[그림-2] 줄 뒤페의 저서 『세계 여행』에 나오는 한국인의 모습.

이 그림은 독일의 식품회사 '빌헬름 헨젤' 사가 자사 제품을 홍보하기 위해 1900년경 제작한 판촉용 광고 카드에 「한국 해협」이라는 제목으로 실린 것이다(그림-1). 부산 포구를 배경으로 활쏘기를 하는 우리 조상의 모습을 파스텔화로 담았다. 그림에는 양반이 활을 쏘고 있고, 그 옆에 하인으로 보이는 사람이 앉아 있다. 오른쪽 위에 한국과 일본의 지도가 나와 있고, 그 아래쪽에 '대한 해협'이라는 제목이 붙어 있다.

세계 각국의 특색 있는 문화를 담은 이 시리즈 광고 카드에 조선의 특징적인 문화로 '활쏘기'가 선정되었다는 것은 당시 우리 나라를 찾은 서양인들의 눈에 상당히 인상적이었기 때문일 것이다. 그만큼 우리 조상들의 활솜씨가 뛰어났다고 할 수 있다.

이 그림 카드는 지리적으로 해협을 지니고 있는 세계 여러 나라를 소개하는 시리즈로 편집되었다고 한다. 특히 각 나라의 특징을 나타내는 삽화를 담아 교육적 효과도 함께 지니고 있어 당시 어린이들에게 상당한 인기를 끌었다는데, 한국편에서는 대한 해협과 부산항 배경과 함께 '활 잘 쏘는 한국인'이 선정된 것이다.

이처럼 서양인들에게 조선이 알려지기 시작하면서 활쏘기가 함께 알려진 것은 자연스러운 일이다. 『하멜 표류기』에도 '활과 칼로 무장한 조선 군인'에 대한 상세한 묘사가 나오는데, 19세기에 이르면 서양의 각종 문헌에 활과 한국인의 관계를 다루는 내용들이 빈번하게 등장하기 시작한다.

이와 같은 한국인의 활쏘는 모습이 일러스트레이션으로 서양 자료에 최초로 소개되는 것은 1826년 파리에서 발행된 프랑스인 줄 뒤페의 저서 『세계 여행』에서였다(그림-2). 그림 속의 주인공이 비록 아열대 지방 주민의 의상을 입고 있긴 하지만 설명은 분명히 '활쏘는 한국인'으로 되어 있다.

미국 외교관으로 구한말 황제의 고문으로 활약했던 윌리엄 샌즈는 한국

활을 직접 당겨본 소감을 이렇게 표현했다.

"궁술은 아직도 곳곳에서 활발히 행해지는 놀이로 실제로 한국인들에게는 스포츠 이상의 의미를 지니고 있다. 왜냐하면 얼마 전까지도 활은 전쟁에서 중요한 무기로 사용되었기 때문이다. 한국 활은 미국 활이나 영국 활에 비해 길이는 짧으나 더 무겁고 넓다. 소뿔을 정교하게 결합시킨 길고 넓은 조각으로 만들었는데, 미국 활이나 영국 활보다 훨씬 힘이 좋았다. 나는 그것을 당기기조차 힘들었는데 한국인들은 1야드의 나무대 끝에 쇠촉이 달린 화살을 연달아 과녁으로 날려 보냈다. 시위를 떠난 화살은 신기할 정도로 빠르고 힘차게 날아가 정확히 표적에 명중하곤 했다. 그들은 백 야드 거리에 과녁을 두고 서양의 권총과 시합을 해보겠냐고 제의하더라도 서슴없이 나설 것이다. 나는 이백 야드나 떨어진 과녁의 중앙에 연달아 명중시키는 것을 실제로 목격한 적이 있고, 심지어는 삼백 야드 거리의 과녁까지 명중시키는 경우를 본 적도 있다."

또한 미국 펜실베이니아 대학 박물관장 스튜어트 컬린은 1895년에 발간한 그의 저서 『조선 놀이』에서 활쏘기에 담긴 민속적 정서에 대해 이렇게 적고 있다.

"활쏘기는 이제 마을간의 민속 경연으로 생활화되었다. 보통 네 조로 나뉘어 돌아가며 활을 쏘는데, 과녁에 맞았을 때는 깃발로 명중 신호를 보내는 것이 보통이다. 때론 기생 넷이 각기 과녁 옆에 지켜서서 보고 있다가 화살이 과녁에 명중하면 쏜 사람의 이름을 대며 구성지게 창을 한다. 이러한 경합은 어두워서야 끝나는데, 이긴 사람은 참가자들을 집으로 초대하여 여흥을 벌인다. 이러한 상황은 진 편에서 오히려 대접을 받게 되는 형국이지만, 대신 이긴 쪽은 다음 시합 때 먼저 활을 당기는 명예를 안게 된다."

미국인 사진작가 버튼 홈즈도 1914년 발간한 그의 여행기 『기행 모음』에 한국 궁술에 대한 인상을 이렇게 남기고 있다.

 "궁터는 근사하게 꾸며져 있는데 궁사들이 서서 활을 쏠 수 있도록 계단이 만들어져 있고, 언덕 중턱에는 과녁이 준비되어 있다. 또 언덕 너머로는 행인들이 화살을 피해 안전하게 지나갈 수 있도록 넓은 구덩이를 파 놓았다. 궁사들은 마치 보이지 않는 별을 쏘듯이 팔을 높이 치켜들어 활 시위를 당겼다. 시위를 떠난 화살은 대체로 목표물에 정확히 맞거나 아무리 빗나가더라도 그 부근에 떨어지곤 했다. 우호적인 분위기 속에서 기품을 잃지 않고 선의의 경쟁을 벌이는 조선 양반들의 자태를 보는 것만도 흥취 있는 일이었다."

 고대에는 중국에, 근대 초입에는 서양에, 그리고 20세기에는 전 세계에 한국을 알리는 가장 중요한 기예의 하나가 바로 활쏘기임을 이 작은 엽서 그림 한 컷은 웅변해 주고 있다.

어린이들의 다양한 놀이

[그림-1]

숨바꼭질은 조선의 아이들이 즐겨했던 수많은 놀이 중 하나로 그나마 사내아이나 여자아이 구분 없이 할 수 있는 몇 안 되는 놀이의 하나였다. 대부분의 놀이는 남녀 유별했던 터라 명확하게 구별되었는데, 땅따먹기, 자치기, 제기차기, 깡통차기, 팽이치기, 딱지치기, 돌치기, 말타기, 군사놀이처럼 주로 차기와 치기는 사내아이들 몫이었다. 반면 여자아이들의 놀이로는 공기놀이, 고무줄놀이, 콩주머니놀이, 널뛰기, 그네뛰기 등이 있었다. 공기놀이나 고무줄놀이만 하더라도 놀이 방법이 얼마나 다양한가? 특히 고무줄놀이는 노래, 춤, 곡예 등이 한데 어울린 상당히 복잡한 놀이다. 사내아이들의 놀이가 팔다리의 근육을 골고루 발달시켜 주는 양식을 취했다면 여자아이들의 놀이는 손재주를 기르거나 뛰기와 같은 전신운동으로 몸매를 다질 수 있는 양식을 취했다고 평가하는 이도 있다.

「독을 가지고 놀이하는 조선 어린이들」이란 제목의 이 그림은 영국에서 1920년경 출간된 엘라수 와그너의 저서 『한국의 어린이』에 실려 있다(그림-1). 와그너는 이 책에서 외래 문화의 영향을 받기 전 한국인의 고유한 특성을 어린이들에게서 찾으려는 독특한 시각을 보여 주고 있다. 와그너는 "한국의 어린이들은 여러 가지 이상한 놀이를 많이 가지고 있고, 이를 통해 즐겁고 자유분방한 생활을 한다"고 기록했다. 어린 시절부터 다양한 놀이를 통해 정서를 풍요롭게 하고 지혜롭게 성장하는 한국 어린이들의 모습에 관심을 갖고 이를 지켜본 와그너의 관찰기는 계속된다.

"한국인 모두가 음식의 기본으로 가장 선호하는 피클의 일종인 김치는 늦가을부터 커다란 독에 넣어 발효시키며 겨울에는 얼지 않도록 땅에 묻어 둔다."

어느 집이나 마당에 놓여 있는 이러한 김치독과 장독은 숨바꼭질 등 어린이들의 가장 한국적인 놀이도구가 된다는 점을 와그너는 삽화를 통해 강조했다. 이 책에는 널뛰기 그림도 실려 있다. 그는 독을 이용한 숨바꼭질을 "가장 신기한 놀이"라고 평가하고, 널뛰기는 "가장 아름다운 놀이"라고 표현하고 있으며, 그네뛰기를 "가장 경쾌한 놀이"로 평했다.

"널뛰기는 모래나 흙을 가득 채운 가마니에 긴 널판을 가로질러 놓고 두 소녀가 각각 널판 끝에 서서 한쪽이 높이 뛰었다 내리면서 상대방을 떠오르게 하여 점점 높이 솟아 2~5피트 이상 공중으로 치솟게 한다(그림-2). 한편 가장 기쁘고 경쾌한 놀이는 하늘로 점점 더 높이 오르는 '그네뛰기'다."(그림-3)

그밖에도 연날리기, 윷놀이, 장기, 제기차기 등에 대해서도 그림과 함께 상세한 해설을 하고 있다. 제기차기에 대한 그의 설명은 서양인다운 재치가 물씬 풍긴다.

"발로 하는 배드민턴이라고 불러야 할 이 놀이는 셔틀 콕이라 말할 수 있는 제기를 배드민턴처럼 라켓으로 치는 것이 아니라 발 안쪽으로 차 올린다."

[그림-2] 영국의 여류 화가 엘리자베스 키스가 그린 「널뛰기」(키스와 스코트 공저, 『한국의 옛 풍경』(Old Korea), 1846년 런던 발행).

그리고 지금은 뭐라 불러야 할지 명칭을 알 수 없지만 모래무덤에 반지 따위를 숨겨놓고 작대기로 이리저리 찌르면서 그것들을 찾아내는 놀이를 하는 그림도 있다.

[그림-3] 1892년 유럽 최초로 프랑스에서 번안된 『춘향전』의 삽화. 서양인 모습을 한 춘향이의 그네 타는 모습이 어색하지만 이채롭다.

궁중의 야외무대

야외무대는 현장에서 공연을 직접 관람했던 미국인 외교관 샤이에 롱이
당시의 감동을 그림으로 전하고 있는 희귀한 광경이다. 이 그림은 프랑스
화보 잡지 『일류스트라시옹』 1894년 8월 24일에 실려 있는 것으로 궁중 마
당에 야외무대를 만들어 한국의 전통적인 가무 공연을 벌이는 장면이다. 무

엇보다 이층으로 된 야외 가설무대의 등장이 이채롭다

샤이에 롱은 현장을 목격한 당시의 감동을 그림으로 전하면서 한국 음악의 고유성을 알 수 있는 기회였다고 회고했다.

"만찬이 끝나고 노천 무대가 마련된 연회장에서 유흥이 시작되었다. 무대 주위에서 약 30여 명으로 구성된 궁중 악대가 장구나 거문고 등 여러 악기를 앉아서 연주했다. 극동에서는 한국과 중국 음악이 뛰어나다. 특히 파열음과 단조음이 끊임없이 교차되면서 감흥을 불러일으키는 한국 음악은 우리의 마음을 매료시키기에 충분했다. 연주에 이어 호랑이와 사자로 분장한 두 사람이 장단에 맞추어 껑충껑충 뛰면서 춤을 추었다. 머리 부분을 연신 흔들면서 때로는 동물 소리를 내며 한바탕 휘젓고 지나갔다. 그리고 갖가지 화려한 치장을 한 무녀들의 춤으로 이어지면서 분위기는 한층 더 고조되었다."

또한 독일인 헤세 바르텍은 한국에서 공연을 관람하기가 여의치 않음을 토로하면서도 한국 음악이 지닌 우수성에 대한 기록을 전하고 있다.

"서울에는 커피나 차를 마시며 즐길 수 있는 극장이나 술집이 없다. 따라서 마땅히 기분 전환을 할 수 있는 옥외 시설이 없는 대신에 기녀들을 집으로 불러 여흥을 즐긴다. 또한 만담이나 재주를 부리는 광대들이 처마 밑에서 길가는 행인의 마음을 사로잡는데, 재미가 더할수록 그들 앞에는 동전이 수북이 쌓이게 된다.

국왕도 가무를 좋아해 궁궐에 기녀나 악사들을 두고 일 년에 수차례씩 연회를 베푼다. 서양인들은 한국 음악을 중국이나 일본 음악과 유사하다고 여기고 있으나 실제로는 한국 음악이 훨씬 아름답다."

서양에서는 폐쇄된 실내문화가 발달한 반면 우리 조상들은 공개되고 개방된 마당문화를 발전시켰다. 정자나 마당에서 누구나가 아무런 제약 없이 참여하여 같이 노래하고 춤추며 흥겹게 즐길 수 있었다. 서양의 오페라나 연극은 조용하고 정적이 흐르는 가운데 연기자와 관객이 명확히 구분되어 관객은 수동적이고 타율적인 관람만 할 뿐 같이 어울릴 수 없다. 그러나 우리의 전통 놀이는 관객과 연기자가 함께 참여하여 어우러지는 문화 형태이기 때문에 밀폐된 공간에서는 이루어지기가 어렵다.

서구 문물이 유입되면서 우리 나라에도 실내 공연장이 만들어지는데, 1899년 4월에 세워진 서울 아현동의 무동 연극장이 최초의 실내무대라고 전해진다. 1900년대 초에는 이러한 극장이 하나둘씩 나타나기 시작하는데, 이 중에서 고종의 칙허를 얻어 연예를 관장하는 궁내부 소속으로 1902년 '협률사' 라는 국영 극장이 세워졌다. 이것은 궁중 내의 연회 무대를 궁궐 밖의 옥내 극장으로 이전시킴으로써 우리 나라에 본격적인 정기 공연 시대를 열었다. 현재의 광화문 새문안교회 자리에 있던 황실 건물 봉상시(奉常寺)의 일부를 터서 만든 이 극장은 2층으로 된 500석 정도의 규모였다.

새로 생긴 극장에서 직접 관람했던 프랑스인 부르다레는 당시 극장의 모습을 자세히 묘사하고 있어 흥미롭다.

"저녁 시간을 보내기 위해 몇 주 전에 문을 연 서울의 유일한 극장엘 갔다. 극장의 명칭은 '희대' 또는 '소청대' 라고 하는데, 이는 '웃음이 넘치는 집' 이라는 의미를 지녔다고 한다. 허름한 시골집과 덮개로 막아 놓은 우물 등 극장 입구 주변이 너무도 황량하여 놀랐다. 이러한 광경은 궁궐 주변에서도 흔히 볼 수 있는 것이라서 그런지 한국인들은 대수롭지 않게 생각하는 것 같았다. 극장에 들어서면 일등석과 연결된 나무 계단이 무대 앞까지 이어져 있는데, 이것은 이 극장의 유일한 2층이다. 일반석은 악단 옆의 아래쪽에 있으며, 이등석은 정면 위쪽에 위치해 있었다.

지금까지도 줄타기 등을 공연할 때면 항상 바람이 솔솔 들어올 정도로 뚫린 곳이 있어서 출연진들이 햇빛이나 비를 천막으로 막아야 했다. 건물도 튼튼치 못하여 극장을 다시 수리해야 했다. 약 400여 명을 수용한 공간으로 무대와 관객 사이에 약간의 간격이 있는데, 여기에는 곡예 시범시 연주하는 악대가 자리잡았다. 조명 시설은 더욱 보잘것없어 가까스로 설치된 겨우 몇 개의 전기 램프만이 커다란 극장 안을 비추고 있었다. 그러나 하노이 극장과 비교하면 그래도 나은 수준이다.

관중석에는 흰 옷을 깔끔하게 차려 입은 관리들이 양반의 지위를 한껏 뽐내기 위해 실내가 어두워 남들에게 안경이 보이지 않는데도 커다란 뿔테 안경을 쓰고 있었으며, 크리스탈로 만든 안경 유리알은 지름이 10센티미터나 되는 것도 있었다.

또한 바로 앞좌석에는 양가집 규수들이 있었는데, 그들은 들떠서 떠들며 요란스럽게 북적대고 있었다. 초록색 두루마기를 걸친 용감한 한 여인이 좌석이 아닌 빈 곳을 교묘하게 비집고 들어가 앉는 것도 눈에 띄었으며, 일부는 아예 바닥에 그냥 주저앉아서 보기도 하였다. 이에 반해 지위가 낮은 서민들은 비교적 조용히 앉아 있었다.”

여인들의 전통 무용

Coréennes exécutant la danse des couteaux.

Femme en costume guerrier.

Danseuse en costume masculin.

Costume religieux.

Danseuses coréennes.

「조선 여인들의 전통 무용」이란 제목으로 1902년 프랑스 파리에서 나온 드 라네지에르의 책『극동의 이미지』에 실린 그림이다. 작가는 궁중에서 본 칼춤, 남장과 군복에 갖가지 장식을 한 무희들, 승무 등 우리의 전통 무용을 화폭에 담았다. 고종의 공식 초상화를 그렸던 그였기에 궁중에서 전통 무용을 구경할 기회가 많았다.

색동옷에 화관을 쓴 여인의 춤사위가 화려한 색동옷과 고무신, 그리고 살짝 드러나 보이는 속치마와 함께 꽤 사실적으로 그려져 있다. 뿐만 아니라 궁중 무희들의 칼춤과 다소곳이 고깔을 쓴 승무꾼의 모습이 실제 공연을 보는 듯하다. 춤의 종류에 따라 동작과 율동은 물론 의상과 장식 면에서도 각기 다르게 연출된 모습들이 생동감 있어 보인다.

사실 구한말은 어떤 의미에서 주한(駐韓) 외교관들의 전성시대였다. 이미 역학관계에서 조선이 일방적으로 밀리고 있었던 데다가 조선의 왕을 비롯한 고위 관리들은 서로 서구 열강이나 주변 강국들과 줄을 대기 위해 분주했던 때이기 때문이다. 그러다 보니 자연 외교관들에 대한 과잉 접대가 많았다.

당시 외교연회의 일반적 관행을 보면 일단 기생들이 봉사하는 만찬이 끝난 후에는 외줄타기 곡예를 비롯한 조선의 전통 기예와 춤 공연이 이어졌다. 드 라네지에르도 이런 기회에 조선의 전통 무용을 보게 됐을 것이다.

예로부터 우리 조상들처럼 다양한 춤과 음악을 생활 속에서 가까이 즐겨 온 민족도 흔치 않다. 따라서 고유한 가락에 맞추어 추는 우리 춤은 은은한 가운데 솟구치는 강렬함이, 그리고 가냘프고 섬세하면서도 당당함이 깃든 율동과 동작이 기본 특징이다. 강약고저의 특유한 가락과 자연스럽게 어우러지는 전통 춤은 바로 한민족의 혼이 담긴 행위예술이었다. 춤추는 여인의 매무새, 화려하면서도 품위 있는 복장, 머리 장식, 춤사위 등은 서양인들을 매료시키기에 충분했다.

이 그림에서 눈여겨 보아야 할 것은 등장인물들의 머리 모양이다. 개화기 서양인들이 한국 남자들의 다양한 모자 패션에 놀라움을 표시한 바 있지만 사실 더 아름다운 것은 역시 여성들의 머리 매무새이다. 그 무렵 한국을 찾아 전통 무용을 구경했던 프랑스의 유명한 작가 피에르 로티는 이런 감상을 남기고 있다.

"마침내 십여 명의 무희들이 등장했는데, 다채로운 색깔로 길게 늘어진 한복을 입은 그녀들은 가냘프면서도 앳되어 보였고, 정숙과 교태를 동시에 지니고 있었다. 특히 휘감아 올려 커다랗게 된 머리 위에 얹힌 독특한 장식과 작은 모자들은 마치 18세기 프랑스 궁전에서 볼 수 있었던 화려하고 고전적인 정취를 느끼게 했다. 고요하면서도 기민한 동작으로 인생을 표현하고 있는 그들의 춤 속에 깃든 예술혼이 느껴졌다."

또다른 프랑스 여행가는 다음과 같은 감상을 남겼다.

"가장 우아하고 시적인 감흥이 담긴 춤은 목련꽃춤으로 새의 모습으로 단장한 무녀들이 연출하는 매우 인상적인 춤이었다. 또 가장 긴장감을 준 것은 칼춤으로 무녀들이 전쟁터에서 싸우는 무장한 병사 복장을 하고 나왔다. 서너 명씩 무리를 이루며 활기 있는 음악에 맞추어 작은 칼을 휘두르며 빠르게 회전하는 모습에서 야릇한 전율을 맛보았고, 특히 칼로 목에 상처를 내는 듯한 동작에서는 긴장감이 감돌았다."

상가의 초혼 의식 　**죽은 이의 이름 부르며 악귀 쫓아**

　　프랑스 여행 주간지 『주르날 데 브와야지』 1905년 8월 20일자 표지에 「조선의 장례식―아이고! 아이고! 아이고!」라는 제목으로 발레 기자의 목격 담과 함께 실린 이 삽화는 당시 프랑스 특파원 비고가 그린 것이다. 우리의 곡소리 '아이고'를 제목에 그대로 살린 것이 이색적이며, 사자(死者)와 헤어져야 하는 애틋함을 온몸으로 절규하는 모습을 생생하게 표현하고 있다.

　　발레는 한 남자가 지붕에 올라가 옷을 흔들고 있는 이 장면에 대해 "구슬픈 만가를 부르며 상여가 마을과 연고지를 거쳐 묘지로 떠나기 전에 상가(喪家) 지붕 위에서 죽은 이의 옷을 흔들며 주문을 외치는 남자 무당 박수의 모습"이라고 설명하고 있다. 이 절차는 떠도는 망혼에 붙어 있을지 모르는 악귀를 물리쳐 죽은 혼을 편안하고 깨끗하게 좋은 곳으로 보내는 예식이다. 이 예식을 인상깊게 목격했던 발레 기자는 그 의미에 대해 이렇게 적고 있다.

　　"'아이고! 아이고! 아이고!'라고 반복적으로 끊임없이 외쳐대는 비통한 곡소리가 잠시 멈추면서 망혼을 위한 첫 예식이 무당들에 의해 진행된다. 그중 하나가 바로 남자 무당이 죽은 이의 옷을 가지고 지붕 위로 올라가는 것인데, 그 위치는 죽은 혼과 접하기 쉽다고 생각되고 가장 신성한 곳으로, 여

N° 455   DIMANCHE 20 AOUT 1905   Prix : 15ᶜ

Journal des Voyages

JOURNAL HEBDOMADAIRE
146, Rue Montmartre, PARIS (2ᵉ)
ABONNEMENTS :
UN AN : PARIS, SEINE ET SEINE-ET-OISE, 8 fr.
DÉPARTEMENTS, 10 fr. — UNION POSTALE, 12 fr.

& *des Aventures de Terre et de Mer*
("Sur Terre et sur Mer" — "Monde Pittoresque" — "Terre Illustrée" réunis)

Aïko! Aïko! Aïko!

Funérailles Coréennes
PAR
J. C. BALET

Un des sorciers monte sur le toit muni d'un habit du défunt.

N° 455. *(Deuxième série.)*   N° 1467 *de la collection.*

Voir dans ce N° NOTRE GRAND CONCOURS. HUITIÈME QUESTION.

기는 관이 놓여 있는 바로 위쪽이다. 그는 이미 싸늘해진 시신 주변에서 갈 곳을 잃고 맴도는 망혼과 접하기 위해 신들린 몸짓과 기이한 주문을 외쳐 대며 망혼 속의 악귀를 쫓아내는 것이다. 이 의식이 끝나면 다시 곡을 하고 무당에게 제물을 바치는데, 이 모든 절차에는 죽은 혼의 명복을 비는 간절 한 소망이 담겨 있다."

그는 이러한 한국인의 특이한 무속 장례식에서 한국인의 정서를 아래와 같이 함축성 있게 읽어 내고 있다.

"죽은 이와의 숙명적인 이별을 대하는 한국인들은 '사자(死者)에 대한 마 지막 보답이 담긴 무한한 사랑'을 이렇게 표출하고 있다."

우리 조상들은 이 의식을 초혼(招魂)이라고 불렀다. 발상(發喪)하기 전 죽 은 이가 생전에 입던 저고리를 왼손에 들고 지붕이나 마당에서 북쪽을 향 해 '아무개 동네 아무개 복(復)'하며 세 번을 부르는 것이 공식적인 의례였 다. 이를 통해 우리는 김소월의 명시 「초혼」도 사실 단순한 연시가 아니라 죽음에 대한 우리의 관념을 이용한 역설적 감정의 표출임을 다시금 이해하 게 된다.

산산이 부서진 이름이여!
허공 중에 헤어진 이름이여!
불러도 주인 없는 이름이여!
부르다가 내가 죽을 이름이여!

심중에 남아 있는 말 한 마디는
끝끝내 마자 하지 못하였구나.
사랑하던 그 사람이여!

사랑하던 그 사람이여!

붉은 해는 서산 마루에 걸리었다.
사슴의 무리도 슬피 운다.
떨어져 나가 앉은 산 우에서
나는 그대의 이름을 부르노라.

설움에 겹도록 부르노라.
설움에 겹도록 부르노라.
부르는 소리는 비껴가지만
하늘과 땅 사이가 너무 넓구나.

선 채로 이 자리에 돌이 되어도
부르다가 내가 죽을 이름이여!
사랑하던 그 사람이여!
사랑하던 그 사람이여!

뉘라서 이만큼 절절하게 이별의 아픔을 노래할 수 있을까? 한국인이 쌓아온 이별의 고통에 대한 애절한 정서가 없었다면 소월의 이 같은 노래도 탄생하기 힘들었을 것이다.

동시에 이 장면은 우리 조상들의 삶 깊숙이 자리잡고 있던 무속의 가치를 되새기게 한다. 한 프랑스 학자는 한국인의 종교관을 이렇게 설파한다.

"한국인은 유교로부터 윤리를, 불교를 통하여 미래의 소원을 그리고 일상 생활에서 병이나 초상 등 민감한 사안이 발생했을 때 무속 신앙에 의존한다. 동시에 여러 가지 종교를 무리 없이 포용하는 그들의 삶은 참으로 인상적이다."

이와 같이 한국의 무당은 일본 등 인접국에서는 쉽게 찾아볼 수 없는 것으로 율동, 주문 등 적극적인 방법을 통해 영혼 세계에 접근하는 상징성을 지니면서 100년 전 서양인들에게 깊은 인상을 심어 주었다. 또한 서양 사료에서도 한국인의 정서가 담긴 전통적인 민속으로 가치 있게 평가되고 있었음을 확인할 수 있다.

호랑이와의 조우 공포와 전율로 총은 있으나 마나

한국인들만큼 호랑이를 무서워하면서 동시에 정겹게 이야기하는 민족도 없을 것이다. 육당 최남선은 우리 나라를 호담국(虎談國)이라 부르며, 전래되는 범 이야기 하나만으로『아라비안 나이트』같은 책을 꾸밀 수 있는 나라는 세계에서 우리 나라밖에 없을 것이라 했다. 이렇게 호랑이는 조선의 신성한 동물로서 민족의 정서가 담겨 있는 대표적인 상징으로 전승되어 왔다.

영국인 아네스 허버트 양이 1927년 발간한『한국에서 겪은 한 서양 소녀의 모험』이란 체험기 속에 실려 있는 이 그림의 제목은「순간적으로 모습을 드러낸 한국 호랑이」로 영국 화가 하틀리가, 허버트 양이 당시 목격했던 극적 순간을 재현한 것이다.

"조선 사람들은 반 년 동안 호랑이를 사냥하고 나머지 반 년 동안에는 호랑이가 조선 사람을 사냥한다"고 할 정도로 호랑이 출몰이 잦았다. 고려시대에는 호랑이의 울음소리로 인해 왕이 잠을 이루지 못했다는 기록도 있어 실제로 한국에 호랑이가 얼마나 많았는지 알 수 있다. 특히 일본이 한국인에게 무기 소지를 금지했던 일제 강점 시기 이후부터는 사냥이 불가능해지자 1920년대까지도 호랑이가 자주 출현하여 마음놓고 여행하기 힘든 상황이었다고 한다.

이 시기에 예기치 않게 산골에서 호랑이와 마주친 허버트 양은 극적인 상황을 이렇게 적고 있다.

"조선인 양씨와 산골짜기의 강을 거슬러 올라가다가 동굴을 발견하고 탐험을 시작하던 중 잠시 길을 잃고 헤매게 되었다. 빛이 보이는 쪽을 향해 출구를 찾아 나오는데 바로 앞에 갑자기 커다란 호랑이가 나타났다. 공포로 전율을 느끼며 순간 살아야겠다는 본능과 함께 신비한 사냥감과 근접해 있다는 사냥꾼만이 느끼는 야릇함이 교차했다. 햇살에 반사되어 더욱 번뜩이는 노란색이 절묘하게 빗줄치며 조화된 특유의 줄무늬는 황홀했다. 그 순간

나는 총을 지니고 있었음에도 총으로는 도저히 감당할 수 없는 압도감을 느꼈고, 곧바로 양씨와 함께 동굴 안 컴컴한 쪽으로 몸을 숨겼다. 눈을 마주친 호랑이는 입가의 근육을 특유하게 움직이며 으르렁 소리를 내고는 사라졌다."

허버트 양은 이 감격적인 순간을 이렇게 강조했다.

"서양 소녀의 미소가 한국 호랑이에게 전달되었던 믿기 어려운 이 행운을 영원히 간직할 것이다."

동굴에서 총을 든 서양 소녀를 주시하는 한국 호랑이의 모습이 햇빛을 받아 황홀하다. 옆에 있던 한국인 양씨는 당시 충격으로 공포증에 걸려 앓아 누웠다 한다.

미국 선교사 언더우드 부인도 "조선은 호랑이 이야기가 유달리 많은 나라"라고 회고할 정도로 실제 100여 년 전 한국은 영국, 프랑스, 미국 등 서양 세계 속에 호랑이의 나라로 널리 알려져 있었다. 실제로 호랑이 이야기만큼이나 호랑이도 많았다.

장승 마을을 지키듯이 나라도 지켜 주길…

장승에 기대어 담뱃대를 물고 뭔가 생각에 잠겨 있는 노인의 모습은 구한말의 정신세계를 상징적으로 나타내고 있는 듯하다.

이 그림은 1905년 미국 보스톤에서 발간된 파이크의 체험 소설 『한국 소년, 박영』에 실려 있다(그림-1).

우락부락한 눈과 이빨을 드러내 보이는 장승 밑에서 의관을 걸치고 담뱃대를 물고 있는 광경은 우리 생활 속에 자리잡고 있는 민속신앙의 일면을 잘 보여 준다.

한국에서는 불교와 유교가 가장 번성하였을 때조차도 삶 속 깊숙한 곳에는 샤머니즘이 강하게 깔려 있었으며, 서양인 선교사들도 이러한 전통적인 민속 신앙이 선교에 가장 힘겨운 장애물이었다고 고백했다.

실제로 우리 조상들은 마을 주변에 장승, 솟대, 서낭당 등을 만들어 섬겨 오면서 이러한 상징물들이 재앙으로부터 마을을 보호해 준다고 믿어 왔다. 장승의 기원에 대해서는 여러 가지 설이 있다. 하나는 일본 학자의 견해로, 고려 때 사원 장생고의 부속토지를 나타내는 표식이었다는 설로 어원에 중심을 두는 견해이다. 두번째는 몽고 지역에서 널리 퍼져 있던 민속신앙에서 나왔다는 설이다. 그밖에 고려시대에 장(張)이라는 승상이 음란한 일을 일

[그림-1]

[그림-2] 질주하는 일본군을 주시하는 장승들(*La Guerre Russo-Japonaise*, 파리, 1904년).

삼다가 죽임을 당하고 나서 다시는 그런 일이 없기를 바라는 마음으로 세웠다는 것인데, 이 또한 일본 학자의 학설이다. 현재까지 발견된 고고학적 자료는 없으나 문헌상 신라 경덕왕 때 장승을 세웠다는 기록으로 보아 그 역사의 오램을 알 수 있다. 장승은 마을의 입구에 세워져 마을로 들어오는 각종 잡귀신을 막는 역할을 한다고 믿어졌고, 십 리마다 세웠다는 점에서 이정표의 기능을 담당했다. 또 사찰에서는 경계 표지로 많이 세웠다. 특히 장승은 유일하게 한국에서만 볼 수 있고, 기이한 형상으로 마을 어귀에 우뚝 서 있어 서양인들의 호기심을 유발시키기에 충분했다(그림-2).

프랑스 여행가 장 드 팡즈는 모든 마을 입구에서 보게 되는 장승을 이렇게 설명했다.

"조선인들의 의식 속에는 점술과 풍수 등이 혼합된 도교 문화와 아울러 샤머니즘이 원초적인 민속신앙으로 깊숙이 뿌리박혀 있다. 실례로 마을 어귀에 들어서면 몸에는 한자가 새겨져 있고 위는 커다란 얼굴로 괴상하게 깎아 놓은 나무 기둥을 볼 수 있는데, 흰색 눈과 붉은 색 이빨을 드러내고 일그러진 기이한 얼굴을 하고 있어 마치 광대를 연상케 한다. 장승이라고 불리는 이 나무 기둥은 처음에는 마을의 경계 표시나 거리를 나타내는 용도였으나 한국인들의 미신 숭배 사상 때문에 악귀를 물리치며 마을을 보호하는 수호신으로 변모하게 된 것이다. 이밖에도 그들은 나무 밑에 작은 돌무덤을 만들어 지나다니면서 자연신에게 소원을 빌었다."

언더우드도 장승과의 특별한 경험을 이렇게 회고했다.

"길가에는 나무로 조각된 웃는 얼굴의 우상이 마을의 보호신으로 세워져 있다. 모든 악귀를 물리치고 마을을 평온하게 수호해 달라는 글귀가 새겨져 있으며, 이러한 나무 기둥이 초자연적인 능력을 지니고 있다고 믿고 있었다(그림-3).

[그림-3]

　　1886년의 일인데 배에서 내려 한 어촌 마을로 들어가려 하자 주민들은 장
승 앞에서 더 이상 접근하지 말라는 몸짓을 하며 완강히 저지했다. 특히 이
방인이 이 곳을 지날 때 장승이 노하여 목숨까지 잃을 수 있다는 것이었다.
이렇게 자상하게 설명하는 주민에게 모험심이 발동해 지나가겠다고 하자
그들은 놀라 뒤로 물러섰다. 이들은 내가 벌을 받아 죽게 될 것이라고 굳게
확신하고 있었다. 그러나 막상 통행을 하여도 재앙이 일어나지 않자 몹시
당황해 하는 것 같았다."

　　사라져 간 장승의 수에 비례해 우리의 전통 민속도 사라져 갔다. 장승이
우리를 지켜 주지 못한 것인지 우리가 장승을 지키지 못한 것인지…….

인왕산의 흰 불상 　임금도 감동시킨 애절한 사연

Le dieu de la rivière.

[그림-1]

　이 그림은 『일류스트라시옹』 1894년 9월 1일자에 실려 있다. 인왕산 기슭
에 있는 세금전의 보도각(普渡閣) 백불을 그린 것이다. 이 불상은 높이가 10
미터 이상 되는 자연암에 새긴 관음보살의 좌상이다. 조선시대 서울 중심가
에서 불교의 흔적을 찾기 힘든 것은 승려들의 사대문 출입도 금한 때문이

었다. 그럼에도 프랑스인 부르다레는 이 흰 부처에 담긴 유래까지 추적하는 정성을 보였는데 그것은 남다른 관심이 있었기 때문일 것이다. 또한 흰 불상이 서울 장안에서 그만큼 유명했기 때문이기도 할 것이다.

부르다레가 추적한 흰 부처의 유래는 이렇다.

"흰 부처가 있다는 계곡에서 실시되는 조선 군인들의 훈련을 관람키로 했다. 창의문을 지나 인왕산 자락의 바위산에 오르면 서울을 한눈에 보게 된다. 좀더 가면 능금이 온통 붉은 색을 이루기 때문에 능금계곡이라 불리는 곳이 나오고, 종이 공방을 지나면 시냇가 옆에 흰 부처의 모습이 나타난다. 커다란 바위 전면에 세운 누각 안에 회색의 여인 형상이 새겨져 있으며, 누각 안의 빈 공간에는 큰 새들이 살고 있어 매우 놀랐다.

이 부처의 유래는 16세기로 거슬러 올라간다. 서울의 내로라 하는 집안의 자제 김 도령이 해수라는 평민 처녀와 혼약을 맺었다. 김 도령의 집안에서는 동정심으로 그녀를 받아들이긴 했으나 시어머니의 구박은 날이 갈수록 심해졌다. 이 같은 온갖 고난을 참아내며 지내는 가운데 아들 하나를 낳았다. 그러나 더욱 심해지는 구박을 견디다 못한 해수는 남편에게 유서를 남기고 아들과 함께 목숨을 끊었다.

'저는 세상을 하직하옵니다. 오로지 소원이 있다면 비록 죽어서도 항상 제 몸을 씻어 당신에 대한 변함 없는 사랑을 간직하도록 꼭 시냇가에 묻어 주소서.'

그러나 김 도령은 부인을 시냇가 대신 관례대로 양지바른 언덕에 묻었다. 그러자 계속 부인의 원혼이 나타나 자신을 시냇가에 묻지 않았다고 원망했다. 김 도령은 비가 오면 당신의 시신이 떠내려갈까봐 도저히 그렇게는 할 수 없었다고 설득했지만 막무가내였다. 그래서 밤마다 나타나는 원혼의 간청 때문에 어쩔 수 없이 국왕으로부터 특별히 윤허를 얻어 지금 이 자리에 새로 이장시키게 되었다는 이야기이다. 신기한 것은 아무리 커다란 홍수에도 그녀가 새겨진 형상까지는 물이 올라온 적이 없었다 한다. 이러한 연유로 이 곳은 더욱 신성시되어 어린이의 건강과 부부간의 행복을 빌며 불공을 드리는 여인들을 종종 보게 된다."

미국인 사진 작가 버튼 홈즈는 그의 여행기에서 서울 외곽에 있는 흰색 부처상을 본 감흥을 이렇게 회고하였다.

"조선의 여러 지역을 여행했던 서양인들은, 풍경이나 마을의 분위기는 대개가 비슷하지만 깊은 산속에 터를 잡고 있는 불교 사찰들은 한번 순례할 만하다고 했는데, 흰 부처를 보고서 이것을 실감했다. 서울 근교에는 서양 관광객들에게 가장 관심을 끄는 것 중 하나인 특이한 흰 부처상이 있다. 어렴풋하게 그려진 이 불상 앞에 멈춰섰을 때 우리는 마치 신령이 감도는 듯한 야릇한 느낌을 받게 되었다."

이러한 회고담을 통해서 당시 흰 부처가 한국을 찾은 서양인들에게 얼마만큼이나 관심을 끌었는지를 짐작할 수 있다. 그렇다면 이렇게 색다른 부처 외에 한국의 불상들은 과연 서양인들에게 어떻게 비춰졌을까?

서양인들은 지금도 그렇지만 한국의 고유문화를 처음 볼 때는 중국이나 일본의 아류 정도로 생각하다가 좀더 깊은 관심을 가진 후에야 그 독자적 가치를 발견하게 되는 우회로를 걸었다. 불교 문화도 마찬가지다.

프랑스 해군 장교 주베는 강화도 내륙에서 금을 입힌 목제 불상을 보고 중국 등 다른 나라 불상과 별다른 차이를 발견하지 못했다고 기록하고 있다. 그러나 이 사건이 있은 지 20여 년이 지나 한국의 문화재를 세밀히 관찰할 기회를 가졌던 프랑스의 민속학자 바라는 중국이나 일본 등 다른 아시아 국가들에서는 볼 수 없는 색다른 형태를 지닌 우리 불상을 보고 이렇게 기록했다.

[그림-2] 상투부처(구베르나티스, 『세계인의 풍습』, 이탈리아, 1900년경).

"절 안으로 들어가 보니 목제, 석제 그리고 청동제 등 여러 재질로 만들어진 불상들이 보였다. 이들은 머리 상단 가운데를 상투처럼 틀어 올린 모양을 하고 있었으며, 이것은 한국에서만 볼 수 있는 특이한 불상이다."

서양인의 눈에도 퍽이나 색다르게 보인 상투부처상(그림-2)이 한국의 독특한 문화적 기질을 확인해 주는 듯하다.

김대건과 프랑스인 순교자들 "아름다운 순교가 행복하오"

카톨릭의 한국 전래는 세계적으로 유례가 없는 자발성으로 인해 카톨릭
계 내부에서도 큰 관심의 대상이 되고 있다. 카톨릭이 국내에 소개되기 시
작한 것은 조선 사신들이 중국에서 서양 선교사들과 만나 서양 학문에 관심
을 가지면서부터였다. 그러나 이 때는 종교로서가 아니라 서양의 자연과학
등을 포괄하는 서학(西學)의 형태로서였다. 카톨릭이 청나라에 최초로 전파
된 것이 16세기 말경이니 그로부터 약 150년 이상이 지난 후부터라 할 수
있다.

그 후 단편적으로 권철신, 정약종, 이벽 등 성리학적 사상체계에 의구심을
품고 있던 신진학자들에 의해 교리가 연구되기 시작했고, 이승훈(1756~
1801)이 북경을 방문했다가 1784년 서양 선교사로부터 영세를 받음으로써
첫 카톨릭교인이 되었다. 이처럼 초기 신자 중에는 외국의 선진 문물을 접
할 수 있었던 지식인이 많았다. 뜻밖에 천주교가 일반 민중으로부터 큰 호
응을 얻게 되자 조선 정부는 카톨릭이 신분제와 제사를 부정하는 등 기존의
사회 질서와 배치된다며 금지하고 곧바로 탄압에 들어갔다. 1801년에는 첫
천주교 박해인 신유사옥(辛酉邪獄)으로 100여 명이 처형되고 400여 명이 유
배되는 비극적 사건이 일어났다.

[그림-1]

이런 탄압에도 불구하고 천주교의 교세는 계속 확장되어 1811년 북경의 주교를 매개로 교황청과의 연결이 이루어지고, 1836년에는 프랑스 선교사 3명이 입국해 포교를 본격화한다. 이 무렵 천주교 신자수는 9천여 명으로 추산된다.

1839년에는 두번째 천주교 탄압인 기해사옥이 일어났는데, 이 때는 최초의 조선인 신부 김대건(1822~1846)이 조선의 포교를 맡은 파리 외방전교회 선교사들과 함께 활발한 활동을 벌이고 있었다. 1846년 김대건 신부가 체포되는 병오사옥이 일어났고, 1865년부터 3년 동안은 가장 피해가 심했던 대원군의 천주교 탄압이 있었다. 이 기간 동안에만 주교 2명과 신부 7명을 비롯해 신도 8천여 명이 처형된다. 이는 병인양요를 불러오는 빌미가 되기도 했다.

이 그림은 1924년 홍콩에서 파리 외방전교회가 펴낸 『한국 천주교의 뿌리와 성장』에 실린 「12인의 프랑스 순교자」이다(그림-1).

1839년부터 1866년까지 조선에서 처형된 프랑스 신부 12명의 이름과 초상이 순교 연도와 함께 그려져 있으며, 삽화 가운데는 이들의 유해가 안치된 명동성당과 순교지였던 새남터 부근 용산성당의 당시 모습이 함께 실려 있다. 선교를 위해 조선에 입국한 최초의 신부인 모방을 비롯해 엠베르, 샤스탕 신부가 1839년 최초로 순교한 후 1866년 3월부터 한 달 간격으로 9명의 신부가 죽임을 당했다.

특히 샤스탕 신부는 순교 직전인 1839년 9월 6일에 남긴 편지를 통해 "아름다운 순교를 행복하게 여기며 …… 순교는 슬픔이기보다는 주님이 주신 너무나 커다란 감사의 축제……"라고 토로, 신앙을 향한 순수한 열정을 보여 주었다.

또한 이 책에는 한국인 화가 장루이가 1920년에 유화로 그렸다는 설명과

[그림-2]

함께 김대건 신부(1846년 순교)의 초상화가 실려 있다(그림-2). 또한 김대건 신부가 체포당하여 심문을 받을 때의 상황을 기록해 놓고 있다.

"관리는 천주교에 관해 내게 많은 질문을 하였다. 나는 이 기회를 이용하여 그에게 영혼의 불멸함과 지옥과 천당, 천주의 존재와 사후의 행복을 위해 그 분을 공경할 필요성을 이야기했다. 관리와 그 부하들은 '당신이 하는 말이 옳고 합리적이긴 하지만 임금이 천주교인이 되는 것을 허락하지 않지 않소' 라고 대답했다."

25세의 김대건 신부는 배교를 거부하고 처형되기 직전 감옥에서 남긴 마지막 편지에 이런 글을 남기고 있다.

"내 죽는 것이 너희 육정(肉情)과 영혼 대사에 어찌 거리낌이 없으랴. 그러나 주님께서 오래지 아니하여 너희에게 내게 비겨 더 착실한 목자를 상주실 것이니 부디 서러워 말고 큰 사랑을 이루어 한몸으로 주를 섬기다가 사후에 한가지로 영원히 천주 대전에 만나 길이 누리기를 천만 번 바란다. 잘 있거라."

그림에는 순교자들의 초상화 밑에 십자가와 함께 "순교자의 꽃"이라는 문구가 씌어 있다.

목숨을 건 미사 봉헌 교회에서도 남녀는 유별

　　조선의 초기 교회는 잇따른 혹독한 박해로 늘상 그늘 속에서 신앙생활을
해야 했다. 오랜 숙원 끝에 실현된 외국 신부의 입국으로 숙원이던 첫 미사가
이뤄졌으나 그나마도 아주 국한된 지역에서 주로 밤을 이용해 이루어졌다.

이 삽화는 「남녀 신자들의 미사 봉헌」이란 제목으로 아드리앙 로네 신부의 저서 『조선과 프랑스 선교사들』에 실린 것이다.

당시 암울했던 시대에 선교활동을 했던 한 신부는 이렇게 적고 있다.

"현재 조선에서의 신앙생활은 숭고한 저승을 바라보며 지하묘지에서 살고 있는 것과 같다."

당시 서양 신부들에게 연속되는 정치적 박해와 더불어 어려움을 주는 또 다른 시련은 오랫동안 조선 사회를 지배해 온 유교사상이란 벽이었으며, 실제로 제사와 신분 평등 등은 마찰의 불씨가 되기도 했다.

한옥으로 지어진 교회 안에서 가운데 흰 장막을 치고 남녀가 구분하여 엄숙하게 미사를 드리는 광경에서 유교적인 전통과 새로운 서양 문화가 은연중에 조화되고 있음을 느끼게 된다.

1876년 드 통구르가 엮은 『순교자의 꽃』에서 미사를 드리기 위해 모이기조차 어려웠던 시절에 선교하다 순교한 프랑스인 베르느 신부의 회고담을 소개하고 있다.

"교리 공부를 위해 모임이 열릴 장소를 우선 정해 놓고 시간과 장소를 개별적으로 알리면 30~40명의 신도들이 기다리는 곳으로 갑니다. 십자가와 성모상이 장식의 전부이고 제가 겨우 설 수 있는 작은 방이 교회로 바뀝니다. 저희는 이렇게 모인 교우들에게서 진정으로 신앙이 샘솟고 있음을 봅니다. 일부 여인들은 부모나 남편 몰래 영세를 받아 천주교를 신봉하는 일도 있습니다. 이러한 여건 속에서도 그들은 온갖 난관을 극복하며 반드시 참석하곤 합니다. 여느 때는 남의 집 문지방도 결코 넘어 보지 못할 양반집 부인들도 성사를 받는 일에는 용기를 발휘할 줄 압니다.

서민의 아낙네로 변장한 그들은 가족들이 잠든 한밤중을 이용해 집을 몰래 빠져나와 미사를 봉헌하고서는 살그머니 되돌아가야 합니다. 만약 남편에게 이러한 사실이 발각된다면 그 즉시로 부인은 곤경에 처하게 됩니다. 경건한 동기를 이해하지 못하고 그녀의 외출에 대한 보복으로 독약을 먹도록 요구할 것이 뻔하기 때문입니다."

개화기를 맞이하면서 뮈텔 주교는 이렇게 회고했다.

"100여 년간의 박해 시대는 지나고 지하의 은신처와 작별하게 되었다. 신부들도 위장을 위한 상복과도 이별을 고했다. 아직은 조그마한 자유지만 보다 큰 자유가 올 날을 희망하고 있다."

설교 중인 선교사 아빠를 부르는 아기 사랑방이 선교 장소

이 삽화는 「설교에 열중하고 있는 선교사를 애타게 부르는 어린 딸」이라는 제목으로 1900년 런던에서 발행된 쟌 페리의 저서 『서양 신사와 조선』에 실려 있다.

정장 차림의 서양 선교사가 한 손에 성경을 들고 갓 쓴 조선인들을 상대로 열심히 설교하는 도중에 갑자기 사랑방 문이 열리면서 보모의 등에 업힌 어린 딸이 그를 향해 양팔을 벌리며 '아빠'를 부르고 있는 장면이다.

이 책에는 다음과 같은 설명이 붙어 있다.

"조선인들은 갑자기 서양 아기가 소리를 지르는 바람에 당황했지만, 이방인 선교사에 대해 느꼈던 어색함은 그로 인해 오히려 많이 가셨다. 이후 집회 분위기도 좋아져 그들은 선교사의 서툰 한국말 설교에도 융합될 수 있었다."

초기의 서양 선교사의 순회 전도 장면을 보여 주는 이 그림처럼, 19세기 말 이 땅에 입국한 선교사들은 신도들도 적었을 뿐 아니라 신도들의 모임도 형성되어 있지 않았기 때문에 여러 지역을 돌면서 순회 전도를 통해 하나둘씩 신도들의 모임을 만들어 갈 수밖에 없었다. 이 시기에 주로 집회 장소로 이용된 곳이 사랑방이었다.

구한말 8년 동안 선교활동을 하면서 영어학교 교사를 맡았던 미국인 다니엘 지포드는 1897년에 발간한 체험기 『조선의 일상생활』에서 사랑방 선교의 목격담을 이렇게 기술하고 있다.

"조선에서 사랑방 선교라고 부르는 전교 활동을 보기 위해 전라북도 군산의 한 어촌으로 내려갔다. 이 곳에서는 남부 장로회 소속 전킨 목사가 전통 가옥의 사랑방에다 주민들을 모아 놓고 아늑한 온돌에 짚으로 엮어 만든 멍석을 깔고 앉아 있었다.

전킨 목사는 한 손에 옥스포드 성경을 들고 있었고 그의 조수가 강독할 구절들을 사전에 한글로 통역하기 위해 한문 성경을 뒤적이고 있었다. 비록 한문 성경이 일반 주민들에게는 해독하기 어려운 점이 있으나 선교사들은 보조자들의 눈과 입을 빌려서 그들에게 정성껏 반복해서 성경을 읽어 주었다.

이렇게 쉽고 편안한 설교는 상당히 좋은 반응을 얻었다. 특히 한 신도는 두 손을 모은 채 무릎을 꿇고 앉아 목사의 말을 들을 때마다 감흥에 복받쳐 몸을 앞뒤로 흔들었다. 이러한 활력 있는 사랑방 선교는 신앙심을 충만케 하고 크리스트 교리에 대한 관심을 증폭시켜 나갔다."

그 무렵 선교사였던 언더우드도 이렇게 회고했다.

"한국인은 극장이나 연설장을 갖고 있지 않아 집회에 나가는 일에 익숙하지 않았으므로 초기에 선교사들은 사랑방에 모일 수 있을 정도의 몇 사람을 상대로 직접 선교해야만 했다."

따라서 여러 지역을 다녀야 했던 초기의 서양 선교사들은 인원의 절대 부족으로 인해 우선 체력적인 한계를 극복해야만 했다. 그러나 그들은 갖은 역경과 고통 속에서도 복음선교뿐 아니라 교육, 의료사업 등 여러 분야에서 헌신적인 봉사정신을 발휘함으로써 한국인들로부터 신뢰를 얻기 시작했다.

7 기울어 가는 오백 년 왕실

고종 황제 의지는 있었으나 힘이 없던 비운의 임금

　인자하면서도 얼핏 유약해 보이는 모습을 한 고종의 공식 초상화는 조선 화가가 아닌 프랑스의 화가 드 라네지에르가 그렸다. 이 그림은 「조용한 아침의 나라 군주 공식 초상화」라는 제목으로 드 라네지에르가 1903년경 발간한 『극동의 이미지』에 수록되어 있다(그림-1). 왕실의 상징화인 오악일월도(五岳日月圖)를 배경으로 그린 초상화의 우측 하단에는 '서울 1902년, 드 라네지에르'라는 제작 연도와 화가의 서명이 보인다. 이 때 고종의 나이 만 50세였다.

　드 라네지에르는 이 그림 외에도 평복을 입고 있는 고종의 모습과 여러 조선 풍물들을 펜화로 스케치했다. 그는 자신이 고종의 어진을 그리게 된 경위가 탁지부 대신이었던 이용익의 초상화를 먼저 마음에 들게 그려 주었기 때문이라고 당시 상황을 설명하고 있다. 그가 어진을 그리기 위해 고종에게 불려갔을 때 고종은 별다르게 치장하지 않은 채 조촐한 융단이 깔린 탁자 뒤에서 자신을 맞았다고 술회했다. 그는 고종의 인상에 대해 "우아하고 선량하며 성격도 쾌활하고 영리하다"고 적고 있다. 마침내 초상화의 초벌 그림이 완성되자 곤룡포를 입은 고종 황제는 금색 옥좌에 앉았고, 뒤에 있는 병풍에는 산과 숲과 강과 바위와 바다 위에 노란 태양과 달이 어우러

[그림-1]

저 장관을 이루고 있었다고 설명했다. 그는 고종으로부터 직접 감사의 표시로 하사품을 받기도 했다고 말했다.

구한말 격동기에 우리 나라를 찾았던 서양인들에게 조선의 국왕을 직접 알현할 기회를 가진다는 것은 가장 흥미로운 일이었을 것이다. 물론 고종 자신도 여러 계층의 서양인들을 만나는 데에는 개방적이었으며, 이로 인해 그를 알현한 서양인들의 기록도 다양한 편이다.

이탈리아 외교관 로제티는 이렇게 회고하고 있다.

"고종은 항상 외국인들에게 개방적이어서 외교관들뿐 아니라 일반 유럽인들이나 여행자들에게도 알현을 허락할 정도였다. 따라서 일부 여행객들은 귀국하여 그들이 본 황제와 궁궐에 대해 장황하게 과장해서 기록하기도 했다."

또한 미국 공사 알렌처럼 측근에서 세밀히 관찰할 수 있었던 소수의 사람을 제외하고는 대부분 짧은 공식 면담을 통해 느꼈던 고종의 인상을 기록하고 있다. 어떠한 경우이든간에 우리에게는 나름대로의 의미를 던져 주는 기록들이다.

구한말 황제 고문관으로 활동했던 미국 외교관 윌리엄 샌즈는 그의 체험담을 이렇게 기록으로 남기고 있다.

"황금빛으로 채색된 화려한 장막을 배경으로 서 있는 황제와 황태자 앞에서 알렌 박사와 나는 무릎을 꿇는 대신 세 번 허리를 숙여 예를 표했다. 알현은 매우 간단했다. 황제는 안색이 흰 조그마한 체구를 지녔으며, 태도는 진지하고 경건해 보였고, 황실을 상징하는 용이 수놓인 눈부신 황금색 비단옷을 입고 있었다. 그는 아무런 격의 없이 정감 있게 우리를 맞이했다. 우리 두 사람에게 미소를 지으면서 작고 섬세한 손을 내밀었고 고개를 끄덕이기도 하면서 통역관의 과장된 의례를 기다리지 않고 허물없이 직접 알렌에게 빠르게 말하곤 했다. 나는 친절하고 부드러운 황제에게 매료되었다. 그는 분명 기질상으로나 체질상으로 격변하는 시대 조류를 감당해야 하는 복잡하고 어려운 자리에 적합치 않은 인물이었다."

역시 구한말 영국 외교관으로 한국을 방문했던 조지 커슨은 『극동 문제』에서 고종을 만나본 소감을 이렇게 밝혔다.

"고종의 체구는 작고 안색은 나빠 보였다. 머리는 앞이마로부터 단단히 틀어올린 후 모자를 쓰고 있었으며, 눈썹은 숱이 적고 총기 있는 작은 눈을 지니고 있었다. 그의 이는 구장잎을 씹어서 변색되어 있었고, 콧수염과 함께 턱 밑으로도 수염을 기르고 있었다. 그러나 표정만은 유난히 부드럽고 명랑한 편이었다."

또한 스웨덴 신문기자로 1904년 취재차 파견된 아손 그렙스트는 예기치 못하게 스웨덴 장군으로 오인되어 국장에 초대받은 후 고종까지 알현하는 기회를 가졌다.

"외교 사절단이 조의를 표하는 동안 나는 황제와 황태자의 얼굴을 유심히 살펴볼 수 있었다. 황제의 얼굴은 개성이 없었으나 원만해 보였고 체구는 작은 편이었다. 작은 눈은 상냥해 보였으나 사팔눈처럼 시선을 어디엔가 고정시키지 않고 노상 허공을 헤매였다. 턱수염과 콧수염을 길렀어도 마음 좋은 목욕탕집 아줌마와 같은 후덕한 인상을 주었다. 외교관들이 조의를 표할 때마다 황제는 엉거주춤하게 목례를 하거나 무릎을 굽히곤 했는데, 내가 평소 생각했던 임금님의 상과는 거리가 있었다. 이 한많은 황제에게 나는 일종의 연민을 느끼게 되었다. 장례식이라 더욱 그러했겠지만 평소에도 어느 하루 마음 편한 날이 없었을 것이다."

프랑스인 의사 아장은 1904년 화보 여행지 『르 뚜르 뒤 몽드』에 기고한 조선 체험기에서 고종에 대한 인상을 자세히 기록하고 있다.

[그림-2] 고종 외교관 알현 장면(카셀, 『조선 체험기』, 스톡홀름, 1906년).

　"55세 정도로 보통 키에 호의적인 모습으로 계속 명랑하게 미소를 짓고 있어 얼굴이 더욱 밝아 보였다. 그러나 동시에 극히 나약하다는 느낌도 받았다. 황제와 접견하는 20여 분 동안 그는 중국 정세에 대해 세심히 물었고, 특히 열강들의 병력 수 및 장군의 숫자와 군 편성 등에도 관심을 가졌다. 또한 유럽의 기후와 온도 등을 물었는데, 고문관들의 자문을 받아서인지 외국 정세에 밝았다. 그는 국내 문제에만 국한하지 않고 있었으며 유럽에 대해서는 유달리 관심이 높았다. 황제는 외국에 대한 개방을 꺼려하지 않았으며 개혁 의지도 확고했다. 그는 중국의 경우처럼 개방을 두려워하지 않고 철도 개설, 개항 등에 흥미를 나타내면서 과거에만 집착하지도 않았다."

　프랑스 여행가 보띠에 여사도 "황제는 나를 오랫동안 물끄러미 쳐다보았다. 건강해 보였고 만족스런 격식을 갖추고 있었다. 황제는 유럽에 관해 여러 가지 질문을 했는데, 주로 정치, 사회, 경제, 무역 등에 관한 것들이었다. 그는 아주 지적이지만 수많은 사건들이 휘몰아치는 격동기를 헤쳐 나가기에는 연약한 면이 있지 않을까"라고 기록했다.

로제티는 "황제의 표정은 우리가 기대하던 바와 별로 다르지 않았다. 창백하고 살이 약간 오른 얼굴에 조그마한 눈은 반쯤 감고서 움직임 없이 위로 치켜올라갔으며, 입 주위와 턱에 길고 드문드문 난 수염을 기르고 있었다. 첫눈에 본 그의 얼굴 모습은 표정이 없는 것 같지만, 일단 말을 시작하면 곧 잔잔한 미소로 생기가 솟아나며 다정한 인상을 주게 된다. 알현이 계속되는 동안 대개 일어선 채로 있는데, 키가 보통 한국인보다 상당히 작아서 조그만 탁자 뒤에 감춰진 발판 위에 올라서 있었다"라는 기록을 남기고 있다. 또한 그는 고종이 외교관들을 만나는 행사에서 언제 악수를 하는가에 대해 관심 있게 주시했다.

"내실에 들어서면 세 번 절하고 한 사람씩 황제 앞으로 나아가는데, 황제는 미소와 가벼운 목례로 인사를 받은 뒤 주재하는 외교관에게만 악수를 청한다. 이 점에 있어서 한국의 예절은 매우 엄격하다. 서울에 있는 열강의 대표들은 9명인데 황제가 악수를 청하는 사람은 바로 이들뿐이며, 결코 예외는 없었다. 때때로 대표들이 이·취임 인사를 위해 황제를 알현하는 자리에서도 새로 부임하는 사람에게만 악수를 청하고 다른 사람에게는 가벼운 목례로 자리에서 물러가게 하였다."

영국의 여류 화가 테일러는 1901년 가을 서울에 거주하는 서양 여성들과 함께 황제 알현에 초대되었는데, 이 때 황제는 보통 양반들이 입는 평상복 차림으로 그녀를 맞았다고 회고하기도 했다.

특히 영국의 『데일리 메일』 극동 특파원인 맥켄지는 1920년 발간한 그의 저서 『한국의 독립 운동』에서 고종이 퇴위하는 모습을 목격하면서 이렇게 적고 있다.

"1907년 8월 말 분노한 민중들의 퉁명스런 침묵 속에 새로운 황제가 등극하였다.

양위식을 주도했던 일본은 식을 되도록 간소화하고 한국의 독립이 대외적으로 알려지지 않도록 하기 위해 애를 썼다. 황제가 식장으로 들어갈 때 양편에 부축을 받으며 몸을 떨고 있던 모습이라든가, 입을 벌린 채 턱은 밑으로 처지고 눈은 초점을 잃었으며 얼굴은 지식인에게서 나타나는 총명함이 사라진 것을 보게 된 사람들은 이번 대관식을 결코 경사스러운 일로 받아들이기에는 무리였을 것이다. 옛날과 같은 우아한 광경은 찾아볼 수 없었고 단지 연극처럼 느껴졌다."

비숍 여사도 고종을 네 차례나 알현할 기회를 가졌다. 비숍의 고종에 대한 평가는 이렇다.

"늘 호의적이고 친절한 왕은 성격이 연약하여 음모가들에게 좌지우지당할 수밖에 없었다. ……나는 한국 국왕이 가슴속 깊이 조국을 사랑하는 통치자임을 믿는다. ……그러나 동시에 그는 어떤 일을 단단히 그러쥐고 밀어붙일 만한 능력은 없다. 너무나 선하고, 선진적인 생각에 대해서는 지나치게 감동적이었다. 그가 좀더 강인한 성격과 의지를 가지고 무가치한 자들에게 그리 쉽게 넘어가지만 않았더라면 훌륭한 통치자가 될 수 있었을 것이다. 성격의 박약함은 그에게 치명적인 것이었다."

이처럼 서양인들의 눈에 비친 고종의 모습은 서로 일치되는 면도 있는 반면에 다양하다. 국왕의 능력 유무를 떠나 조선의 자주적 독립과 왕권을 끝까지 지키려 했던 필사적인 노력에도 불구하고 고종은 국권이 상실된 상황에서 일본의 강압에 의해 역사의 뒤편으로 사라지게 되었다.

어찌 보면 구한말 혼돈의 핵은 다름 아닌 고종이었다. 흔히 무능한 군주로

파란 눈에 비친 하얀 조선

묘사되곤 하는 고종이 나름대로 국권을 지키기 위해 혼신의 힘을 다해 외교적 노력을 기울인 사실들이 최근 계속되는 자료 발굴로 밝혀지고 있다.

그러나 아직도 정확한 실상을 보여줄 만한 학계의 연구는 나오지 않고 단편적으로 긍정적 측면을 강조하는 입장과 부정적 측면만을 강조하는 입장이 대립하고 있다. 이 점은 흥선 대원군이나 명성황후에 대해서도 마찬가지다.

국왕의 거둥

군주국에서 임금의 행차는 곧 일반 백성들에게 국왕의 권위를 과시할 수 있는 가장 좋은 기회이다. 고종의 거둥은 조선 국왕의 권위와 화려함을 보여주는 장면이다. 거둥은 한자로 표기하면 거동(擧動)인데, 임금의 행차를

[그림-1]

말할 때는 '거둥'으로 읽었다.

이 장면은 『그래픽』 1894년 7월 21일자에 「서울 거리를 지나는 국왕의 행차」라는 제목으로 실린 그림으로 한 영국 기자가 찍은 사진을 삽화로 재현한 것이다(그림-1).

이 잡지는 기사에서 "왕의 행차시에는 왕의 모습이 일반 백성들에게 노출되지 않도록 할 뿐만 아니라 함부로 왕의 이름을 부를 수 없도록 주변의 모든 창과 대문을 닫게 하는 등 엄중한 통제가 이루어진다. 수도 서울의 인구는 근교 지역까지 포함하여 약 30만 명으로 추산된다. 서울의 거리는 좁고 지저분하며 서민들의 가옥은 아주 초라하지만 왕궁은 600에이커나 되는 드넓은 대지에 웅장한 건물을 하고 있다. 조선의 왕은 절대 통치자로 군림하고 있다"고 기록했다.

또한 프랑스인들은 그들로서는 정도를 넘어선 듯한 조선의 의전과 경호에 남다른 관심을 나타내고 있다.

"조선의 국왕은 나라의 모든 것을 소유하며 절대적인 권력을 누리고 있다. 따라서 왕의 출현시 어느 누구도 얼굴을 가리지 못하도록 되어 있다. 이경우 상을 당한 사람도 예외는 아니다. 안경은 물론이고 쇠붙이 종류를 지니고 접근하는 것을 엄격히 금지했다. 또한 왕이 통과하는 길거리의 임시 가옥 등 지저분한 설치물들을 보상해 주면서까지 철거시킨다. 특히 불결한 곳이 발견되면 불을 질러 소독한다."

한 프랑스 신부도 왕의 행차 장면을 이렇게 묘사하고 있다.

"왕의 행차시에는 어느 누구도 얼굴을 가릴 수 없다. 심지어 상을 당한 사람이 쓰는 삿갓의 착용도 금지된다. 물론 안경 착용도 금지되며, 왕의 신체를 접촉하는 것은 금기이다. 특히 쇠붙이 등을 소지하고 접근하는 것은 엄격히 통제된다."

외국인의 문구로 판단해 보면 이는 권위 과시와 경호의 두 가지 목적을 동시에 고려한 관행인 듯하다.

프랑스인 갈리의 관찰기는 상당히 흥미롭다.

"국왕은 일 년에 두 번 서울을 출발하여 약 3일간의 일정으로 조상 묘를 방문한다. 왕의 행차 선두에는 수많은 기마병과 보병이 호위하며, 화려한 무늬로 장식된 왕의 가마는 7~8명이 탑승할 수 있는 규모이다. 경호병사가 가마 주위를 에워싸고 있으며 특히 가마꾼들은 험한 길에서 발이 미끄러지지 않도록 특수 짚신을 신었으며, 긴 여정에서 짚신이 빨리 닳기 때문에 행차의 리듬을 유지하기 위해 조심스레 짚신을 끈으로 묶어 가며 행군한다."

이 삽화(그림-2)는 「서울의 거리를 나서는 조선 국왕」이라는 제목으로 1904년 발행된 이탈리아의 군사 전문지 『극동의 전쟁』에 게재되어 있으며, 화가 마타니아가 그린 것이다.

국내에서는 처음으로 소개되는 이 작가는 역사적 격동기의 극적인 장면을 근거리에서 포착하여 화폭에 담아 내는 기록화가이자 종군화가로서 명성이 높았다. 화려한 장식으로 꾸며진 어가를 타고 나서는 고종 황제와 그 주위를 사방으로 에워싸며 행진해 가는 호위병들의 행렬이 바로 눈앞에서 보듯 리얼하게 묘사되어 있다. 이러한 광경을 직접 목격했던 독일 여행가는 이렇게 묘사했다.

"선두에는 긴 창을 든 한 무리의 군사가 막대기를 두들기는 소리로 왕의 행차를 알리며 앞서간다. 그 뒤로 모자에 여러 가지 깃털을 꽂은 호위병들과 형형색색의 깃발을 든 병사들, 그리고 연주하는 악공까지 포함된 행렬이 수천 명이나 되어 장관을 이루었다."

이미 군주제가 허물어지거나 약화된 서양에서 온 이방인들에게 조선 국왕의 행차는 상당히 흥미롭게 비쳤을 것이다.

[그림-2]

"나는 여태까지 본 가장 진기한 광경 중의 하나인 거둥에 참가하게 되었다. 아마 이러한 화려함도 마지막이려니 하는 생각이 나의 흥미를 더해 주었다. 여태껏 일어났던 정치적 상황들과 조선 왕실의 경제적 사정으로 인해 이런 극적인 과시의 대부분이 곧 폐지될 것 같았기 때문이다.

거둥은 조선 국왕이 5세기 동안 왕위를 차지해 온 왕가의 사당에 제사를 올리러 가는 장엄한 행렬이다. ……거둥의 행로에는 수만 명의 민중들이 경건한 정적 속에서 자발적으로 운집한다. ……일정한 거리를 두고 세워져 작은 우산 모양을 닮은 사각형 틀을 떠받치고 있는 장대들도 진기한 광경 중의 하나였다. 그 사각형 틀은 깃털 달린 화살들로 채워져 있었다. 그런 장대 앞으로 전령이 탄 말들이 마치 화살을 맞고 달아나는 것처럼 돌진해 갔다. ……전령들이 다 지나가자 드디어 궁궐쪽에서 악사(樂師)를 앞세운 대신들의 행렬이 나타나기 시작했다. ……대신들의 행렬은 꽃이 그려진 높은 모자를 쓰고 연분홍 관복과 검은 가죽신을 신은 악사들에 의해 인도되고 있었다. 악사들 중 가장 이채로운 것은 북을 치는 고수들이었다. ……최소한 수천 명의 사람들이 지나갔다. ……지구상 어디에도 비슷한 것이 존재하지 않는 이와 같은 장관을 나 같은 이방인이 대낮에 고작 한 시간가량 걷거나 급하게 뛰어가는 빽빽한 군중에 섞여 정확히 관찰하고 전달한다는 것은 불가능했다. 많은 수의 귀인들, 병사들, 악기들 다음에 최초의 왕실 교자가 나타났다. 붉은 비단으로 둘러쳐진 이 교자는 실제로는 속이 비어 있다고 한다. 첫 교자는 이론상 암살자의 공격을 받기 쉬운 까닭이었다. ……두번째의 붉은 교자에 국왕이 타고 있었다. 교자는 붉은 옷을 입은 40명의 사람들에 의해 높이 들려진, 많은 술이 달렸으며 닫집으로 가려지고 햇빛을 차단하는 날개를 가진 화려한 의자였다. 그 붉은 교자가 침묵하는 군중 사이로 왕국의 모든 위엄과 광채를 떨치며 지나가는 동안에도 국왕의 창백하고 기운 없는 얼굴 표정은 결코 변하지 않았다."

　당시 인산인해를 이루었던 임금의 화려한 행차를 바라보는 백성들의 시선에는 나라를 잘 다스려 달라는 바람이 담겨 있었을 것이다. 시대를 초월하여 진정한 지도자의 힘은 성대한 의식보다 국민들의 따뜻한 성원에서 나오는 것일지 모른다.

논란 많은 명성황후 모습 명성황후인가 궁녀인가

첫번째 삽화(그림-1)는 「조선의 여인」이라는 제목으로 독일판 『카톨릭 전교회지』 1895년 9월호에 게재된 것으로 실제 사진을 판화로 제작했다는 설명이 붙어 있다. 바로 이 궁중 여인의 모습이 명성황후다 아니다를 놓고 학술 논쟁까지 벌여 온 문제의 사진을 그대로 재판한 것이다. 또 다른 삽화(그림-2)는 「궁복을 입고 있는 조선 여인」이라는 제목으로 1895년 호주에서 발행된 영국 외교관 가드너의 저서 『조선』에 게재된 것이다. 이 그림은 문제의 주인공과 머리 모양, 복장, 앉은 자세, 심지어 얼굴 형태까지 거의 일치하고 있다.

이 두 점의 삽화는 지금까지 공개된 문제의 사진들과 비교할 때 가장 이른 시기에 발표된 자료라는 점에서 주목을 받고 있다. 특히 가드너의 삽화는 그가 황후 시해 1년 전인 1894년까지 영국 총영사 직무대리로 있으면서 국내 상황에도 정통했다는 점에서 명성황후 사진 진위 논쟁에 결정적인 단서를 제공하고 있다. 이 삽화 하단에 "조선 여인들은 대체로 커다란 머리 모양을 하고 있지만 궁녀들은 이보다 훨씬 더 큰 가발로 치장하고 있으며 여러 개의 금속 비녀를 꽂고 있다"는 설명이 궁중 여인임을 암시한다.

고종의 비였던 명성황후는 1895년 10월 8일 조선을 집어 삼키려는 주변

[그림-1]

[그림-2]

국들의 힘겨루기 속에서 일본의 치밀한 음모로 참혹하게 시해되었으며, 1897년 대한제국 선포 후에 황후로 추존되었다. 그 동안 수많은 노력에도 불구하고 그녀의 진짜 모습은 확인되지 못한 채 여전히 수수께끼로 남아 있다. 불과 100여 년 전의 국모의 모습마저 밝혀 내지 못하고 있는 현실이 지나간 상처의 깊이를 말해 주고 있다.

명성황후는 시해 이전인 1882년 임오군란 때에도 살해될 뻔했으나 왕비로 교묘히 위장한 시녀가 대신 죽음으로써 위기를 모면할 수 있었다. 그 후 그녀는 평상시에도 항상 신변의 위협을 느끼게 되었고, 좀처럼 외부에 모습을 드러내지 않았다 한다.

당시 유일한 여 의사로서 명성황후를 자주 진찰했던 언더우드 여사도 측근이나 시녀들이 과민할 정도로 왕비의 신변을 보호했다고 회고했다.

또한 알렌은 그의 조선 체험기 속에서 명성황후를 진료했던 상황을 상세히 기록하고 있다.

"왕비 진료—나는 궁정 의사로서 왕족의 건강을 돌보고 있었는데도 얼마 간은 황후를 대면할 수가 없었다. 후년이 되어서야 여러 날 앓고 있던 황후를 진료차 직접 접견할 수 있었는데, 이 때 내시는 발로 몸을 감춘 채 팔만 내밀어 보였으며 손목 한 치 정도만 노출되었을 뿐 팔 전체는 촘촘히 싸매고 있었다. 황후의 혀도 발 틈으로 겨우 살펴볼 수 있었다. 이것은 그 동안 전의들이 양손의 진맥과 혀의 상태를 관찰한 후 어림잡아 진단을 내리는 방식을 취해 왔기 때문이었다."

이처럼 명성황후의 모습은 측근이나 아주 가까운 관계가 아니면 접하기 힘들었으며, 따라서 사진이나 초상화를 제작하는 것 자체도 상당히 제한되었을 것으로 보인다.

특히 명성황후 사후에도 고종이나 조선 황실에서 그녀의 사진을 구하기 위해 현상금까지 걸어가며 수소문했으나 구하지 못했다고 한다. 이렇게 볼 때 문제의 사진은 명성황후 시해 직전에 이미 '궁중 여인'으로 서양 외교관들 사이에 공개적으로 알려진 것으로서 이들 삽화가 황후의 모습이라고 단정하기에는 설득력이 약하다.

이외에도 명성황후의 모습이라고 제기되어 온 문제의 사진은 1900년 전후의 서양의 여러 문헌 속에서 다양한 제목으로 발견된다.

즉 프랑스 신부 아드리앙 로네의 저서 『조선과 프랑스 선교사들』에서는 「조선 여인」으로, 프랑스어 학교 교사 알레벡ㄲ가 발행한 사진 엽서에는 「예복을 입은 궁중 여인」으로, 헐버트의 저서 『조선의 멸망』에서는 「정장 차림의 궁중 여인」으로, 프랑스 의사 아장의 기행문에서는 「시해된 대한제국 황후」로, 프랑스인 특파원 드라게리의 저서 『조선』에서는 「조선의 여왕」

으로, 이태리 외교관 로제티의 저서 『꼬레아 꼬레아니』에서는 「궁중 여인」, 스웨덴 신문 기자 아손 크렙스트의 저서 『조선』에는 「나인」으로, 언더우드 여사가 쓴 『조선에서의 토미 톰킨스』에서는 「정장 차림의 여인」 등으로 같은 사진에 각기 다른 설명이 붙어 있다.

여하튼 이들 중에서 프랑스인 드라게리의 1898년 저서와 미국의 『뉴욕 헤럴드』 1895년 7월 15일자에 「조선의 여왕, 은자의 나라 실권자」로 게재된 모습이 진짜일 가능성이 높다는 주장이 있지만 명확하게 입증할 만한 근거를 찾지 못했다.

다행히 당시 명성황후를 가까이에서 직접 접견할 수 있었던 몇몇 서양인들의 기록이 그나마 명성황후의 도습을 추리하고, 진위 여부를 가리는 데 소중한 자료가 되고 있다.

언더우드 여사는 그녀의 조선 체험기 『상투와 함께 15년』에서 명성황후의 모습을 이렇게 묘사하고 있다.

"왕비를 대면한다는 것은 가장 큰 관심사로서 자못 흥분되었다. 갸름하며 약간 창백한 얼굴에 유난히도 반짝이는 총명스런 눈빛이 인상적이었다. 시선을 끄는 미모는 아니었으나 용모에서 풍기는 지적이고 예리함이 상대방을 압도했다. 외모와는 달리 대화시에는 밝은 표정을 지었으며, 명료하고 우아하며 재치가 넘치는 모습으로 호감을 주었다. 그녀의 지적 수준은 상당했으며 국제 정세에도 깊은 관심을 보였다."

또한 비숍 여사도 "약간 창백한 듯한 얼굴에 몸매는 마른 편이고 날카로운 용모에 꿰뚫어보는 듯한 눈매는 아름답다기보다는 강한 개성을 엿볼 수 있다"라며 역시 유사한 기록을 남기고 있다. 하지만 이것으로도 황후의 진짜 모습을 재현시키기에는 역시 한계가 있어 안타까움을 더하고 있다.

명성황후의 참모습은 어디에 있는 것일까.

대안문 **수난의 역사를 가장 먼저 맞이하던 곳**

덕수궁의 대안문은 외세의 침탈이 가장 집중적으로 이뤄진 궁궐의 정문이다. 지금은 철거되었지만 경복궁에 조선총독부 건물이 남아 있었듯이 덕수궁에는 석조전이 자리하고 있다. 사실 다른 나라의 궁전 안에 그런 식의 건물을 짓겠다는 발상 자체가 일본 제국주의의 졸렬함을 보여주는 증거이다.

대안문 이야기에 앞서 덕수궁의 유래를 간략히 알아둘 필요가 있다. 1593년 선조가 의주에서 환도하여 이를 궁궐로 삼아 서궁(西宮)이라 불렀으며, 광해군 때는 인목대비의 은거처로 사용되는 등의 사연을 간직하고 있다. 구한말에는 외국 군대가 드나드는 등 시련의 장소였고, 결국 나라를 잃은 조선 국왕 고종이 여생을 마친 곳도 바로 이 곳이다. 심지어 해방 후에는 미소공동위원회의 회담 장소로 사용돼 여전히 외세의 상징적 거점 역할을 함으로써 우리로서는 썩 유쾌하지 않은 기억들을 많이 간직하고 있는 궁궐이라 할 수 있다.

「조선 왕궁의 문」이라는 제목으로 1904년 발간된 이탈리아의 군사 전문지 『극동 전쟁』에 게재된 이 삽화는 이탈리아 화가 살바도리가 대안문(大安門)을 아주 사실적으로 그린 것이다.

이 그림이 그려진 직후인 1904년 궁내에서 원인 모를 대화재가 발생하였으며, 이 때 궁궐 내의 거의 모든 건물들이 불에 타 버렸다. 이후 다시 중건된 궁궐은 축도 비뚤어지고 서양 건축물도 지어져 전통 궁궐의 공간적 균형을 상실하게 되었다. 그 중에서 가장 큰 변화는 정문의 변경으로, 원래 정문은 남쪽의 인화문이었으나 1906년 중건 공사를 하면서 대안문을 수리하여 새로운 정문으로 삼고 명칭도 '대한문'이라고 변경했다.

그리고 고종이 1907년 왕위를 물려주면서 궁호도 '경운궁'(慶運宮)에서 오늘의 '덕수궁'으로 바꾼 것이다. 이처럼 가장 격동기였던 19세기 말에서 20세기 초에 일어난 수많은 사건들이 바로 이 문을 오가며 일어났던 것이다.

대안문이라고 씌어진 현판 아래로 외국 군사 고문관들의 인도를 받으며 신식 시위대가 행진해 나오고 있다. 주변의 행인들은 가던 길을 멈추고 앞으로 벌어질 일들을 우려하듯 그들에게 불안한 시선을 던지고 있다. 결코 반기는 분위기가 아니다.

이탈리아 여행가는 대안문 앞에서 벌어지는 시위대의 행진을 이렇게 소개했다.

"황제의 궁전 근처에 살면 한국 군인들이 행진하는 광경을 쉽게 목격하게 된다. 요란한 악기 소리와 함께 아침 6시경부터 시작하여 오전 9시까지 궁전 부근을 돌며 수차례 행진을 지속한다. 100여 명으로 구성된 이들은 아주 시끄럽기 때문에 나타나는 즉시 알아차릴 수가 있다. 이 행사에는 여러 개의 나팔이 동원되어 소란을 떨기 때문에 마치 조선의 모든 군대가 모인 것처럼 느껴진다. 이렇게 소리만 요란스런 허약한 군대가 궁궐 주위를 맴돌고 있을 뿐이다."

고종 격하 연극

일본에서 공연된 고종 격하 정치 연극의 한 장면을 묘사한 이 삽화는 1904년 6월 11일자 프랑스 화보지 『일류스트라시용』에 실려 있다. 이는 일본이 명성황후 시해에 이어 조선 왕족을 폄하하려는 의도가 얼마나 뿌리깊고 치밀했는지를 느끼게 해 주는 장면이다.

이 잡지의 극동 특파원이었던 발레 기자가, 일본 화가 시바에가 자랑스럽게 묘사한 연극 장면을 입수하여 목격담과 함께 기사화한 것인데, "일본 특사 이토 히로부미(伊藤博文)에 대한 최고 훈장 수여식에서 고종이 모욕당하는 장면"이라는 설명이 붙어 있다.

또한 발레 기자는 훈장 수여식이라는 공식 외교석상에서 의전을 무시한 채 조선 왕을 격하시키는 연극 대본을 소개했다.

고종 조선을 부강하게 만들 수 있는 방안을 조언해 주시오.

이토 누차 언급했듯이 혁신적인 조치는 조심해야 합니다. 급진적인 개혁은 현 정국에 도움이 되질 못합니다. 지금 전쟁의 소용돌이 속에서 충격적인 요법보다는 점진적으로 대변혁을 향해 차분히 국정을 인도하길 바랍니다. 이것이 본인의 소신입니다.

고종 그러나 나라를 혼란 속에 계속 방치할 순 없지 않소.

이토 좀더 관망해 보는 것이 필요하며 조급함은 금물이오. 서두를 경우 일본의 유신시대와 같이 내전으로 치닫게 됩니다. 다행히 현 상황은 일본의 주도로 대외적 균형이 복잡하지 않아 큰 문제가 없을 것입니다.

고종 그렇다면 우선적으로 무엇을 먼저 해야 하나요?

이토 조선의 발전은 국민의 지식 수준에 달려 있습니다. 따라서 신교육부터 시작합시다.

고종 좋은 생각이오. 그리고 일본식의 강한 군대를 보유하는 것은 어떻소?

이토 현대전은 군인이 아니라 과학 기술에 달려 있습니다. 일본군의 우위력은 교육에 있습니다. 조선 대신들은 잘 들으시오. 10년 후 조선은 일본의 지원 덕분에 비약적으로 발전한 국가로 세계 속에 찬사를 받을 것이오.

고종 귀하는 정말 귀재이자 시대적인 인물이오. 내 생각에는 세계 3대 위인을 꼽자면 비스마르크, 이홍장 그리고 당신이오. 특히 귀하는 과거의 인물들보다도 월등하오. 귀하는 일본뿐 아니라 세계를 풍요롭게 하는 인재이며 이러한 일을 훌륭히 수행하시기 바라오.

그리고 고종은 이토 히로부미에게 조선 최고 훈장을 수여하려고 하지만 이토는 훈장의 휘장 착용을 즉석에서 거부한다. 이토 히로부미의 예기치 않은 무례에 고종은 당황하며 그 이유를 묻는다.

그러자 그는 두 가지 이유를 밝히는데, 먼저 일본 황제가 수여하는 훈장이 아니며, 이미 일본의 최고 훈장을 착용하고 있기 때문이라는 것이다. 매우 당혹해 하는 고종 앞에서 이토 히로부미는 그의 예복을 벗고 일본 훈장을 셔츠 위에 착용한 후 다시 예복을 입는다. 그리고 그 위에 조선 훈장을 수여토록 한다.

발레 기자는 일본 민족의 우월성과 조선 왕권의 미약함을 의도적으로 표출시키기 위해 이러한 정치 연극을 공연하였으며, 실제 일본 관중들은 몸을 흔들고 박수를 치면서 열광했다고 전한다. 그는 "이 얼마나 경악스럽고 경박하며 유치한 행동인가? 이러한 일본의 군국주의적 야욕은 일본 문화를 완전히 눈멀게 하고 변질시킬 것이다"라며 일본의 예술인들마저 패권주의에 적극 편승하는 사태를 비판했다.

이 장면에서 탄성을 지르고 박수를 치며 열광하는 일본인들을 보면서 발레 기자는 일본이 지닌 두 얼굴과 아시아의 장래에 우려를 표명했다.

긴 세월 방치된 옥좌　망국의 그림자 드리워진 경복궁

20세기를 목전에 둔 조선의 상황은 어떠했는가. 1895년 명성황후 시해에서 시작해 단발령으로 한 고비를 넘기면서 전국 각지에서는 일본에 저항하는 의병운동이 불꽃처럼 일어났다. 1896년에는 고종이 러시아 공사관으로 피신하는 아관파천이 일어나고 민간에서는 서재필이 『독립신문』을 창간하고 독립협회를 세운다. 백성은 저항의 대열에 서고 국왕은 우왕좌왕하는 형세였던 것이다.

백성들도 청나라로부터의 독립의지를 높여 갔고, 고종도 일그러진 왕실의 권위를 세워 보고자 국호를 조선에서 대한제국으로 바꾼다. 그게 1897년의 일이었는데 사실 손바닥으로 하늘을 가리려는 애처로운 일이었을 뿐이다.

1898년에는 흥선 대원군이 세상을 떠나고 열강들의 이권 침탈은 극에 달한다. 일본은 경인 철도 부설권과 인삼 독점 수출권을 가져갔으며, 미국은 서울의 전차 부설권과 운산 금광 채굴권을 확보했다. 러시아, 영국, 프랑스, 독일 등도 채굴권을 비롯한 각종 이권을 가졌다. 독립협회가 주도했던 만민 공동회가 점점 세력을 더해 가자 탄압을 시작했고, 1900년에는 절망한 민초들이 들고일어나는 활빈당이 곳곳에서 생겨났다. 바로 이런 시절의 경복궁

의 모습이 이 그림과 같았다.

「긴 세월 방치된 옥좌」라는 제목의 이 삽화는 프랑스의 세계적인 문호 피에르 로티의 기행 수필집 『매화 부인의 3차원적 젊음』(1923년판)에 수록된 것으로, 화가 르네 르농이 그린 것이다.

로티는 1901년 여름 열흘 동안 서울을 방문해 폐허가 된 경복궁을 돌아본 감회를 이렇게 적고 있다.

"아! 옛 궁전. 수년 전 왕비가 비수를 맞고 살해된 그 현장. 흉측한 범죄가 자행된 그 날 밤 이후로 이 곳은 공포의 도가니 속에 방치된 채 폐허가 되어 버렸다. 성벽으로 에워싸인 적막한 궁궐 정원은 이미 원시림을 연상시키듯 잡초만이 무성했고, 음울한 건물들은 낡은 정자와 함께 괴이함을 더해 주었다. 모든 것이 과거의 처참한 소용돌이에 밀려 역사의 뒤안길로 묻혀져 가고 있는 듯했다. 정원의 바닥돌 틈으로 잡초가 솟아나 무성했고, 이미 벌어질 대로 벌어진 대리석 틈새를 비집고 나온 야생 산딸기만이 지나간 사건을 아는 듯 모르는 듯 익어 가고 있었다. 이러한 궁궐 내부의 음산함으로 인해 새들조차도 정원 나무에 달린 열매 먹기를 주저하며 지나쳐 날아가는 아주 보잘것없는 곳으로 전락하고 만 것이다."

궁전의 폐허를 직접 목격하면서 한 민족이 당하는 수난을 허망하게 쳐다보고 있는 해군 제복을 입은 로티 옆에서 궁궐에 대해 뭔가를 설명하고 있는 한국인의 모습이 처마 밑을 날고 있는 새떼들과 어우러져 더욱 쓸쓸함을 자아낸다. 망국이 현실감 있게 다가오는 장면이다. 명성황후 시해 사건은 그만큼 국내외에 큰 충격을 남겼던 것이다.

로티는 이어 이렇게 증언하고 있다.

"살해당했던 작은 방의 어둠은 처참했던 당시의 잔악상을 항변하는 듯 보였으며, 주위의 일부 목각들도 당시 불길로 시꺼멓게 그을린 채 남아 있어 음산함을 더했다."

로티는 방치된 옥좌를 보며 이렇게 기록하고 있다.

"왕권을 상징하는 그림 앞쪽으로 외로이 우뚝 선 조선 왕의 옥좌마저 음침한 붉은 색을 띤 채 맥없이 남아 있다. 황제는 밤마다 몸통에서 떨어져 붉은 피로 흥건히 물든 손들이 아우성치는 환영(幻影)을 보게 되는 이 궁전에서 도저히 살 수가 없어 새로운 궁을 짓게 했던 것이다."

좀 엉뚱한 것 같지만 경복궁을 비워 버린 고종의 1901년(광무 5년) 행태를 전하는 한 구절이 황현의 『매천야록』에 남아 있다.

"이근호를 전남 관찰사, 조정희를 충남 관찰사, 정기하를 경북 관찰사, 민영철을 평남 관찰사, 민경호를 평북 관찰사로 임명하였다. 이 때의 매관(賣官) 남발은 갑오년(1894년) 이전에 비해 훨씬 심하여 비록 종척(宗戚)과 친한 사람이라도 감히 한자리를 넘볼 수 없었다. 관찰사 자리는 10만 원(元)내지 20만 원이었고, 1등 수령은 적어도 5만 냥을 밑돌지 않았다.

그리고 관직에 부임하면 자기 돈으로 빚을 갚지 않고 서로 앞을 다투어 공전(公錢)을 끌어다가 갚았으며, 더욱 심한 사람은 사사로운 상납을 더 많이 하여 높은 직위에 승진한 후 떠나기도 하므로 관리들은 그들을 본받아 공전을 끌어다가 화려한 전장(全庄)을 마련하고 혹은 관직을 노리기도 하였다.

이에 관리들이 범하는 것은 모두 공전이었으므로 국고가 자연히 감축되었던 것이다. 그러나 고종은 국고를 공물(公物)로 생각하여 국고가 차든 줄든 관계하지 않았고, 매관전(賣官錢)은 사전(私錢)으로 생각하여 혹 손해가 날까 두려워하였으나 관리들이 속이는 것을 모르고 있었다."

불타는 덕수궁 간악한 일본인들의 소행은 아닐까

1907년까지는 경운궁으로 불렸던 현재의 덕수궁은 고종 재위 말엽 10여 년간에는 혼미한 정치적 격동의 주무대였다. 1904년 4월 경운궁에서 원인 모를 대화재가 발생했는데, 이 그림은 중화전을 비롯한 궁궐 내의 거의 모든 건물이 불타고 있는 장면을 묘사하고 있다.

「불타는 조선의 왕궁」이란 제목으로 영국 화보 주간지 『그래픽』 1904년 6월 11일자에 게재된 이 삽화는 프란시스 프리스가 현장에서 찍은 사진을 브리워가 스케치로 재현한 것이다. 일단 사진으로 찍은 것이라는 점에서 일정한 역사적 가치를 갖는다.

이 잡지는 당시 상황을 이렇게 적고 있다.

"왕궁의 접견실까지도 우발적인 화재로 인해 건물 자체가 주저앉아 버렸다. 왕궁 주변은 높이 치솟는 불길에 놀라 몰려든 군중들로 혼란스러웠으며, 가장 먼저 도착한 일본 군대는 주변 질서를 잡는 데 열중하고 있었다. 화재를 진압하는 데는 영국 수비대의 공헌이 매우 컸으며, 사상자는 1명 사망, 1명 부상으로 화재 규모에 비해서는 적은 인명 피해가 그나마 다행스런 일이었다."

대화재 이후 곧 복원 작업에 착수했으나 일본의 집요한 왕권 격하 의도에

따라 왕궁은 옛날의 제모습을 상실하면서 크게 변형되고 만다. 정문은 원래 정전의 남쪽에 있던 인화문이었으나 1906년 중건 공사를 하면서 정전 동쪽에 있던 대안문을 수리하고 '대한문'으로 고쳐 지금에 이르고 있다. 또한 궁의 배치에도 큰 변화가 있어 1910년에 들어서는 서양식 건물들이 정전과 축도 일치되지 않게 마구 지어져 궁의 공간적 규범을 해치면서 조화까지 산산이 깨뜨려 버렸다.

폐허로 변한 경희궁 위엄은 사라지고 뽕나무만 가득하네

　세밀화나 사진에 가까운 이 그림은 러일전쟁
을 취재하기 위해 조선에 특파된 프랑스 일간지
『르땅』의 종군기자 드라게리가 1904년 파리에서
펴낸 저서 『조선』에 수록되어 있다. 경희궁은 서
울의 4대 궁궐 중 그 형태가 거의 완벽하게 사라
져 버린 비운의 궁궐이다. 동물원이 들어섰던 창
경궁이나 조선 총독부 건물을 세운 경복궁, 석조
전이 들어선 덕수궁에 비해 경희궁의 참상은 더
욱 심했던 것이다.

　본래 경덕궁(慶德宮)으로 불리던 경희궁은 이
궁(離宮)으로 1616년(광해군 8년)에 세웠는데, 궁
의 규도가 크고 여러 임금이 이 궁에서 정사를
보아 돋궐인 창덕궁에 대하여 서궐이라 불리며
중시되었다. 1760년(영조 36년)에 궁명이 경희궁
으로 바뀌었다. 창건 때는 1,500칸에 달하는 건물
이 있었으나 일제 강점기에 대부분 철거되었다.

이후 일본인들이 학교로 사용하면서 궁궐의 본래 모습을 완전히 상실하고 말았다. 1902년까지도 일부 전각을 수리하기도 했으나 1907년부터 1910년에 걸쳐 일본 중학교가 들어서는 바람에 궁궐로서의 존재 가치를 상실하게 되었고, 궁터도 철저히 변형 파괴되어 현재의 규모로 축소되었다. 1915년에는 경성 중학교로, 정부 수립 이후에는 서울 중고등학교로 사용되었으며, 최근에는 궁궐 일부가 복원되고 이 곳에 서울 시립 박물관이 세워졌다.

드라게리는 황폐화한 경희궁의 모습을 보고 느낀 안타까움을 이렇게 표현했다.

"조선에는 4개의 주요 궁궐이 있다. 그 중 하나인 경희궁은 지금은 완전히 파괴되어 넓은 터 안에 몇 개의 누각만이 외롭게 남아 있다. 이 곳은 수년 전에 뽕나무를 많이 심어 서양인들에게는 뽕나무궁으로 알려져 있다. 한때 누각의 외부를 장식하고 있던 화려한 색조들은 시간이 흐르면서 우중충하게 퇴색하였고 처음에 빛났던 금박도 완전히 벗겨진 채로 정적만 감돌고 있다.

현재 이 궁궐은 처마에 차양이 달린 채로 온종일 휑하니 열려 있는 목조 누각만이 덩그러니 자리를 지키고 서 있다.

누각에는 아직도 희미하게 남아 있는 붉은 자국이 공허함을 부채질하고 있다. 궁궐 안쪽의 마당 한구석에는 궁지기를 위한 작은 처소가 있고, 고목과 잡초가 무성한 폐허 위에는 뽕나무가 줄지어 심어져 있는데, 이들은 한국의 잠업을 지원하려 했던 미국인들의 헛된 노력을 말해 주고 있는 듯하다. 영화로웠던 과거를 생각해 볼 때 지금 이렇게 아무도 없는 궁궐은 깊은 공허감을 자아낸다."

8 역사의 분수령, 구한말

부산 앞바다를 휘젓는 일본 배 침략 야욕은 이미 오래 전부터

19세기 중엽을 넘어서면서 조선의 주변 해역은 러시아의 남하를 견제하려는 영국 등 서구 열강들에 의해 점점 전략적 요충지로 부상한다. 그러나 일본은 우리가 알고 있는 것보다 훨씬 이전부터 이미 조선을 손아귀에 넣으려는 야심을 집요하게 실행에 옮겨 오고 있었다.

이 무렵 영국은 2척의 함대 엑톤 호와 도브 호를 극동과 조선을 탐사하기 위해 투입시키는데, 이들은 1859년 5월부터 11월까지 조선의 남해와 동해안을 정밀 탐사했다. 엑톤 호의 함장 존 워드와 도브 호의 선장 블록 일행의 체험이, 동승한 경리관 윌리엄 블레이크니에 의해 1902년 런던에서 『중국과 일본 해안 탐사기』로 출간되었다.

이 탐사기 속에는 처음 본 조선 여인, 부산의 조선 관리, 부산의 일본 주둔지와 일본인 등 여러 점의 한국 관련 삽화가 수록되어 있는데, 이것들은 기록화가 브루톤 베드웰이 현장에서 직접 보고 그린 것이다.

이 그림들 중에서 특히 눈길을 끄는 「조선에 있는 일본 관할지」는 부산 앞바다에서 마치 자국의 항구인 양 휘젓고 다니는 일본 배와 뒤로 시설을 구축한 일본 주둔지가 보인다. 이를 통해 일본이 1859년 이전 시기부터 이미 부산항 부근에 전진기지를 구축하고 조선의 일거 일동을 예의 주시해 왔

음을 알 수 있다. 더욱 놀라운 일은 당시 일본 주둔지를 방문했던 영국 해군은, 조선의 영토에 들어와 마치 정복자인 양 위세를 부리고 있는 일본인들의 얼굴에서 한국 침략에 대한 야욕을 읽을 수 있었다고 증언하고 있다는 점이다. 이 사실은 개항을 위해 의도적으로 일으킨 1876년의 운요 호 사건을 예고해 주는 것이어서 더욱 관심을 끈다. 블레이크니는 탐사기에서 40년 전 조선 탐사시 부산의 일본 관할지에서 목격한 역사적인 사건을 기록으로 증언해 둘 필요가 있다고 적고 있다. 그리고 조선에서 안하무인격으로 행동하는 일본인들을 보고 매우 당혹스러웠으며, 그들은 반드시 조선을 자기 손아귀에 넣고야 말 것이라는 직감을 받았다고 밝히고 있다.

"일본은 지금 블라디보스토크와 여순항을 연결해 주는 중간 요충지인 거문도가 러시아의 손에 들어가지 않도록 경계를 게을리하지 않고 있을 것이다. ……1859년 5월 거문도 등 조선의 남해 지역에 진입한다. 일본은 조선과 아주 가까운 거리에 위치한 쓰시마에 시설이 완비된 해군 기지를 갖추고 있다."

"기록화가 베드웰은 부산에 설치된 일본 주둔지와 앞바다에서 제 영토인 양 행세하는 일본인들을 직접 화폭에 담았다. 요충지인 부산에서 일본은 호시탐탐 조선을 차지할 수 있는 기회를 노리고 있었다. 그리고 실제로 우리 배의 갑판에 서서 위세를 부리는 일본인들의 얼굴을 보면 이를 무력으로 실천에 옮기게 될 것이라는 것을 읽을 수 있었다."

또한 부산에 주둔지를 구축하고 활동하는 일본인들이 조선인을 대하는 태도에서 이미 그들이 조선을 점거하고 있다는 착각에 빠질 정도였다고 토로했다.

"부산항에서 조선인과 일본인 사이의 관계를 보면, 조선인은 일본인들이 나타나면 어느 누구도 감히 우리 배에 접근하는 것을 두려워했을 뿐만 아니라 일본 주둔지 부근에 얼씬도 하지 못했다. 일본인들은 실제로 부산의 요지에 기지를 구축하고 상식을 넘어선 과대한 위세를 부리고 있었다. 그들은 그 곳을 차지하기 위해 어느 누구와도 겨룰 것이다. 우리에게 주둔지의 여기 저기를 안내하면서도 조선 지역으로는 절대 넘어가지 말 것을 경고했다. 이것은 한편으로는 거만한 모욕이자 다른 한편으로는 두려움과 증오를 자아내게 하는 행동이었다. 일본 주둔지에는 여인이나 아이들은 전혀 보이지 않았다. 단지 군사 목적으로 무장한 인원이 배치되어 있었다."

이렇게 19세기 후반부터 조선은 일본, 러시아, 중국 등 주변국들이 서로 먼저 차지하려는 각축장으로, 그리고 영국, 프랑스, 미국 등 서구 열강들로부터는 끈질긴 개방 요구를 접하게 된다. 이 과정에서 병인양요와 신미양요라는 서양과의 부분적인 무력 충돌이 일어나기도 한다. 특히 일본은 조선 정복이라는 오랜 꿈을 실현시키기 위해 그 어느 나라보다도 집요하게 치밀한 사전 준비를 해 오며 기회만 엿보고 있었음을 확인할 수가 있다. 결국 탐사기의 예견대로 일본은 1876년 운요 호 사건을 일으키고 이를 빌미로 가장 먼저 조선을 개항시킨다. 이로써 그간 서양에 대해 굳게 문을 닫아 온 조선은 비자발적인 개항으로 주변국과 서양 열강들의 틈바구니에서 예상치 못한 문화 충돌과 정치적 격동기를 맞게 된다. 과연 조선은 이러한 소용돌이 앞에서 서양인들에게 어떤 모습으로 비추어졌을까. 한편으로는 변질되기 직전의 고유한 문화를 간직한 모습에 감탄하기도 하고, 다른 한편으로는 새로운 서구 문명에 신기해 하는 우리를 흥미롭게 지켜보기도 했을 것이다. 당시 그들이 가장 관심을 보였던 광경들을 삽화로 담아 부각시켰기 때문에 그 하나하나가 마치 한 편의 드라마처럼 우리 가슴에 와 닿는다.

병인양요 　`다윗과 골리앗의 싸움`

　19세기 중반까지도 서양인들은 조선의 엄격한 통제로 해안가나 일부 항구 등 극히 제한된 지역에서 조선 풍물을 관찰할 수밖에 없었다. 이들이 조선 내륙에 들어와 주민의 생활상을 비교적 폭넓게 목격한 시점은 서양과 조선 사이에 최초로 무력 충돌이 발생하는 병인양요부터이다.

　병인양요는 1866년 9월, 이 해 초에 일어났던 병인 박해 때 프랑스 선교사 9명을 처형한 것을 빌미로 프랑스군이 강화도에 침공하여 조선군과 40여 일 동안 전투를 벌인 사건을 말한다.

　조선에서 천주교 박해 정책에 따라 프랑스 신부가 처형되자 동남아로의 세력 확장의 기회를 엿보던 프랑스 정부는 이를 군사적 개입의 구실로 삼아 무력 충돌을 일으킨다. 이러한 서양 열강과의 직접적인 충돌은 일찍이 우리 민족이 겪어 보지 못했던 특이한 사건이었다. 상대국은 조선이 오랫동안 종주국으로 모셨던 청나라를 강압적으로 개방시킨 근대화된 군사력을 보유하고 있었으므로 이에 대항하는 조선의 처지는 누가 보아도 우매한 것처럼 보였다.

　당시 북경 주재 프랑스 대리공사 벨로네는 병인년 초에 참형된 프랑스 신부들의 소식을 전해 듣고 파병 결정을 하면서 "수일 내에 우리 군대가 조선을 정복할 것이며, 프랑스가 조선의 왕위를 규정할 권한을 갖게 될 것"이라고 자신만만해 했다.

개전 초기에는 총 7척의 함대와 약 1,500명의 정예 병력을 지닌 프랑스측이 조선을 쉽게 제압하고 왕권을 좌지우지할 수 있을 것으로 예상했다. 실제 전투에서도 주베는 조선군의 무기와 화력은 신통치 않았다고 기록하고 있다.

"조선군과 수차례 교전이 있었으며 최종적인 전투에서도 우리는 성과를 얻었다. 전투를 치르면서 강화의 창고에서 발견했던 활, 창, 곤봉 등 상당량의 재래 무기를 조선군들이 더 이상 사용하지 않으며, 대신 화승총을 쓰고 있음을 알았다. 어깨로 겨누기에는 개머리판이 너무 작은 이 총은 조작도 어려워 난간에 받치고 쏘든가, 평지에서는 조준을 바로 하기 위해 다른 사람의 어깨 위에 올려 놓아야 했다. 조선의 대포 또한 결코 두렵지 않았다. 그 포탄들이 목표물에 명중한다면 그건 완전히 우연일 정도였다. 몇몇 병사들은 붉은 깃털로 장식된 쇠모자를 쓰고 가슴에 철판 조각이 붙어 있고 다리 가리개와 이중으로 가죽판을 댄 갑옷을 입고 있었지만 총탄을 막아 내지는 못했다."

또한 당시 전투 현장을 지휘했던 프랑스 함장도 "조선군이 사격을 해 오자 즉각 응사하지 않고 작은 언덕에 숨어 정확히 조준하여 성벽 사이로 보이는 포수까지 명중시킴으로써 성벽을 점령할 수 있었다"고 술회했다.

불과 며칠로 예상했던 전투가 40여 일이나 걸린 것은 조선의 관군은 물론 의병, 승병, 보부상 및 각지에서 징발된 포수 등 말 그대로 군·관·민이 하나가 되어 필사적으로 싸웠기 때문이다. 제한된 병력으로 적진 깊숙이 진군한 프랑스 군은 나날이 증강되는 조선의 거센 대항과 자국 내 정세 변화 등의 요인으로 결국 11월 18일 더 이상의 전투가 무의미하다고 판단하고 물러

[그림-1]

파란 눈에 비친 하얀 조선

갔다. 그러나 이 사건은 쇄국을 고집하던 조선 정부로 하여금 '서양을 이겼다'는 엉뚱한 자만심을 불어넣어 개화의 물결을 올바르게 헤쳐 나오는 데 결정적인 오판을 던져 준 계기가 되기도 했다. 이로써 조선은 서양 군대와의 첫 접전에서 나라를 보위하는 경험을 하게 되면서 천주교 탄압과 쇄국정책을 더한층 강화시켜 나갔다.

「조선 원정」이라는 제목의 이 삽화는 최근에 새로 발굴된 자료로 1867년 3월 16일 파리에서 간행된 주간지 『르 몽드 일류스트레』(화보 세계)에 게재되었으며, 오세리 호에 승선하여 프랑스군 선발대로 참전했던 해군 장교가 스케치한 것이다(그림-1).

이와 함께 강화도 내륙에 깊숙이 진입해서 조선의 여러 풍물을 목격했던 주베가 그린 침공 장면 등 여러 점의 삽화들이 체험담과 함께 『일류스트라

[그림-2]

시용』1867년 1월, 2월 호에 걸쳐 게재되어 서양인들의 관심을 끌었다. 이들 삽화에는 강화 요새, 관청, 강화 전경, 전쟁터, 무기류 등이 묘사되어 있으며, 강화도로 진격해 들어가는 프랑스 함선에서 휘날리는 삼색기도 보인다 (그림-2).

이러한 주베의 체험기는 8년 후인 1873년 인기 화보 여행지였던 『르 뚜르 뒤 몽드』에 다시 보완되어 소개된다. 이 여행기 속에 10점의 한국 관련 삽화가 게재되어 주목을 받았는데, 주요 내용은 가마 탄 관리 일행, 선비의 서재, 어촌의 농가, 양반의 묘지 등이었다. 이들 삽화들은 주로 영국 등 서양 언론에 다시 게재됨으로써 한국의 세부적인 이미지를 본격적으로 전파시키는 계기가 되기도 했다.

주베는 서양인으로서는 처음으로 조선의 내륙에 진입하는 감회를 이렇게 적고 있다.

"나는 외부 세계에 전혀 알려지지 않았고 탐사되지 않은 지역에 들어가는 커다란 행운을 얻었다."

이 같이 주베는 서양인으로서는 최초로 조선 내륙의 풍물들을 목격하는 행운과 이것들을 스케치로 담아야겠다는 사명감을 동시에 갖고 있었다.

프랑스군이 강화도 일부를 점령했을 때 관아의 창고에서 다량의 무기와 함께 양초와 다리미 등 여러 가지 물건들을 발견했는데, 이 중 특별히 관심을 끈 것은 고서적이었다고 주베는 밝히고 있다.

이 때 탈취해 간 도서는 강화부 소재 외규장각에 소장되어 있던 의궤 297권이 포함된 고서 340여 권으로 매우 중요한 사료가 다수 포함되어 있다. 주베의 기록과 같이 프랑스 국립 도서관에 보관되어 있는 이 고서들의 반환이 아직도 해결되지 않은 상태로 남아 있어 우리를 더욱 안타깝게 한다. 이밖에도 파리 국립 도서관에는 구한말 초대 프랑스 공사였던 쁠랑시가 수집한

『직지심경』이 있는데, 이것은 금속활자로 인쇄된 세계에서 가장 오래된 책이다. 이 책은 한때 파리에서 경매에 부쳐졌는데 소개 책자에는 "구텐베르그가 유럽에서 활자를 발명하기 훨씬 이전에 한국은 이미 금속활자를 사용하고 있었다"라며 한국이 지녔던 우수한 인쇄 문화를 강조했다.

당시의 상황을 지켜본 주베는 프랑스의 무력 개입에 경종을 울리면서 "서구 문명과 과학은 조선을 제압시킬 힘이 있다. 그러나 이러한 인위적인 강점으로 조선 문화의 고유성이 약화되고 독창성마저 잃게 됨을 무시해서는 안 된다"고 역설했다.

이 사건 이후 20여 년이 지난 1886년에 한국과 프랑스는 우호조약을 체결함으로써 새로운 시대를 열어 가게 된다. 그러나 이 때는 조선이 이미 주변국과 열강의 틈바구니에서 주도권을 상실해 가면서 국권이 흔들리는 격동기로 모든 것이 너무 늦은 시기였다.

사실 이 사건 직전인 1866년 7월 평양 대동강변에서는 미국 상선 제너럴 셔먼 호 선원들이 상륙해 약탈을 일삼다가 평양 군인과 백성들의 지략에 의한 화공으로 배는 불타 버리고 선원들도 붙잡혀 살해당하는 사건이 일어났다. 이 사건 역시 조선의 쇄국을 부채질하는 자극제가 되었던 것이다.

미국은 결국 이 사건을 구실 삼아 1871년 4월 강화도를 공격함으로써 병인양요에 이어 서양과의 두번째 충돌인 신미양요를 맞게 된다.

신미양요

일본을 개항시킨 미국은 여세를 몰아 조선을 개항시키고 국교를 수립하려고 여러 차례 시도했으나 조선인들의 완강한 저항으로 성공하지 못했다. 특히 1866년 7월에는 미국 상선 제너럴 셔먼 호가 대동강을 따라 평양 부근까지 침입하여 만행을 저지르다 평안 감사 박규수를 중심으로 한 조선 민·관·군의 화공(火攻)을 받고 불타 버렸다. 그러자 미국의 그란트 대통령은 1870년에 이 사건에 대한 보복으로 새로운 철갑선을 만들어 조선을 원정하도록 승인하는데 이것이 바로 신미양요다.

1871년 4월 8일, 청나라 주재 미국 공사 로(F. F. Low)와 아시아 함대 사령관 로저스(J. Rogers) 제독이 기함(旗艦) 콜로라도 호를 비롯한 다섯 척의 군함에 85문의 대포와 1,230여 명의 군인을 싣고 조선을 원정하러 강화도 앞바다에 도착한다. 원정의 목적은 제너럴 셔먼 호에 대한 사과를 받아 내고 통상조약을 체결하는 것이었다. 4월 14일, 이들은 서울로 가는 길목인 손돌목을 지나려다가 강화도의 포대로부터 포격을 받고 후퇴했다. 그러자 미국은 이에 대해 조선 정부가 사과하고 배상할 것을 요구해 왔다. 그러나 조선 정부는 미국 함대가 허락 없이 강화 해협을 항해하는 것은 영토 침략 행위이므로 협상이나 사죄를 할 수 없다고 요구를 거절한다. 결국 협상은 결렬

되고 미 함대는 초지진과 덕진진을 점령한 후 광성진을 공격했다.

이 삽화는 바로 이 때 덕진진을 점령한 미국 군인이 성조기를 게양하는 모습이다.

조선군은 광성진에서 화력의 열세로 패배했지만 미국은 본래의 목적인 통상 교섭은 성공하지 못하고 40여 일만에 중국으로 철수하고 만다.

이 때 충청, 전라, 경상도의 물자가 서울로 수송되는 수로인 강화 수로를 미군 함대가 봉쇄함으로써 서울에서는 식량난이 발생하고, 물가가 올라 서양인에 대한 거부감은 더욱 높아졌다. 이 사건을 계기로 척화비가 전국에 세워지고 쇄국정책은 더욱 강화되었다.

미국인들은 이 사건을 한국 전쟁(Korean War)이라고 불렀으며, 한국 야만인들과의 전쟁이라고 분명하게 못박고 있다. 그러고는 강화도를 점령하고 나서 의기양양하게 점령한 성곽 위에 성조기를 게양하고 있는 것이다.

이 그림은 「덕진진 요새의 점령」이라는 제목으로 미국의 시사 주간지 『하

[그림-1]

퍼즈 위클리』1871년 9월 9일자에 실려 있다(그림-1).

당시 광성보 전투에 참전하여 성조기를 게양했던 미군 병사는 "이것은 미국이 남북전쟁 이래 처음으로 벌인 치열한 전투 끝에 점령한 아시아의 보루에서 미국 국기를 최초로 게양한 의미있는 전투였다"고 회고했다.

전쟁 직전까지만 해도 미국은 근대적 장비를 갖지 못한 조선군을 쉽게 제압할 수 있으리라고 생각했다. 그러나 실제 전투에서 맞서게 된 조선군의 예상치 못한 완강한 저항으로 격전을 치러야 했던 한 미국 병사는 참전 경험을 이렇게 전했다.

"치열한 접전이 지속되는 가운데 조선군들은 갑자기 이상야릇한 군가를 부르기 시작했다. 세계의 어떤 음악도 이처럼 소름 끼치게 하지는 못 할 것이다. 저절로 몸서리쳐지게 하는 이 곡조는 총칼이 맞부딪치는 소리보다도 더 오랫동안 우리를 움츠러들게 했다. 그들은 신식 무기 앞에서 돌과 창으로 대항하면서도 죽을 때까지 필사적으로 싸웠다."

또한 이 전투에 참전했던 미국 해군 슬라이 소령도 당시 조선군의 참혹한 항전과 용맹을 이렇게 회고했다.

"광성보 함락에 있어 미군의 작전은 힘겨운 것이었다. 이 곳은 강화의 진지 중 가장 요충지였기 때문에 조선 수비군은 결사적으로 싸웠다. 미군은 함성을 지르며 진격해 들어갔고, 탄약을 갈아 넣을 여유도 없었던 조선군은 창과 칼로 방어했다. 그러나 대부분은 무기도 없이 맨주먹으로 싸웠으며, 모래를 뿌려 상대방의 눈에 손상을 주려 했다. 그들은 끝까지 항전했고 수십 명은 총탄을 맞아 강물에 나뒹굴었으며, 어떤 자는 스스로 목을 찔러 자결하거나 물속으로 투신했다. 조선군은 근대적인 총을 단 한 자루도 보유하고 있지 않았으며, 노후한 재래식 무기를 가지고 미군의 총포에 대항했다. 그들은 마지막까지 필사적으로 싸우면서 진지를 사수하다 장렬하게 죽어

갔다. 가족과 국가를 위해 이보다 용감하게 싸운 국민은 다시 찾아보기 힘들 것이다."(그림-2)

미군들은 광성보와 부근의 포대 등 모든 군사시설을 파괴, 방화한 후에 약탈한 노획품과 조선군 포로를 함정에 싣고 철수하기 시작했다. 이 때 보도반은 승리의 현장을 기념 사진으로 담았다. 이처럼 전리품을 가득 실은 미군이 축포를 쏘고 우렁찬 함성을 지르며 강화도를 떠남으로써 한미간 전쟁은 막을 내렸다.

[그림-2] 전투 직후 맥키 요새(광성보)의 처참한 모습(『하퍼즈 위클리』, 1871년 9월 9일).

수신사들의 피곤한 귀환 지쳐 갑판 위에 누워 버린 외교관

이 그림에서는 결코 내키지 않는 일을 겨우 해내고 귀환하면서 긴장이 풀려 늘어진 조선 관리들의 갑갑한 심정이 읽힌다. 개화의 바람이 그만큼 탐탁치 않았던 것이다. 1876년 조선은 마침내 일본의 강요에 의해 강화도조약을 체결하게 되는데, 이는 조선이 외부 세계에 문호를 개방하는 시발점이기도 했다.

영국 주간지 『런던 화보 뉴스』 1881년 3월 19일자에 실린 이 그림의 제목은 「일본 기선 다카사고마루 호에 승선하여 조선으로 귀환하는 조선 수신사 일행의 모습」이다(그림-1).

우연히 이 배에 동승했던 영국의 저명한 기행화가 조셉 벨이 배 안에서 휴식을 취하고 있는 조선 외교관의 모습을 스케치한 것이다. 죠셉 벨은 당시 급변하는 동남아와 러시아 등지의 모습을 화폭에 담기 위해 여행 중이었는데, 1880년 8월 4일(음력) 일본을 출발해 부산을 향하는 선상에서 만난 조선 수신사 일행을 보고서 호기심이 발동하여 그림을 그렸다고 밝히고 있다.

시기적으로 볼 때 벨이 목격한 이들은 바로 제2차 수신사로 파견되어 약 1개월간 일본에 머물다 귀임하는 58명으로 구성된 김홍집 일행이다. 제1차

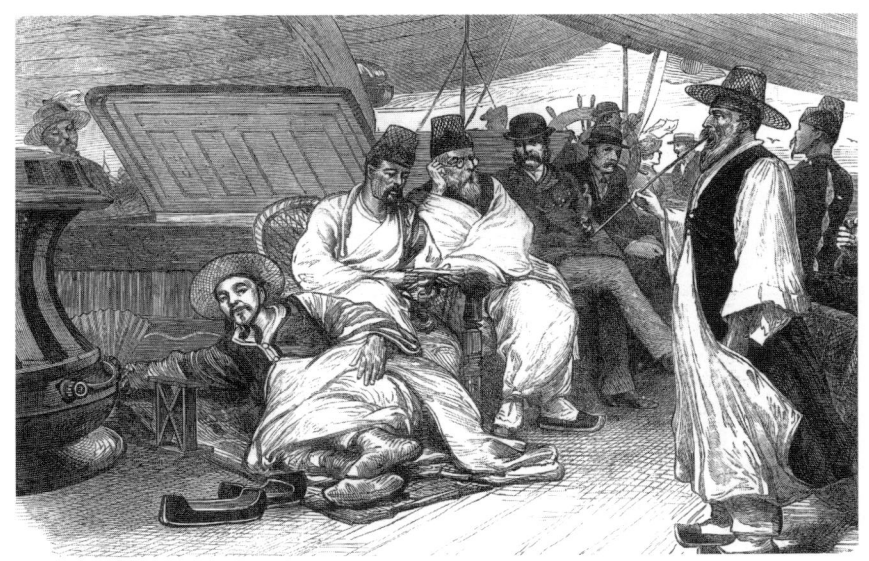

[그림-1]

수신사는 1876년 4월 4일에 김기수를 단장으로 하여 76명이 일본에 건너가
일본의 문물을 시찰한 바 있다(그림-2). 이전까지는 통신사라는 명칭으로
일본에 사절단을 파견해 왔었다.

황현의 『매천야록』에도 수신사 김홍집의 일본 방문에 관한 기록이 나온다.

"경진년(1880년) 여름 전(前) 승지 김홍집(金弘集)이 수신사로 임명되어 일
본을 방문하였다. 제물포항을 개항한 지 1년 남짓 되었는데, 이 때 일인들은
점차 한성과 가깝게 있기를 간청하므로 조정에서는 신문(新門) 밖에 있는 천
연정을 그들의 주재지로 허락하여 주었다. 일본의 영사는 그 곳으로 와서
거주하고 있으면서 갖가지 요구를 다하였다. 그가 요구한 사항은 약조를 어
긴 것이 절반은 되지만 결국 그 문제를 해결할 수 없어 김홍집이 가게 된 것
이다."

[그림-2] 요코하마에 도착한 1차 조선 수신사 행렬(『런던 화보 뉴스』, 1876년 8월 26일).

이와 함께 김홍집에 대한 황현의 간략한 인물평을 참고해 보자.

"김홍집은 젊어서 출세하여 병자년(1876년)에 흥양 현감으로 부임하였을 때 선정(善政)을 하였으므로 백성들은 흉년을 모르고 지냈다. 그리고 그 후 얼마 안 되어 그는 통정대부(通政大夫)가 되었다. 그는 영민하고 정사에 통달하여 많은 사람들의 칭찬을 받았다."

김홍집은 온건 개화파로 외교 능력이 뛰어나 임오군란, 갑신정변으로 개화파들이 축출될 때도 관직을 유지했다.

벨은 세계 열강들이 서로 군침을 삼키고 있던 조선의 운명을 생각하며 이렇게 적고 있다.

"그들이 모쪼록 평화적인 결과를 얻기 바란다."

이는 조선을 둘러싼 국제 정세가 전쟁의 위험으로까지 치닫고 있음을 예감한 말이다. 모든 것이 뒤진 상황에서 어떤 식으로든 나라를 구하려고 몸부림쳐야 했던 조선의 뜻있는 인사들의 고단했던 상황이 갑판 위에 드러누운 수신사들의 지친 모습에서 엿보인다. 피곤하고 지루해 보이는 모습이 특히 그렇다. 그것은 어쩌면 당시 조선의 앞날이 캄캄했던 상황과도 무관치 않을 것이다.

그러나 벨의 기원에도 불구하고 평화는 사라지고 청일, 러일 두 차례의 전쟁이 일어나고 결국 조선은 일본의 손아귀에 들어갔다.

한영 수호통상조약 체결 영국을 통해 러시아를 견제한다

조선과 영국의 조약 체결은 강화도조약 이후 일본의 조선 진출을 견제하려는 청나라의 주선에 따라 조선과 미국의 조약 체결 직후에 이뤄진 것이다. 미국, 영국, 독일 등과 조약을 체결한 것이 1882년 4월과 5월 두 달 사이였다. 바야흐로 은둔국 조선의 이미지를 벗고 세계 시장에 나서지만 조선을 기다리고 있던 것은 독립된 근대국가가 아니라 제국주의의 식민지였다.

이 삽화는 「조선 정부와의 조약 체결」이란 제목으로 영국 주간지 『런던 화보 뉴스』 1882년 9월 2일자에 게재된 것으로, 같은 해 6월 6일 제물포에서 있었던 한영 수호통상조약 체결 장면이다.

당시 조선의 외교 정책에는 청의 입김이 강하게 작용하던 시기였고, 따라서 일본을 견제하려는 청의 권유에 따라 조선은 미국을 선두로 영국, 독일, 프랑스 등 서양 강국들과 연이어 통상 조약을 맺는다.

이 중 영국은 한반도에 남달리 많은 관심을 보였는데, 그 이유는 부동항을 확보하려는 러시아의 남진정책에 신경을 곤두세우고 있었기 때문이다. 조약이 체결되고 불과 3년 뒤에 영국 해군이 러시아를 견제한다는 명분으로 거문도를 불법 점령한 사실은 영국이 조선과 맺은 조약의 속셈을 단적으로 보여주는 것이다.

[그림-1]

이러한 주변국과 선진 열강들의 틈바구니 속에서 격동기를 맞던 당시 조선을 여행했던 비숍 여사도 역시 자국의 이익 수호를 표명한 바 있다.

"개발의 여지가 있는 자원과 전략적인 가치를 지닌 항구를 보유하고 있는 이 나라를 경쟁국들이 선점한다면 극동에서 영국의 권익은 심각한 타격을 받게 될 것이다."

그림에는 조선의 관리들과 영국 극동 함대 사령관 조지 윌리스 중장이 앉아 있고, 양쪽 가에 청나라 외교 고문들이 배석하고 있다. 이를 통해 당시 청나라가 이 조약 체결에 미친 결정적 영향이 느껴진다.

그러나 이 조약은 관세 장벽이 높아 교역 증대에 도움이 되지 못한다는 영국 상인들의 반대에 부딪혀 재협상에 들어가 이듬해인 1883년 11월 26일 경복궁에서 최종 합의된 조약이 서명됨으로써 한ㆍ영 간의 공식 외교 관계가 수립되었다.

미국 대통령에게 안내되는 조선 사절 **'자주 독립' 소망을 가슴에 안고…**

이 삽화는 「미국 대통령에게 안내되는 조선 외교 사절단」이라는 제목으로 미국 주간지 『하퍼즈 위클리』 1888년 1월 28일자에 실린 것으로, 화가 모우저가 스케치하였다.

1884년 개화파의 갑신정변이 실패로 돌아간 후 조선 내에서 열강 세력들의 힘겨루기는 더욱 첨예해졌으며, 특히 종주국으로 자처하는 청국의 간섭은 더욱 강해지고 있었다. 이에 위기감을 느낀 고종은 국제 무대에서 독립국으로의 의지를 공고히 하기 위해 1887년 8월 박정양(朴定陽)을 주미 전권 공사로 임명해 워싱턴에 파견하려 한다.

그러나 박정양 공사 일행의 파견을 곧 자국에 대한 정면 도전으로 간주한 청나라의 끈질긴 방해 공작으로 결국 1차 파견 시도는 좌절되는 수모를 겪는다. 청나라는 일본이나 러시아는 몰라도 미국을 비롯한 서방과의 외교 교섭에는 반드시 자신들이 개입해야 한다고 생각하고 있었다. 영국과의 조약 체결이 그 대표적인 경우다.

당시 박 공사 일행의 파견 업무를 담당했던 알렌은 고종에게 나라의 명예를 위해서 임명된 외교 사절의 파견은 반드시 실행되어야 한다고 진언했고, 고종도 어떠한 난관이 있더라도 박 공사는 떠나야 한다고 강조한다.

　1887년 11월 박 공사 일행은 2차 시도에서 청국의 강력한 저지를 뿌리치고 미국 선박에 올라 워싱턴으로 향하게 된다. 그러나 신임장 수여식 전날까지 미 국무성과 청나라 공사관 사이의 팽팽한 외교적 줄다리기는 현지의 긴장감을 고조시켰다. 알렌은 당시 상황을 이렇게 회고했다.

　"청국의 끈질긴 방해와 조선 정국의 불안 속에서 서양 문화에 서툰 조선 외교 사절단을 미국 외교 무대로 등장시키는 일은 지금까지 맡았던 어떤 일보다 가장 어려운 것이었다."

　1888년 1월 13일 마침내 클리브랜드 대통령으로부터 신임장을 제정받기 위해 미 국무성 관리의 안내를 받아 으식을 갖추고 기다리는 박 공사 일행의 모습은 독립 수호를 위해 수없는 난관을 헤쳐 온 감동적인 장면이 아닐 수 없다. 이 그림에는 자주독립을 실현하려 했던 조상들의 의지가 담겨 있다.

알렌이 등장했으니 한마디 덧붙이자. 1880년대는 아직 일본의 간섭이 없었고 정부에서도 적극적인 개화와 개혁을 추진하고 있던 때라 외국인으로서 우리 나라의 관직을 차지한 이들이 많았다. 황현은 『매천야록』에서 이들 중 일부의 이름을 관직과 함께 열거하고 있는데, 한자식으로 알파벳 이름을 표기한 것들이 아주 재미있어 소개해 본다.

"청국인 옥석창(玉錫暢)은 군국아문의 참의(參議), 마건상(馬建常)은 찬의(贊議), 미국인 안련(安連 H. N. Allen)과 혜론(惠論 J. W. Heron)은 2품계, 구례(具禮 C. R. Greathouse)와 이선득(李善得 C. W. Legendre) 및 덕니(德尼 O. N. Denny) 등은 내무협판, 프랑스인 묵현리(墨賢理 H. F. Merrll)와 영국인 하문덕(何文德 J. H. Hunt)은 병조참판, 독일인 사납기(史納機 J. F. Schoenicke), 프랑스인 백리(帛梨 T. Piry), 영국인 격류(格類 E. F. Creagh)는 모두 통정대부, 해래백사(奚來白士 T. E. Hallifax)는 통정대부가 되었지만 그 중 묄렌도르프가 가장 저명하였다."

반면 우리 나라 최초의 '근대인'이라 할 수 있는 서재필은 미국에서 돌아온 이 무렵 필립 제이슨이라는 이름을 사용했다.

근대식 외교 연회   양식에 놓인 젓가락

근대적 외교 경험이 전혀 없던 조선 정부는 외교 초기에 수많은 시행착오를 범하게 된다. 말하자면 주변 열강들의 외교적 장난에 놀아난 것이다. 이 장면은 바로 그 열강의 놀음에 놀아나던 구한말의 외교 현장으로, 어쨌거나 우리 나라 근대 외교의 태동기를 상징하는 모습임에 틀림없다.

이 그림은 1888년 초봄 외무대신 조병식의 오찬에 초대받은 미국 총영사 샤이에 롱 대령이 직접 찍은 사진을 정교하게 삽화로 재현한 것이다. 프랑스 화보 잡지 『일류스트라시용』 1894년 8월 25일자에 실린 이 그림의 제목은 「외무대신 공관에서의 주한 외교 사절 초대 오찬」이다(그림-1).

한복 정장 차림에 와인을 곁들인 서양식 오찬과 오른쪽 앞의 인물이 젓가락으로 양식을 먹고 있는 장면이 인상적이다.

구한말 조선에 근무했던 외교관들은 서로의 친분을 다지고 무료함도 풀기 위해 돌아가며 저녁 초대를 하곤 했다. 이러한 분위기 속에서 한국의 외무대신도 정례적으로 주한 외교 사절을 위해 만찬을 베풀었다고 한다.

샤이에 롱 대령은 이집트 총영사 등을 지내며 독어, 불어 등 여러 나라 말을 유창하게 구사하는 명성 있는 미국 외교관으로 1912년 자신의 외교관 생활을 담은 자서전 『4대륙에서의 외교관 생활』(*My Life in Four Continents*)을

[그림-1] 외무대신 공관에서의 오찬 장면.

집필하기도 했다. 그는 부임 후 얼마 되지 않아 초대받은 외교적 오찬이었기 때문인지 호기심을 갖고서 아주 세심하게 관찰하게 되었다고 말하며 당시 연회장을 이렇게 묘사했다.

"65세의 외무대신은 연회장에서 외교 사절들을 일일이 맞이했으며, 오찬이 시작되자 무희 8명이 들어와 식탁 사이에 앉았다. 식탁은 유럽 스타일로 꾸몄으며, 메뉴도 역시 서양식으로 전통주(매우 알콜 농도가 높은 곡주), 맥주, 샴페인까지 준비되어 있었다. 그러나 왕과 양반들이 매일 즐겨 먹는 대표적인 전통 음식인 보신탕은 빠져 있었다. 통역관과 기생들이 각 외교 사절들 사이에 끼여 있었으며, 수려한 인품을 지닌 외무대신은 능숙하게 외교 사절들과 환담하며 오찬을 격식있게 진행시켰다."

[그림-2] 외줄타기(『일류스트라시옹』, 1895년 8월 25일).

샤이에 롱이 개고기에 대한 호기심을 감추지 못한 것만큼이나 우리의 전통주도 서양인들에겐 매우 인상적이었던 듯하다. 프랑스의 민속학자 샤를르 바라가 파리에서 기고한 「조선 여행기」(1892년)에서 우리 전통주의 월등한 맛과 색에 감탄하는 대목이다.

"희거나 붉은 색조를 띤 한국 술은 쌀이나 밀가루로 빚는데, 숙성시킬 때 숯을 넣어 아주 맑고 빛깔이 곱다. 한국의 전통주는 중국이나 일본 술에 비할 수 없을 만큼 월등한데, 이상하리만치 감칠맛이 나는 이 술은 프랑스 포도주를 연상케 한다. 도수가 높은 이 전통주는 프랑스에 있는 친구들에게 가지고 가고 싶을 정도로 훌륭하지만 오래 보관할 수 없고 담을 용기가 마땅치 않아 아쉽지만 포기해야 했다."

다시 이 그림을 살펴보면 오찬시 함께 있었다고 되어 있는 기생들이 빠져 있다. 샤이에 롱은 그 이유를 이렇게 설명했다.

"나는 사진기를 가져갔는데 오찬이 끝날 무렵 촬영하려고 재빨리 몸을 돌렸다. 이 순간 외무대신이 국가의 공식적인 위신을 고려하여 기생들을 내보낸 후 촬영토록 부탁했다. 그래서 이 그림의 오찬 장면 속에는 기생들이 빠져 있다. 만찬이 끝난 후에는 바로 여흥에 들어갔다. 먼저 공중의 외줄 위에서 곡예를 부리며 지나가는 줄타기가 있었고(그림-2), 이어서 8명의 무희가 궁정 악대의 이색적인 연주음에 맞추어 칼춤 등 전통춤을 추었다. 공연은 마치 파리의 유명 무도회장인 '홀리 베르제'(미친 목동들; 물렝루즈, 리도 등과 같은 극장식 쇼)를 연상케 했다."

한국의 근대 외교는 이런 모습으로 첫발을 내딛고 있었던 것이다.

명성황후 시해 어찌 이럴 수가, 반 인륜적 야만행위

청일전쟁 이후 주도권을 장악한 일본은 조선 정부에 대해 지나친 내정 간섭을 자행했고, 친일 내각을 구성하여 개혁을 단행했다. 왕실뿐 아니라 모든 조선인이 이에 대해 매우 불만이 고조되어 있던 중 일본의 만주 진출이 독일, 프랑스, 러시아 삼국 동맹에 의해 좌절되는 사태가 발생했다. 이 때 고종과 명성황후는 러시아에 접근하여 일본을 견제하려고 했다. 그러자 일본은 명성황후(1851~1895)를 제거하고 친일 정권을 세우려고 음모를 꾸몄다.

1895년 8월 20일, 일본 공사 미우라 고로는 대원군을 앞세워, 일본 군대와 낭인 그리고 해산설로 불만이 고조되어 있던 훈련대원들 일부를 동원하여 왕궁을 습격한다. 세자가 상투를 붙들린 채 쓰러졌고, 궁내부 대신 이경직은 고종 앞에서 무참히 살해당했다. 그리고 명성황후는 살해당한 후 불태워졌다. 이 사건이 이른바 을미사변이다.

이 사건이 있은 후 일본 당국은, 대원군과 일부 조선인들이 저지른 범행이며, 명성황후는 대궐을 탈출하여 몸을 숨겼다고 날조하여 사건을 은폐하려고 시도하지만, 이 사건을 직접 목격한 미국인 교관 다이와 러시아인 전기 기사 사바친(G. Sabatin)에 의해 진상이 밝혀지자 나라 안팎이 들끓게 된다.

그러자 일본은 미우라 고로를 비롯하여 범행에 가담했던 48명을 본국으

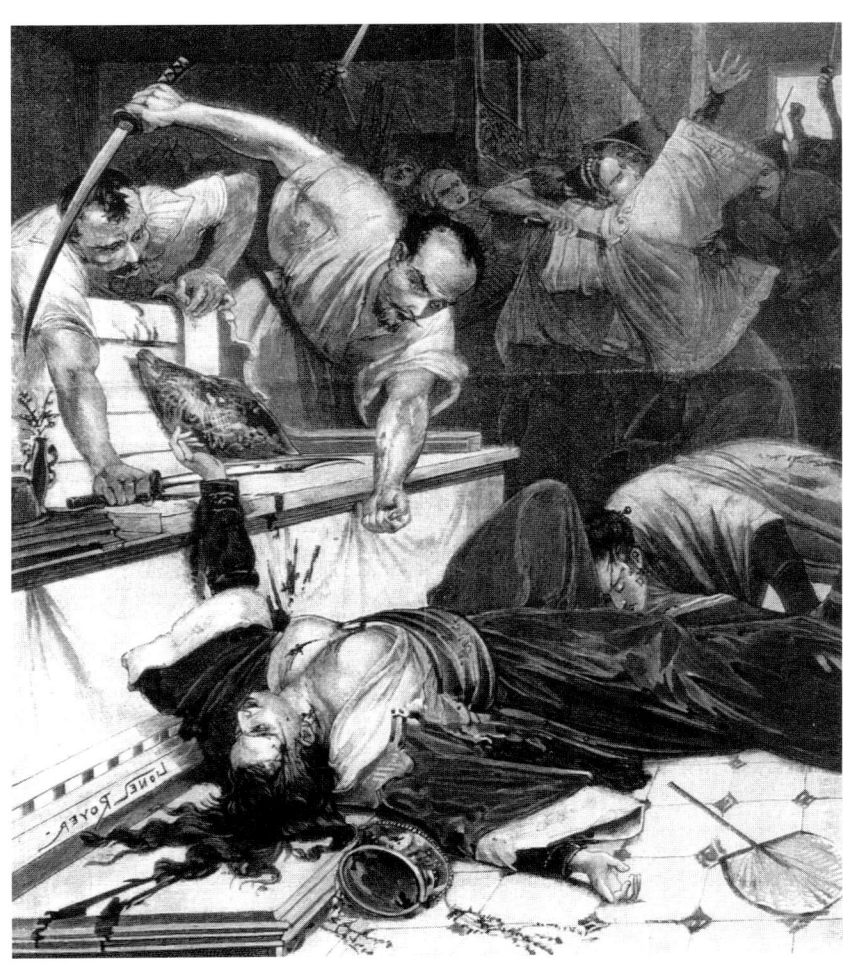

파란 눈에 비친 하얀 조선

로 소환하여 형식적인 재판에 회부하지만 이내 전원이 무죄로 석방되었으며 영웅 대접을 받았다. 한편 국내에서는 반일 감정이 극에 달해 각지에서 의병이 일어나게 된다.

이 그림은 「조선 왕비의 살해」라는 제목으로 1895년 프랑스 삽화가 리온 르와이에가 당시 상황을 리얼하게 재현시킨 기록 동판화로 국내에는 이번에 처음 공개되는 것이다. 당시 서양 외교관들 사이에서 입으로 전해지던 사건의 실상을 바탕으로 상상력을 동원해 시해 현장을 생생하게 재현한 이 그림에서, 현장을 이처럼 시각화하려 했던 서구인들의 마음을 헤아려 볼 필요가 있다. 그것은 이 사건이 한마디로 문명을 파괴하는 전형적인 야만행위로 너무도 경악스런 일이었기 때문이다.

일본의 사주를 받은 자객들의 시퍼런 칼에 젖가슴 등 온몸을 난도질당하고 피를 흘리며 무참하게 쓰러진 왕비 곁에는 관(冠)이 나뒹굴고 있다. 주먹을 불끈 쥔 채 죽어 가는 시신을 노려보는 자객들의 눈매에는 살기가 등등하다. 아직까지 명성황후의 시해와 관련된 사진은 물론 삽화조차도 발견된 적이 없다. 더욱 안타까운 일은 명성황후의 진짜 얼굴도 밝혀지지 않은 채 표류하고 있는 점이다. 이러한 점에서 당시의 시해 현장을 묘사한 100여 년 전의 이 삽화는 비록 자객이나 황후의 얼굴이 서양인의 모습을 하고 있지만 특파원들의 보고를 근거로 사실성을 폭로한 다큐멘터리 자료로서의 가치를 지니고 있다.

당시 황실에 고용된 러시아인 전기 기사로서 왕비 살해 현장에서 극적인 상황을 직접 목격할 수 있었던 사바친의 증언은 가슴을 졸이게 한다.

"30여 명의 일본 자객들이 왕궁으로 돌진하면서 '왕비가 있는 궁이 어디냐'고 다그쳤다. 그들은 왕비가 어디 있는지에 대해 자백을 강요하면서 측근 신하와 궁녀들을 무지막지하게 다그쳤다. 그 순간 나도 죽음의 위협을 느꼈다. 자객들 속에는 일본 군복을 입은 자들도 섞여 있었다. 현장에 있던 왕자는 황후에게 접근하는 시간을 조금이라도 지연시키기 위해 피하지 않고 그대로 있었다. 왕자의 방으로 들이닥친 자객들은 왕자를 보자마자 내동댕이쳤고 이를 제지하는 궁전 내관 이경직을 살해했다. 짓이겨진 왕관과 왕위의 위엄에 아랑곳하지 않는 이들은 칼을 들이대면서 왕비의 소재를 찾는 데만 혈안이 되어 있었다. 마침내 그들은 시퍼런 칼로 조선의 왕비를 무참하게 쓰러뜨렸다. 요행히 살아 남은 궁녀들이 왕비의 시신을 덮어 옮기던 중 시신이 드러나자 경련하며 통곡하고 말았다."

최근에는 일본의 다큐멘터리 작가 츠노다 후사코(角田房子)에 의해 더욱 충격적인 사실이 공개되기도 했다. 그는 저서 『민비암살(閔妃暗殺)』에서 이렇게 적고 있다.

"민비의 유체 곁에 있던 일본인들 가운데 동포인 나로서는 쓰기 어려운 행위가 있었던 것이 보고되어 있다. 법제국 참사관을 지낸 자로 당시 조선 정부의 내부(내무부) 고문관이었던 이시즈카는 법제국 장관 스에마츠에게 보낸 보고서 속에서 '참으로 이것은 붓으로 쓰기가 견디기 어렵지만……'이라고 전제한 뒤에 그 행위를 구체적으로 쓰고 있다."

그 행위란 시간(屍姦)이었다.

청일전쟁　

영국 『그래픽』지 1895년 3월 9일자에 실린 그림으로, 이 잡지 종군기자이자 화가였던 후리프가 청일전쟁 당시 조선에서 목격한 장면을 스케치한 것이다. 그는 이 그림과 함께 기사를 통해 청일전쟁 당시 청나라 군인들이 조선 백성에게 저지른 각종 만행에 대해 낱낱이 고발하고 있다.

"힘 없고 불운한 조선인들에 대한 청나라의 태도는 대단히 고압적이었다. 그들은 조선인들을 마치 정복국의 주민을 대하듯 위협하고 있었다. 특히 청일전쟁 개전 초기에는 무자비한 강간과 약탈을 자행하였다."

흔히 일본 비판의 차원에서만 언급해 온 우리의 입장에서 볼 때 청일전쟁을 새로운 시각에서 접근토록 하는 그림이다. 막연히 청나라가 그 전쟁에서 패했다고 해서 그들이 우리 나라 사람들에게 어떤 짓을 했는지에 대해서는 아무런 의문도 던지지 않았기 때문이다. 그러나 후리프의 보고는 상당히 충격적이다.

"당시 청군의 병참부는 조직 등 모든 것이 매우 낙후되어 병사들로 하여금 조선 주민들로부터 식량 등 필요한 물자를 자체 조달토록 하였다. 이를 거부하거나 반항하는 소유주들은 즉시 총살하는 등 무지막지하게 다루었다. 삽화에서 보듯이 그들의 약탈에 반항하는 소 주인을 무참히 총으로 쏘는 장면은 당시의 참혹했던 현장을 일깨워 준다."

또한 "당시 청군들은 그들의 일상 양식인 쌀, 배추 등을 현지에서 조달하고 요리하는 데 매우 숙달되어 있었다"는 기록도 보인다.

그리고 후리프의 보고에는 당시 청나라 군인들의 실상을 보여 주는 대목도 있다.

"청군들은 오합지졸이었고 기강도 해이했으며 전쟁에 대한 관심도 부족한 것처럼 보였다. 물론 일본에 대한 적개심은 증폭했으나 그들이 전투에서 보여준 전투력은 보잘것없었다."

조선 정부가 청나라와 일본에 대해 취했던 태도와는 무관하게 역사 자료에는 청나라의 조선인들에 대한 횡포가 많이 나온다. 황현이 쓴 『매천야록』의 1889년 기록이다.

"청국인들은 우리 나라를 후원할 때 서울에 있는 걸인들을 데려다가 중국으로 팔아 넘겼다. 그 수는 해마다 1천 명을 헤아렸다."

같은 책에는 이 그림과 직접 연결될 수도 있는 기록도 있다. 1894년 청일전쟁의 평양전투 때의 일이다.

"청병은 음행(淫行)과 약탈을 자행하여 날마다 뇌물을 요구하므로 공청과 민가를 막론하고 모두 곤경에 빠져 그들을 원수처럼 여겼다. 심지어는 그들이 평양에서 포위되었을 때 가산(家産)을 다 바쳐 일병을 인도한 사람이 있었는가 하면, 그들이 패전하여 도주할 때 백성들은 그들이 숨어 있는 곳을 다 가르쳐 주었으므로 그들은 포위망을 벗어난 사람이 드물었다."

반면 경술 국치로 인해 자결한 황현임에도 불구하고 일본군에 대해서는 이런 기록을 남기고 있다.

"이 전투가 전개될 때 일병들은 모든 군수품을 자국에서 운반하고 심지어 시탄(柴炭)까지도 자국에서 운반하여 사용하였으며, 그들이 가는 곳마다 물

까지도 사서 마셨다. 그들의 군령(軍令)은 이처럼 엄숙하여 우리 나라 백성들은 그들에게 병사라는 것을 느낄 수도 없었기 때문에 그들의 향도(嚮導)가 되는 것을 매우 기쁘게 생각하고 있었다."

후리프의 기록과 거의 다를 바가 없다. 그만큼 청군의 만행은 널리 행해졌던 것 같다. 이미 청일전쟁은 전투 현장에서 승패가 정해져 있었던 것이나 다름없었다. 1894년의 전쟁으로 수백 년을 이어 온 중국과 조선의 주종 관계는 단절되고 꼭 100년이 지난 지금에야 다시 중국과의 교류가 재개됐다. 100년 전에 일어난 이 전쟁 때문에 수천 년에 걸친 한국에 대한 중국의 영향력이 일거에 사라지고 그 자리를 일본이 차지하게 됨으로써 일제 강점이 시작되었다.

아관파천 　일본보다는 러시아가 나을까

　　1895년 청일전쟁에서 승리한 일본은 조선을 보호국으로 만들기 위해 보다 적극적으로 내정에 간여한다. 이러한 일본의 의도가 러시아의 강한 반발을 일으키면서 조선에서의 주변국 및 열강 사이의 대립은 더욱 첨예해진다.

　　이러한 상황 속에서 명성황후를 중심으로 일본 세력을 제거하려는 시도가 진행되자 이에 당황한 일본은 마침내 명성황후를 시해함으로써 러시아와 일본의 갈등은 극에 달하게 되고, 일본에 의해 저질러진 을미사변과 단발령 등으로 인해 조선 내에서는 반일 감정이 더욱 고조되었다.

　　그러자 1896년 2월 11일, 당시 이범진, 이완용 등의 친러파와 러시아 공사 베베르(K. I. Weber)가 고종을 회유하여 러시아 공사관으로 피신케 하고는 김홍집, 정병하 등 친일파를 제거한 뒤 친러 내각을 구성하게 되는데, 이 사건이 아관파천이다. 이 사건을 계기로 단발령이 유보되며, 갑오개혁은 원점으로 돌아가고, 러시아에서는 조선에 재정고문과 군사고문을 파견하여 영향력을 강화한다. 하지만 독립협회와 유림들을 중심으로 환궁을 요구하는 국내 여론이 고조되자 마침내 고종은 1년만에 열강의 공사관으로 둘러싸인 경운궁(지금의 덕수궁)으로 환궁하게 된다.

　　이 삽화는 1902년 미국에서 발행된 허버트(A. B. Hulbert)의 저서 『제주도

의 여왕』에 「포고문 낭독」이라는 제목으로 실려 있다. 종각 주변의 거리 현
장을 묘사하고 있는데, 포고문이 낭독되고 있는 거리의 동정을 살피면서 말
을 탄 채 내려다보고 있는 러시아 장교는 너무도 당당하고 위압적으로 보인
다. 이 삽화는 아관파천과 직접적으로 관련된 영상 자료가 희귀하다는 점에
서 우선 그 사료적 가치가 크다.

허버트는 당시 포고문이 낭독되고 있는 상황을 이렇게 기록하고 있다.

"한러 협약이 발표되었는데, 이것은 겉으로는 조선 국왕의 부담을 덜어
주고 보호한다는 인도적인 동기를 내세웠지만, 실제로는 러시아가 조선에
서 군사, 재정 등 전반에 걸쳐 주도권을 장악했음을 공식 선포한 것이었다.
내가 큰길로 막 들어섰을 때 이 포고문은 여기저기서 배포되고 있었다. 미
처 읽지 못한 사람들은 길거리에서 포고문을 줍느라 법석이었다. 일부 선동
적인 사람들은 포고문을 일부러 소리내어 읽기도 하였다. 이미 내용을 인지
한 군중들은 술렁거리고 있었다. 어떤 이는 고함을 치면서 분통을 터뜨렸고
포고문을 갈기갈기 찢으면서 울분을 토해내기도 했다. 한쪽에서는 혼자서
다시 보려고 포고문을 옷 속에 구깃구깃 집어넣기도 하였다. 또한 가정에서
는 조심스레 귀를 기울이는 가족들 앞에서 욕설을 퍼부으며 격한 감정을 드
러내는 선비들의 모습을 목격할 수 있었다. 이 날은 묘하게도 국가 경축일
이었다. 일반적으로 경축일은 나라가 축제로 들뜬 분위기에 빠지기 때문에
이를 이용하여 서민들의 반대 투쟁을 약화시키려는 계략이 숨겨져 있었던
것이다. 막상 소수의 애국자들이 저항한다 해도 헛수고였다. 이들은 러시아
의 지배하에 쇠약해 가는 조국을 바라보면서도 마치 침몰해 가는 배의 생쥐
처럼 기력을 상실해 가고 있었다."

아관파천의 상황에서도 미국, 영국, 독일 등 열강들은 계속 조선에서의 자
국의 이익을 주장해 각종 이권이 외국인의 손으로 넘어가게 된다. 이러한

시각에서 볼 때 러시아 기마병의 감시 아래서 아관파천에 관한 포고문을 낭독하는 이 한 장의 삽화는 열강 속에서 소용돌이쳤던 구한말의 격동을 상징하고 있다.

한편 아관파천 시기에 열강에 의한 국권 침략과 민권 유린에 항거하여 자주 국권과 자유 민권, 자주 개혁사상을 내건 민주 근대화 운동이 벌어졌다. 이는 우리 나라 최초의 근대적 사회운동이 나타나는 계기가 되기도 했는데, 독립협회 운동이 대표적인 사례이다. 그러나 독립세력은 소수였고 나라의 운명은 점차 풍전등화의 위태로운 혈국이 되어 가고 있었다.

무장한 향토 방범대 내 고향은 내가 지킨다

  구한말 조선의 정세는 서구 열강과 중·일·러 등 주변 강국의 야욕 속에서 내외적으로 이미 전 세계를 지배하던 제국주의 침략의 위협 앞에 힘없이 표류하는 국면이었고, 일반 민초들은 드문드문 보게 되는 외국인들의 모습에서 위기의식이 높아 가고 있었다.

  이러한 정세 속에서 타락한 향리들은 서민에게 세금을 가중시키는 등 갖은 행패도 날로 심해져 양반 관리들에 대한 불평은 고조되어 각지에서 민란이 자주 일어났다. 게다가 조정이 쇠약해진 틈을 타 물화(物貨)가 모이는 시장 같은 곳에서는 종종 화적들이 출몰하면서 서민들의 생활은 내외적으로 불안할 수밖에 없었다.

  이 삽화는 1888년 가을부터 1889년 초에 서양인으로는 최초로 서울을 출발하여 경상도를 거쳐 부산까지 조선 내륙 지방을 종단했던 샤를르 바라가 부산에서 직접 목격한 「무장한 향토 방범대가 군가를 부르며 행진하는 모습」으로, 1892년에 나온 프랑스 여행 월간지 『르 뚜르 뒤 몽드』(세계 일주)에 실려 있다.

  민간인들이 손에 병장기를 들고 순찰을 도는 이 장면은 여러 가지로 상징적이면서도 간절한 리얼리티를 간직한 그림이다. 우선 외국인들이 이런 장

면을, 그것도 서울이 아닌 지방에서 목격하기란 쉽지 않았을 것이다. 그런데 운좋게 포착되어 우리 자신도 잘 모르고 있는 조상들의 모습을 전해 준다는 점에서 한편 고맙기까지 하다.

프랑스 문교성의 지원으로 조선을 샅샅이 탐험했던 바라는 당시의 목격담을 이렇게 적고 있다.

"산적들의 은신처로 잘 알려진 진창동을 지나 마방(Ma-pang)이라는 작은 고을에서 우리 일행은 여장을 풀었다. 저녁을 먹던 중 멀리서 우렁차고 호전적인 군가 비슷한 합창소리가 점점 가까이 들려왔고, 마을 어귀를 돌아 이들이 모습을 드러냈을 때 모두가 완전무장을 하고 있어 매우 놀랐다. 조선 정부의 힘이 쇠약해진 것을 틈타 출몰이 잦아지는 도적떼에게 위협을 주기 위해 무장한 채 밤새껏 횃불과 악기를 들고 군가를 합창함으로써 방어 의지를 과시하는 주민들의 행진 모습은 퍽 인상적이었다."

이 장면을 지켜보면서 바라는 상당히 두려웠던 듯하다.

"이런 예기치 못한 장면을 보고서야 도적떼의 심각성을 새삼 실감했으며, 육로로 험한 산길을 탐험하는 우리 일행도 언제 도적의 공격을 받을지 모른다는 위험을 느꼈다. 따라서 이들 방범대가 하듯이 우리도 무기를 잘 보이게 무장하고 민첩성이 효율적인 방어라고 생각하여 일정을 서둘렀다."

각종 무기로 무장한 방범대의 흥분한 모습에서 무능한 조정을 원망하는 눈빛을 읽어 내는 것은 어렵지 않다. 어느 미국인 선교사는, 한국인은 나라를 걱정하는 애국심이 몸 속에서 항상 끓고 있는 민족임을 느낄 수 있었다고 회고했다. 어쩌면 이들이 막아 내고자 했던 것은 단순한 화적을 넘어 정부의 무능과 외세의 침략까지를 다 포함하는 것이었는지 모른다.

조선 전신국을 강점하는 일본군

1885년, 우리 나라에서는 처음으로 한성-제물포(仁川) 간에 전신망이 개설되었다. 이 전신망은 조선에 대한 영향력을 강화하려는 의도로 청나라가 주도하여 가설한 것으로 신의주를 거쳐 청나라의 봉황성까지 연결시켰다. 따라서 당시 이 시설은 청나라 전보총국의 관리를 받고 있었다. 그 후 조선을 둘러싼 주변 강국들의 힘겨루기가 한창이던 시기인 1888년에 서울에서 부산까지 전신선이 확장되었고, 다시 부산에서 해저선을 통해 일본까지 연결됨으로써 청일 양국 간에는 문명의 기술이 동원된 첨예한 '통신전쟁'이 조선 땅에서 시작되었다. 이러한 통신망을 장악하려는 통신 전쟁은 곧이어 닥칠 청일전쟁을 예고하는 것이기도 했다.

철도와 전신 · 전화가 발명되면서 교통과 통신은 통치와 전쟁에서 결정적인 변수가 되었다. 조선을 대상으로 쟁탈전을 벌이던 일본과 청나라의 경우도 좀더 효율적으로 조선을 선점하기 위해서는 통신망의 점령이 우선이었다. 한일의정서에 입각해 철도 부설권을 이미 가로챈 일본은, 1905년 4월 1일 통신기관 위탁에 관한 협정을 맺고 우편, 전신, 전화 사업에 대한 권리마저 박탈하여 대한제국은 식물인간이나 마찬가지의 상태로 전락한다.

이 그림은 1905년 프랑스인 앙리 갈리가 쓴 책 『극동에서의 러일전쟁』에

게재된 그림으로, 「일본군에 무력으로 강점되는 조선 전신국」이란 제목이 붙어 있다.

이 그림은 당시의 사정을 함축적으로 보여 주고 있다. 교신 중에 갑자기 들이닥친 일본군의 출현에 당황하는 청나라 통신원과 조선의 통신망을 놓고 양국간에 치열하게 사투를 벌이는 사정을 아는지 모르는지 문 밖의 조선 사람들은 무관한 듯 길을 가고 있는 모습이 너무 대조적이다. 사실상 국권을 상실한 조선의 무기력한 처지를 대변하는 듯한 장면이다.

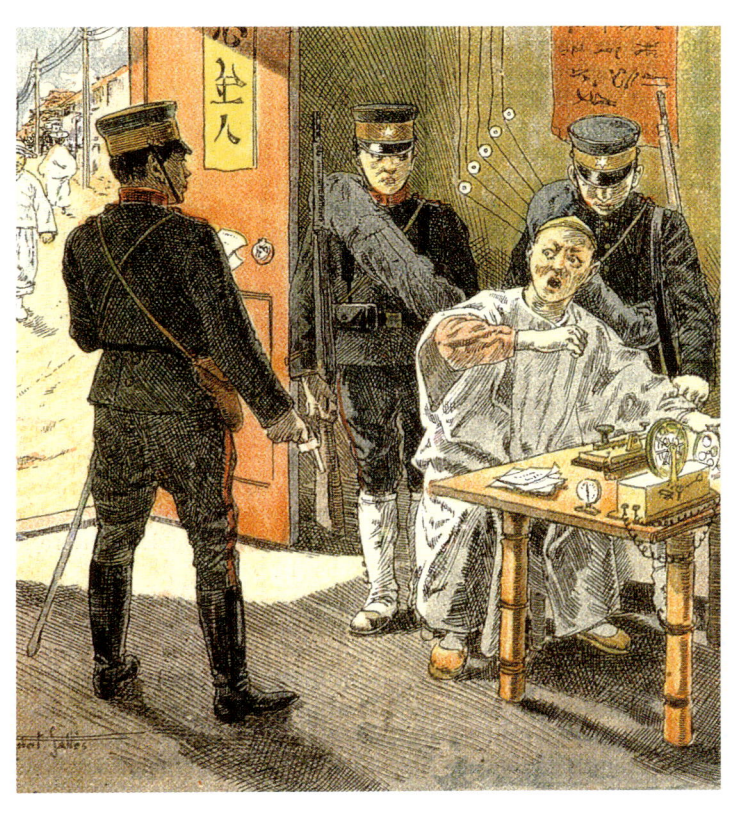

일본의 대 러시아 선전포고 　■ 어느 편을 들어야 하나

한반도를 둘러싼 열강들의 각축전은 청일전쟁에서 중국이 패하자 점차 러시아와 일본으로 압축되어 간다. 대초부터 한반도의 동북 지역을 둘러싸고 마찰이 잦았는데, 의화단 사건을 계기로 러시아가 중국의 동북 지역을 점령하자 일본은 이에 대항하기 위하여 러시아와 대립 관계에 있던 영국과 영일동맹을 맺고, 러시아에게 중국을 점령한 군대를 철수할 것을 요구한다. 하지만 러시아는 오히려 압록강 하구의 조선 항구인 용암포를 점령하는 등 알력이 심화되자 마침내 일본은 1904년 2월 9일 러시아에 선전포고를 하게 된다.

이 그림은 1904년 3월 19일 『런던 뉴스 화보』에 실린 「서울에 나붙은 일본의 대 러시아 선전포고문」으로, 같은 잡지의 극동 특파원 피어 기자가 직접 그린 것이다.

1904년 2월 포고령이 나붙자 이를 보려고 몰려든 조선인들의 얼굴에는 곧 불어닥칠 재앙에 대한 두려움과 애절함이 담겨 있다. 특히 이 전쟁에 중립을 선언한 방관자로서 그 옆을 무관심한 듯 지나는 청나라 상인과 조선 건물을 이미 점유하고 있는 일본 군인의 강압적인 모습은 일장기와 함께 상징적으로 읽힌다.

1898년 런던에서 발간된 『신극동』의 저자인 아더 디오스는 이미 이 지역

에서 러일 간의 필연적인 무력 충돌을 통한 새로운 질서가 형성될 것임을 예견한 바 있다. 그는 영국의 격주간 화보지 『러일전쟁사』의 서문에서 러일 전쟁을 이렇게 논평했다.

"동남아에서 러시아와 일본이 우호적인 이웃으로 공존할 수 있겠는가? 영토를 접하고 있다는 지리적인 요인과 더불어 한국에서 우위를 선점하겠다는 욕망이 전쟁의 기폭제가 되고 있다. 더구나 일본은 한국을 긴요한 식량 공급처이자 지속적인 자국의 인구 증가를 대비한 예비 영토로 인식하고 있다는 것이다. 이를 위해 일본은 이미 한국에서 자원 및 에너지 개발과 철도 부설뿐 아니라 무역 등 산업 및 경제 전반에 걸쳐 상당한 기반을 구축해 오고 있다.

따라서 러시아는 일본의 심장을 겨누는 화살이라는 일본 관리의 말처럼 그들은 중국에 이어 러시아를 제치고 한국을 독점하려는 야욕을 가지고 있다. 이제 한반도를 가운데 놓고 태평양 진출이라는 오랜 숙원을 실현시키려는 러시아와 새로운 영토 확장을 꿈꾸는 일본의 숙명적인 충돌만이 남아 있을 뿐이다."

또한 근대 올림픽의 창시자인 프랑스의 쿠베르탱 남작은 자신의 저서 『세계사』에서 "한국은 주변국들의 각축전에서 승자에게 주어지는 트로피와 같다"라며, 주변 강국 사이에서 시련을 겪어 온 한국의 입장을 마치 스포츠의 치열한 경쟁 끝에 얻어지는 상품과 같다고 평했다.

이러한 정세 속에 전쟁의 기미가 무르익어 가자 조선은 열강의 각축을 세력 균형 정책으로 바꿔 영세 중립국을 선포하려 하지만 일본의 반대와 러시아, 미국의 소극적 태도로 실현을 보지 못하고 만다.

전쟁이 발발한 직후 곧바로 서울을 제압한 일본은 전세를 계속 유리하게 이끌어 간다.

압록강 전선의 러 · 일 대치

러일전쟁 당시 종군기자로 활약했던 아르 기자가 촬영한 사진을 토대로 재편집한 이 그림은, 프랑스 주간지 『일류스트라시용』 1904년 7월 2일자에 실려 있다. 제목은 「몇 분 후에 일어날 압록강 전투를 주시하는 조선인, 종군기자, 일본 후방 지원부대의 모습」이다(그림-1).

[그림-1]

1904년 2월 일본의 선제 공격으로 시작된 러일전쟁은 한마디로 만주 쟁탈전이었다. 세계 곳곳에서 러시아의 남진 정책과 이를 견제하려는 영국의 대외 정책이 맞부딪치고 있던 상황에서 일본은 세계 정세를 정확하게 읽고 이를 잘 이용하여 전쟁에서 승리하게 된다. 물론 영국과 미국 등 다른 열강들의 직·간접적인 지원이 있었음은 사실이다.

아르 기자는 당시 압록강 일대에서 벌어졌던 전투의 긴박한 상황을 이렇게 묘사하고 있다.

"수시간 전에 일본군은 러시아와 격전을 벌이기 위해 압록강을 넘어 진군했다. 몇 분 후면 치열한 전투가 전개될 강 건너편을 초조하게 주시하고 있는 모습들이다. 전쟁 직후 일본군 브상병들을 처리하기 위해 강제 동원되어 비상 대기하고 있는 조선인들, 전투에서의 승패의 향방을 주시하며 초조해하는 일본 지원부대원들과 어린 간호병, 쌍안경으로 취재를 하고 있는 종군

기자들이 뒤섞여 강 건너 전쟁터를 바라보고 있다."

또한 영국의 카셀 출판사가 격주로 발간한 화보 잡지 『러일전쟁사』에서 압록강 전투에 관한 유럽인들의 시각을 읽을 수 있다.

"실제로 전투가 벌어지자 일본군은 병력이나 화력 면에서 러시아군을 압도하면서 치명적인 손실을 안겨 주었다. 사기가 충천한 일본군 선발대는 첫 전투에서 러시아군에게 항복을 표시하는 백기를 올리게 하는 전과를 얻었다. 압록강 전투에서 입은 러시아측의 피해는 상당하여, 일본군이 묻어 준 전사자만도 1,362명, 총 사상자는 3천여 명에 달했다.

일본군은 이 여세를 몰아 중국과 한국의 접경인 '조선문' 지역에서도 러시아군을 퇴각시킴으로써 전초전부터 승기를 잡아 가고 있다. 물론 일본이 초기 전투에서 러시아군을 격파했다고 해서 최종적인 승리를 단언하는 것은 아직 이르겠지만, 이번 전투를 통해 유럽인들은 일본을 새로운 시각에서 주시하게 되었고, 세계 역사 속에 새로운 패권주의가 움틀 수 있음을 우려했다."

결국 러일전쟁은 세계 각국의 예상을 뒤엎고 일본의 승리로 끝났다. 이로 인해 일본은 조선에서 청나라를 제거한 뒤 최후의 적대 세력인 러시아마저 축출하는 데 성공했다(그림-2). 세계 열강들의 일본 지원은 이처럼 러시아의 세력을 위축시키는 데는 성공했으나 결과적으로 일본의 패권 야욕에 힘을 실어 주게 된다. 일본은 이제 아무런 제약 없이 대한제국을 침략하기 위해 온갖 수단을 사용하게 된다.

[그림-2] 평양에 입성한 일본군과 조선 주민들(『일류스트라시용』, 1904년 7월 9일).

한일의정서 체결

　러일전쟁 발발 전부터 중립을 표명했던 대한제국 정부는, 개전 직전인 1904년 1월 13일에도 전쟁에 대해 대외적으로 중립을 표명했다. 그러나 일본 정부는 개전 직후 즉각 서울을 제압하고 나서, 2월 23일에는 막강한 군사력을 배경으로 한일의정서 체결을 강요했다. 이는 일본군의 한국 내 전략적 요충지 수용과 조사상의 편의 제공을 약속하는 것이었다. 이로 인해 일본은 조선에 대한 내정 간섭이 가능해지고, 일본군의 주둔권과 토지 수용권 등을 확보했다. 이 조약을 근거로 일본은 막대한 토지를 군용지로 탈취했으며, 철도 부설권도 가로채고 만다. 그리고 조선은 자신의 의향을 무시당한 채 전쟁에 말려들게 된다. 이후 1905년, 결국 대한제국은 을사보호조약의 강압적 체결을 계기로 외교권마저 박탈당한 채 실질적인 식민지로 전락하고 만다. 말하자면 한일의정서 체결은 우리의 국권이 본격적으로 일본에 넘어가는 결정적 계기가 된다.

　이 그림은「조선의 국권이 박탈되는 협정 조인」이라는 제목으로 1922년 뉴욕에서 출간된 루이스 그렙스의 저서『윌러드 스트레이트의 극동 체험기』에 실려 있다. 1904년 2월 23일 무장한 일본군의 삼엄한 감시 아래 한일의정서가 체결된 직후의 상황을 미국인 윌러드 스트레이트가 직접 목격하

고서 스케치한 것이다.

윌러드는 1904년 러일전쟁 직전부터 AP, 로이터 통신의 종군 특파원으로 활약했으며, 일본이 조선의 국권을 강탈해 가는 과정을 현장에서 생생하게 목격한 장본인이다. 특히 그는 을사보호조약의 역사적 현장을 가장 근거리에서 목격한 서양인이기도 하다.

이 그림은 당시 일본과 연이어 체결한 조약들이 강압적인 분위기에서 체결되었음을 한눈에 보여주기에 충분하다. 최근에도 일본과 우리 학자 사이에 구한말 일본과 한국 간에 체결된 각종 조약의 강압성 여부를 놓고 논란이 벌어지고 있는데, 이 그림 한 장은 일본측의 주장을 뿌리에서부터 반박하고 있다.

조인식을 마치고 나오는 일본 관리와 조선 관리들을 날카로운 칼날을 빼들고 선두에서 호위하는 일본군 장교의 모습이 섬뜩하게만 느껴진다. 당시의 강압적인 분위기를 짐작할 만하다.

초점을 잃고 옆을 돌아보는 대한제국 고위 관리들의 모습은 초라하기까지 하다. 윌러드는 조약의 내용을 이렇게 설명한다.

"일본은 러시아와의 전쟁이 발발하자 조선의 모든 시설을 점령했으며, 1904년 체결된 한일협정은 형식으로 조선의 독립을 보장한 것처럼 위장한 보호국 조약이었다."

그리고 그림과는 별도로 윌러드는 1905년 주한 미 대사관 부영사직에 있으면서 목격한 조선의 국권이 찬탈당하는 을사보호조약의 광경을 생생하게 전하고 있어 사료적 가치를 높이고 있다.

"이미 무력으로 조선을 장악한 일본은 이토 히로부미를 특사로 파견하여 조약의 형태로 조선의 강점을 공식화하는 작업에 들어갔다. 나는 공사관 창문을 통해 궁궐 안으로 일본 군대 및 경찰이 몰래 잠입하는 것과 매우 불안

한 표정을 하고 안으로 들어가는 조선 대신들을 목격할 수 있었다. 이 순간 창백한 얼굴을 한 고종과 왕자가 창문 커튼을 옆으로 밀고 살짝 밖의 동정을 살폈다. 이것이 바로 몇 시간 흐면 조인될 을사보호조약의 긴장된 장면이었다. 이러한 사실을 직감한 국민들은 궁궐 밖에서 분노하며 항거하고 있었으나, 총과 대포로 중무장한 일본 군대는 비조직적이고 허약한 조선 백성들에게 냉소만 보낼 뿐이었다. 그 날 밤 10시 소란한 소리와 함께 일본군은 떠나고 있었으나 아직도 궁궐 내어는 일본 경찰들로 꽉 차 있었으며, 관복을 입은 한국 관리들은 나라를 잃그서 안절부절하는 모습이었다. 불과 100여 미터 앞에서 한 나라의 운명이 객없이 절단나 버렸다는 사실에 나는 그저 망연할 뿐이었다. 특히 1천 2백단의 인구를 지닌 독립 왕국이 제대로 저항 한번 못한 채 이렇게 무기력하게 강점당하는 모습에 침통함을 느낀다."

안중근 의사의 총탄에 숨지게 되는 이토 히로부미가 가장 왕성하게 활동했던 시기도 바로 이 무렵이다.

징집된 조선인들은 이 전쟁이 그들에게 가져다 줄 비극적인 운명을 알고 있었는지…….

성업 중인 일본 군용 주보 이게 PX의 효시

조선에 침략 야욕을 품기 시작한 일본은 갖가지 트집을 잡아 군대를 파견하기 시작했다. 그러자 군인들에 대한 보급 시설도 부수적으로 설치될 수밖에 없었다. 청일전쟁을 시작으로 대륙에 대한 진출 야욕을 노골화하는 일본은 대한제국의 일본군 주둔지에 '주보(酒保)'라는 군용 매점을 설치하기 시

[그림-1]

[그림-2] 서울의 구멍가게(프랑스 화가 드 라네지에르의 저서 『극동의 이미지』, 1903년경 발행).

작했다. 침략을 상징하는 하나의 새로운 문화였다.

영국 주간지 『런던 화보 뉴스』 1904년 6월 25일자에 게재된 이 삽화의 제목은 「조선에서 성업 중인 일본 군용 주보(酒保)」이다(그림-1).

군용 매점의 일본식 표기인 '주보'라는 간판을 걸고 있는 이 초가집이 한국 땅에 최초로 들어온 외국 군인 전용매점, 즉 PX인 것이다. 이 군용 매점 앞에는 물건을 서로 사려고 앞다투어 몰려든 일본 군인들로 장사진을 이루고 있으며, 뒤편에서 호기심을 가지고 기웃거리는 뒷짐진 조선인의 모습에서 주객이 바뀌었음을 느끼게 된다. 일본 군인과 어른들 틈바구니 속에서 영문도 모른 채 이 광경을 주시하고 있는 어린 자매도 보인다.

이 무렵 서울에는 근대적 형태의 상점이 모습을 보이기 시작한다. '점방'

(그림-2) 즉 오늘날로 말하면 구멍가게인 셈이다. 점방은 점차 시장의 기능을 대체하기도 하고 동네 사람들이 자연스럽게 모이는 중심지가 되어 간다.

구한말부터 일본은 조선의 자원을 수탈하는 대가로 그들의 일용잡화를 공급했다. 이로 인해 1930년대까지도 일본의 대한 수출 품목은 주류, 담배 등 일용잡화가 주종을 이루었으며, 자국 상품을 만들기도 전에 들이닥친 수입품으로 경제 식민지는 더욱 가속화되었다.

더욱이 러일전쟁을 계기로 일본 군용 매점이 PX의 효시로 등장함으로써 PX시대가 전개되며, 해방 직후 미 군정시에는 미군용 PX가 개점됨으로써 소위 '미제라면 어느 것도 좋다'라는 속어가 만들어질 정도로 지대한 영향을 미쳐 왔다.

특히 PX에서 비공식으로 반출된 다량의 주류와 담배 등 외국산 소비재 잡화들은 상대적으로 뒤떨어진 국산 제품과 비교되어 더욱 더 외제 선호 열기를 부추기면서 '외제는 무조건 좋다'는 그릇된 관념을 국민에게 심어 주게 되었다.

최근에는 동네의 재래식 구멍가게가 거의 서구식 편의점으로 바뀌어 가고 있으며, 언제 어디서나 외제 물건을 손쉽게 살 수 있다. 그럼에도 불구하고 우리는 외제 선호의 관행에서 좀처럼 벗어나지 못하고 있다. 과거의 불행한 역사 속에서 부산물로 얻게 된 외제 선호의 고정관념에서 어서 깨어날 것을 이 삽화는 말하는 듯하다.

다양한 태극기

우리 나라의 대표적인 문양인 태극과 태극기는 100여 년 전 발간된 서양의 자료 속에서도 여러 형태로 발견된다(그림-1). 당시 조선을 찾았던 서양인들은 태극의 모양에서 그들도 공감할 수 있는 어떤 정신적인 신비감을 느꼈다고 했다.

미국 영사로 활동했던 퍼시벌 로웰은 1886년 발행한 그의 저서 『조선, 고요한 아침의 나라』에서 서양인으로는 처음으로 태극 문양과 태극기에 담겨진 유래를 밝히고 있다(그림-2).

"『주역』에 대한 한국인의 열정은 대단하다. 특히 극동인들의 생활 속에 철학적인 상징 문양은 매우 깊게 뿌리내리고 있음이 발견된다. 이러한 문양 중에서 소용돌이처럼 휘감기는 원형, 즉 태극은 예로부터 문화 유적이나 생활 의식 속에서 항상 함께 숨쉬고 있다. 이러한 원형은 한 개 또는 두세 개가 서로 어우러지는데, 일본은 주로 삼태극이 사용되는 데 반해 한국은 항상 두 개로 구성되어 음양과 명암의 기치를 나타내고 있다.

조선인들은 이것을 음과 양이라고 부르는데 이 문양에 대한 그들의 애착은 대단해서 가장 중요한 곳에 새겨져 있을 뿐 아니라, 국가의 대표적 상징으로 인식할 정도이다. 따라서 이러한 태극 문양은 그들이 신성시하는 홍살

1900년경(1904년 이전) 독일
'오타마 자이허(Ottamr Zeiher)'사에서
발행한 세계 114개 국가 우표 시리즈 중
60번째로 소개된 대한제국 우표와 태극 문양.

1900년경(1904년 이전) 유럽에서 발행된
세계 국기 엽서 시리즈 중 하나로 소개된
한국 태극기.

1900년 초 독일 '파울콜'사에서 발행한 판촉용 광고 카드 시리즈.
서울의 남대문 전경 위에 'KOREA'란 국명과 함께 태극 문양이
도안되어 있다.

조선 군인과 태극 문양-1904년 유럽 및 중남미 식품 관련
다국적 기업 '리빅'사가 발행한 판촉용 광고 카드
프랑스어판 한국 시리즈 여섯 장 중 한 장.

[그림-1] 각종 태극의 모습들.

[그림-2]

LA POSTE EN CORÉE

Kunzli Frères, Editeurs, Paris.

[그림-3] 한국의 우편. 1904년 이전 과리 판화 제작소가 발행한 세계 엽서 시리즈로서 한국 최초 우표와 태극기가 함께 소개되어 있다.

문의 중앙에 새겨졌고 문호가 개방되면서 국기 중앙에 자리하게 되었다. 이 문양이 처음에 어떻게 만들어졌는지는 아무도 모른다. 단지 이 문양은 세계의 근원을 담고 있으며 아울러 영원한 번영을 바라는 상징적인 의미가 내포되어 있다."

또한 미국인 조던 밀른(Louise Jordan Miln)은 1885년 뉴욕에서 발간한 『특이한 나라, 조선』에서 한국의 깃발이 지니고 있는 상징성에 대해 이러한 기록을 남기고 있다.

"군기 등 조선의 거의 모든 깃발에서는 신비성과 상징성이 발견되는데, 이렇게 한국의 예술이 집약적으로 함축된 조선의 깃발은 역사와 예술을 전공하는 학생들에게 매우 흥미있는 연구 대상이 될 수 있다.

그리피스는 중국에서 말하는 이원적 개념이 조선에서는 음양이라는 용어로 표현되고 있다며, 여기에는 긍정과 부정, 능동과 수동, 남성과 여성을 나타내는 철학적 의미가 담겨 있다고 보았다. 즉 우주나 지구상에 존재하는 만물은 남성적이고 능동적인 양과 여성적이고 수동적인 음의 기운으로 형성되는데, 식물의 성장은 물론이고 심지어 광물까지도 포함된 모든 자연물은 음양의 조화에 의해 생성된다는 것이다."

또한 태극기에도 정의, 풍요, 광명, 지혜를 뜻하는 검은색 4괘를 주위에 두고 중앙에는 삼라 만상의 근원으로서 음양의 조화를 통해 영구 불멸을 상징하는 태극 문양이 새겨져 있다. 이러한 태극 문양에는 중국을 비롯한 동양의 철학만이 담겨 있는 것이 아니라 고대 유럽의 건축물에서도 유사한 의미의 문양이 발견된다. 이러한 점에서 태극이 지닌 상징성은 세계인들의 내면에 흐르고 있는 우주의 섭리를 향한 인간적 염원을 담고 있다고 봐야 할 것이다.

태극 도형의 문양과 이념은 고대부터 우리 민족에게 전통적으로 쓰여 왔다. '태극'이라는 용어는 『주역』의 「계사(繫辭)」 상(上)에 나오지만 그림이 그려져 있지는 않다. 중국에서 태극 문양이 처음으로 등장하는 것은 주돈이가 쓴 『태극도설』에서였다. 그러나 우리 나라에서는 『태극도설』보다 약 400년 전인 628년(신라 진평왕 50년)에 건립된 감은사의 석각에 이미 태극 도형이 새겨져 있다.

태극이나 태극에 내포된 음양 사상은 우리 나라 고대의 문화 유적이나 생활 습속을 통해서 잘 알 수 있는데, 예를 들어 고구려 고분의 벽화나 민속 설화, 의학에서 병리와 생리 등을 음성과 양성으로 분류하는 사상의학(四象醫學)이 그것이다. 이로 볼 때 중국의 태극 도형이 전개되기 전부터 우리 나라는 태극 도형 또는 그것이 담고 있는 음양 사상을 일찍부터 이해하고 활용해 왔음을 알 수 있다.

우리 나라는 이렇게 세계인들이 학께 선호하고 공감할 수 있는 태극 문양을 최초로 국가 상징으로 등록시킴으로써 훌륭한 지적 소유권을 선점한 셈이다.

파리 만국 박람회 세계로 향한 조심스런 첫걸음

조선은 1900년 4월에 개최된 파리 만국 박람회에 참가했는데, 놀랍게도 이는 조선이 두번째 참가하는 국제 박람회였다. 조선은 이미 1893년 시카고 박람회에 참가한 바 있었다. 이 그림(그림-1)은 실제를 바탕으로 했으며 프랑스 화보 신문인 『르 쁘띠 주르날』 1900년 12월 30일자에 실린 한국관의 모습이다.

이 삽화에는 태극기, 지게를 진 짐꾼, 각기 다른 복장과 모자를 쓴 조선인들, 죽장을 든 노인, 상담하는 광경 등 한국적인 특징을 많이 담으려 노력한 흔적이 보인다. 그러나 좌측에는 장대에 매달려 있는 헝겊 잉어를 그려 일본의 단오절 풍습과 혼동한 면도 보인다. 또 청나라 사람과 일본식 우산이 보이기도 하지만 이것은 분명 당시 파리에 세워졌던 한국관의 모습이다.

한국관의 건축은 프랑스의 건축가 페레의 솜씨로 기와를 얹은 사각형의 건축물인데, 왕궁의 접견실을 본떴다. 한국관은 에펠탑 부근의 한적한 슈프렌 가에 세워졌는데 박람회장 전체로 보면 아주 외진 곳이다(그림-2). 왜 이토록 외진 곳에 한국관이 세워진 것일까? 이에 대한 답변은 『한국 서지』의 저자이며 한국관을 유치하는 데 실무 지원을 맡았던 꾸랑의 관람기에서 찾아 볼 수 있다.

[그림-1]

"한국관은 에펠탑이 솟아 있는 샹 드 마르 공원과 접해 있는 슈프렌 가의 후미진 한 모퉁이에 세워졌으며, 일반 관객들의 눈에 잘 띄지 않는 외진 곳이다. 아직까지도 조선은 그들의 본 모습을 외부에 노출시키는 것을 두려워했는지 개방 이후에도 세계 무대에서 소심한 태도를 보이고 있는 듯했다. 실제로 이렇게 구석진 곳에 한국관을 지음으로써 그들을 잘 아는 극동의 이웃 국가나 우방국들만이 관심을 지니고 관람하게 된 상황은 그들의 의도와 맞아떨어졌는지도 모른다."

그의 말대로라면 100여 년 전 우리의 모습은 세계 시장에서 국가를 홍보하기 위해 안간힘을 쏟고 있는 오늘의 현실과는 너무도 커다란 대조를 보이고 있다. 또 다른 시각으로 본다면 당시의 열악한 조건에서도 파리 박람회에까지 참가하려는 열의는 세계를 향한 조심스런 몸부림이었는지도 모른다.

그럼에도 불구하고 꾸랑의 시선은 따뜻하다. 그는 조선은 유럽의 이념과 산업에 동화될 준비가 된 오랜 역사를 지닌 문명국으로서 한국관은 이 나라 문화를 한눈에 볼 수 있는 기회를 제공하고 있다고 소개했다.

"출품된 물품들 중에는 인내와 고난도의 작업 끝에 생산된 견직물이 있다. 이처럼 우아한 비단을 만드는 나라에는 밝은 미래가 있을 것이며, 이것은 바로 조선의 지속적인 번영을 암시해 주는 것이기도 하다. 이밖에도 빛깔과 음향이 뛰어난 놋그릇, 평양의 가구, 금은박 세공이 부착된 각종 궤, 그림에 유약을 덧칠한 수백 년 된 도자기, 궁정 예복, 나막신, 보석, 상복, 직경이 1미터가 넘는 모자, 산수화가 그려진 병풍, 각종 고유 악기 등 여러 전시품들이 진열되어 있었다. 종이나 비단 위에 수를 놓거나 그림을 그려 넣은 병풍에서 조선 예술의 특징을 볼 수 있는데, 이것은 중국이나 일본의 예술보다 활력 있고 심오한 미가 담겨 있다. 특히 도자기가 뛰어난데, 수세기 전에 이미 일본에 전수시키기도 했다. 빨랑시 공사에 의해 수집된 조선의 각종 도자기들은 세브르 국립 도자기 박물관에 기증되어 프랑스 도공들이 새로운 작품을 만드는 데 아이디어를 제공했다."

이 그림을 실었던 『르 쁘띠 주르날』은 한국에 대해 이렇게 묘사하고 있다.

"극동에서 가장 베일에 가려진, 또한 주변국이 가장 탐내는 나라 그리고 외부 세계에 노출을 꺼려 왔던 조선 왕국의 만국 박람회 참가는 놀라운 일이다. 독특한 건축 양식으로 세워진 한국관에 전시된 특산품들이 새로운 교류를 갈망하고 있는 듯 보였다."

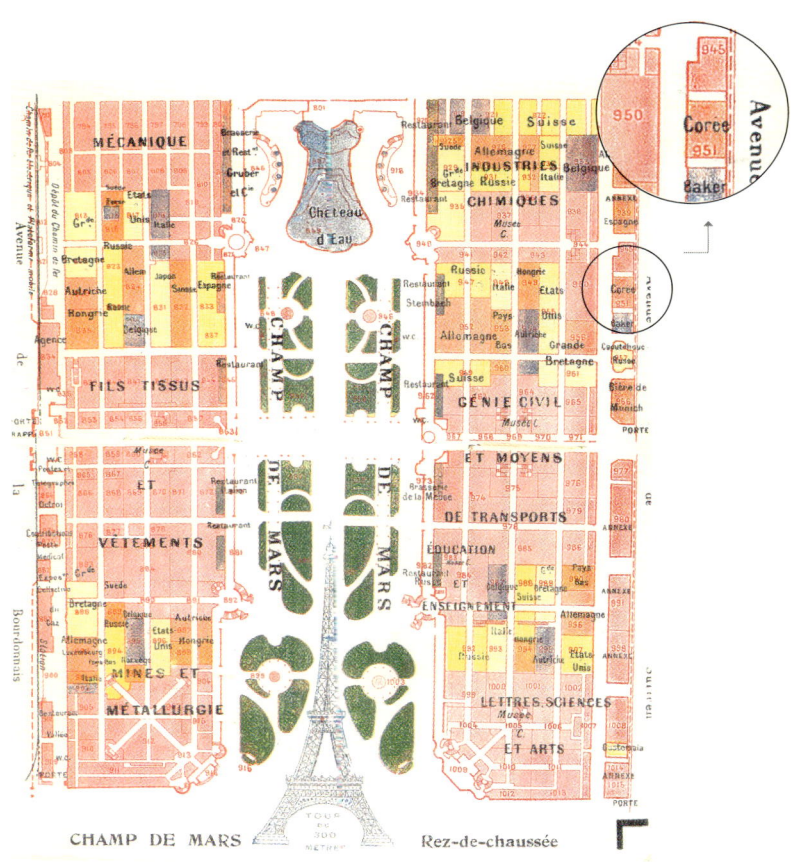

[그림-2] 국내에 최초로 공개되는 파리 만국 박람회의 한국 전시관 배치도. 한국관은 우측 상단 귀퉁이에 보인다.

사라진 우리 모자 품위 있는 우리의 갓은 어디로 가고…

사라진 갓과 어색한 학생모는 각각 전통 문화와 근대 문화를 상징하면서 개화, 근대화, 서구화라는 이름으로 이루어진 사회 변화의 부정적 측면을 압축해서 보여준다. 그림을 그린 시점이 1920년대 후반이라는 점을 고려하면 모자라는 단서를 통해 일제 강점 이전의 고고하고 기품 있는 한국의 고유 문화와 강점 이후에 생겨난 천박한 신문화를 대비하고 있는 것으로 봐야 할 것이다.

이 그림은 1929년 뉴욕에서 나온 미국 선교사 스텔라 벤손의 책 『천태만상』에 「사라진 모자」라는 제목으로 실려 있다. 커다란 키에 갓을 쓰고 점잖게 지팡이를 짚고 가는 한국인의 모습과 일본식 차양 모자를 쓰고 경박스럽게 손짓을 하고 있는 젊은이의 대비는 오랜만에 서양인들이 그린 그림 속에서 우리 문화에 대한 긍정적 시선을 느낄 수 있게 해준다. 작가도 사라진 한국 전통 문화가 아쉬웠던 듯 노인의 모습을 점선으로 처리하고 있다. 사실 사라진 것이 어찌 모자뿐이랴. 물질보다 더 중요한 정신을 잃었다는 것이 우리에게는 더 치명적일 것이다.

저자는 "모자 문화는 한국인의 품성을 매우 온유하게 만든 반면에 이러한 온순성으로 인해 이웃 국가들의 침략 대상이 되곤 했다"며 모자에 내포된

양면성을 지적했다. 또한 그녀는 "그러나 이렇게 전통적으로 모자를 통해 온유한 문화를 지녀 왔던 한국에서 최근 한복에 어울리지 않는 차양이 달린 일본식 학생모를 쓰고 활보하는 젊은이들의 모습에서 모자 속에 담겨 있는 정신적 문화 유산이 급속히 상실되어 감을 느낀다. 이로 인해 한국인들은 과거의 온유함과는 상반되게 격한 품성으로 치닫고 있다"라며 안타까움을 표시했다.

일제 강점 전과 후의 각기 다른 모습을 직접 목격했던 한 프랑스 학자는 "한 나라의 문화가 이렇게 빠르게 변질되어 갈 수 있을까? 이러한 한국인의 변칙적인 고유성 상실은 이 민족의 장래에 다시 풀어야 할 커다란 과제로 남게 될 것이다"라고 회고했다. 그 과제가 지금 우리한테 주어져 있다는 말이다.

일본식 모자를 쓰고 학창 시절을 보낸 것이 불과 얼마 전이다.

참고 문헌

〈국내서〉

姜在彦, 『朝鮮의 西學史』, 민음사, 1990.

高柄翊, 『東亞交涉史의 硏究』, 서울대, 1994(초판3쇄).

高裕燮, 『朝鮮美術文化史論叢』, 서울신문사, 1949.

高裕燮, 『우리의 美術과 工藝』, 열화당, 1987(5판).

郭泳甫, 『韓末巨文島風雲史』, 한국문화원연합회, 1986.

金在瑾, 『韓國의 배』, 서울대, 1994.

金良善, 『韓國基督敎會史硏究』, 기독교문사, 1971.

金龍德, 『朝鮮 後期 思想史 硏究』, 을유문화사, 1981.

김성배, 『韓國의 民俗』, 집문당, 1980.

金在勝, 『近代韓英海洋交流史』, 인제대, 1997.

金鍾太, 『韓國手工藝美術』, 예경, 1990.

金源模, 『近代韓美關係史』, 철학과 현실, 1992.

金元龍, 『韓國 古美術의 理解』, 서울대, 1992(2판).

金元龍, 『韓國美의 探究』, 열화당, 1993(7쇄).

金虎根 외, 『韓國 호랑이』, 열화당, 1995(4쇄).

盧啓鉉, 『韓國外交史論』, 大旺社, 1984.

무함마드 깐수, 『新羅 西域 交易史』, 단국대, 1992.

文明大, 『韓國美術史學의 理論과 方法』, 열화당(7쇄).

朴哲, 『세스뻬데스-韓國 訪問 最初의 西歐人』, 서강대, 1993(재판).

徐禎哲, 『西洋 古地圖와 韓國』, 대원사, 1991.

石宙善, 『韓國 服飾史』, 寶晉齋, 1978(재판).

沈載完 외, 『韓國의 冠帽』, 영남대, 1972.

柳敏榮, 『韓國近代劇場變遷史』, 태학사, 1998.

柳洪烈, 『韓國天主敎會史』, 카톨릭출판사, 1962.

李圭泰, 『韓國人의 生活構造』(전3권), 기린원, 1994(중판).

李基白, 『韓國史新論』, 일조각, 1987.

李萬烈, 『韓國史年表』, 역민사, 1985.

李御寧, 『韓國人의 손, 韓國人의 마음』, 디자인 하우스, 1994.

李元淳, 『韓國時代史論集-안과 밖의 만남의 역사』, 느티나무, 1993.

專賣廳, 『韓國의 人蔘-外國 記者들이 본』, 1981.

趙孝順, 『韓國服飾風俗史硏究』, 일지사, 1989(2쇄).

鄭昞浩, 『韓國 춤』, 열화당, 1995(4쇄).

鄭時和, 『産業디자인 150年』, 미진사, 1992(중판).

精神文化硏究院, 『韓國民族大百科辭典』 전28권, 1994(6쇄).

鄭晉錫, 『韓國言論史』, 나남출판, 1995(3쇄).

朱永夏, 朴泰根 외, 『19世紀 後半의 한,영,러 關係』, 세종대, 1987.

崔仁辰, 『韓國新聞寫眞史』, 열화당, 1992.

崔奭祐, 『韓國 敎會史의 探究』, 한국교회사연구소, 1982.

崔奭祐 외, 『성 김대건 안드레아 신부의 서한』, 한국교회사연구소, 1996.

崔成子, 『韓國의 美』, 지식산업사, 1993.

韓相復, 『海洋學에서 본 韓國學』, 해조사, 1988.

韓興壽 외, 『韓佛外交史』, 평민사, 1987.

黃義水 외, 『韓國의 市場商業史』, 신세계백화점, 1992.

黃玹, 『梅泉野錄』, 교문사, 1997.

〈번역서〉

가린 N. G.(김학수 역), 『조선』, 1898년(상, 하), 글방, 1980.

강재언(이규수 옮김), 『서양과 조선』, 학고재, 1998.

그리피스, W. E.(신복룡 역주), 『은자의 나라 한국』, 탐구신서, 1976.

비숍, 이사벨라 버드(이인화 옮김), 『한국과 그 이웃나라들』, 살림, 1994.

달레, 샤를르(안응렬, 최석우 공역), 『한국천주교회사』(3권), 분도출판사, 1979-1980.

드 동쿠르 A. S.(김영환 편역), 『순교자의 꽃』, 춘추사, 1993.

라후텐자흐, H.(김종규 외 옮김), 『꼬레아 I & II』, 민음사, 1998.

로제티, 까를로(서울학연구소 역), 『꼬레아 꼬레아니』, 숲과 나무, 1996.

메켄지, F. A.(이광진 역), 『한국의 독립운동』, 일조각, 1980.

메디나 신부(박 철 옮김), 『한국 천주교 전래의 기원(1566-1784)』, 서강대, 1989.

모리스 꾸랑(이희재 역), 『한국서지』, 일조각, 1994.

알렌, H. N.(윤후남 옮김), 『알렌의 조선 체류기』, 예영, 1996.

야나기 무네요시-柳宗悅(장미경 옮김), 『조선의 예술』, 일신서적, 1991(중판).

야나기 무네요시(이길진 옮김), 『조선과 그 예술』, 신구, 1994.

야나기 무네요시(심우성 옮김), 『조선을 생각한다』, 학고재, 1996.

언더우드, H. G.(이광린 역), 『한국 개신교 수용사』, 일조각,

1993(중판).

샌즈, W. F.,(김 훈 옮김),『조선의 마지막 날』, 미완, 1986.

스켈톤, R. A.(안재학 옮김),『탐험 지도의 역사』, 새날, 1995.

스미스, A.(최정호, 공용배 공역),『세계 신문의 역사』, 나남, 1990.

커즌, G. N.(라종일 역),『100년 전의 여행 100년 후의 교훈』, 비봉, 1996.

하멜, H.(이병도 역주),『하멜 표류기』, 일조각, 단기 4287.

홀, R. S.(김동열 역),『닥터 홀의 조선 회상』, 동아일보사, 1984.

홈즈, E. B.(전종숙 옮김),『전차표 사셨어요?』, 미완, 1987.

헤쎄-바르텍 외(김영자 편역)『서울, 제2의 고향』, 서울학연구소, 1994.

〈국외서〉

ADHEMAR, Jean, La Gravure des origines à nos jours, Paris, Somogy, 1979.

ADHEMAR, Jean etc., La Lithographie, Paris, Celiv, 1988.

ALLEN, Horace N., Korea-Fact & Fancy, Seoul, Methodist Publishing House, 1904.

ALLEN, Horace N., Things Korean, N.Y., Fleming H. Revell, 1908.

ALLEN, Phillip, The Atlas of Atlases, London, Ebury Press, 1992.

ANQUETIL, Jacques, Route de soie, Paris, JC Lattes, 1992.

BASIN, German, Baroque et Rococo, London, Thames & Hudson, 1994.

BALDRIDGE, Cyrus LeRoy, Time and Chance, N.Y., John Day, 1947.

BELCHER, Edward, Narrative of the Voyage of H. M. S. Samarang during 1843-46, employed surveying the Islands of the Eastern Archipelago, London, Reeve, Benham, and Reeve, 1848(2 vols.).

BENSON, Stella, Worlds within Worlds, N.Y. & London, Haper & Brothers, 1929.

BERSIER, Jean E., La Gravure, Paris, Berger-Levrault, 1963.

BISHOP, Mrs. Isabella S. Bird, Korea & her Neighbours, London & N.Y., John Murray, 1989(2 vols.).

BLAKENEY, William , On the coasts of Cathy and Cipango four years ago-A record of surveying service...on the seaboard of Korea, London, Elliot Stock, 1902.

BERNARD, Jean Frédéric, Recueil de Voyages au Nord etc., Amsterdam, J. F. Bernard, 1715-1718(4 vols.).

BOURDARET, Emile, En Corée, Paris, Plon-Nourit, 1904.

BROUGHTON, William Robert, A Voyage of Discovery to the North Pacific Ocean: in which the Coast of Asia...as well as the Coast of Corea,... in the years 1795, 1796, 1797, 1798., London, T. Cadell and W. Davies, 1804.

CARLES, W.R., Life in Corea, N.Y. & London, Macmillan, 1888.

CARLETTI, Francesco, Ragionamenti di Francesco Carletti, Firenze, S. Luigi, 1701.

CASSEL, Hjalmar, Det Nya Ostasien, Stockholm, Albert Bomiers Forlag, 1906.

CHAILLE-LONG-BEY, La Corée ou Tchösen - Annales du Musée Guimet, Paris, Ernst Leroux, 1894.

CHAILLE-LONG-BEY, My Life in four Continents, London, Hutchinson, 1912.

COURANT, Maurice, Bibliographie Coréenne, Paris, Ernest Leroux, 1894, 1895, 1896, 1901(4 vols.).

CULIN, Stewart, Korean Games, Philadelphia, Univ. of Pennsylvania, 1895.

D' ANVILLE, Jean Baptiste, Nouvel Atlas de la Chine, de la Tartarie et du Tibet, contenant les cartes générales & particulières de ces pays, ainsi que la carte du Royaume de Corée, La Hayes, H. Scheurleer, 1737.

DAHLGREN, E. W., Les débuts de la cartographie du Japon, Amsterdam, Meridian, 1977.

DALLET, Charles, Histoire de l' Eglise de Corée, Paris, Victor Palme, 1874.

DAVID, Madeleine, Quelques notes sur l' Histoire et l' Art de la Corée - Exposition d' Art Coréen, Paris Musée Cernuschi, 1946.

DUFAY, Jules, Histoire des Voyages, dans cette partie du Monde - L' Asie, Paris, Chez Bureau de Courval et Cie, 1826.

DUCROCQ, George, Pauvre et Douce - Corée, Paris, Victor Palme, 1904.

ECKARDT, Andreas, Geschichte der Korenischen Kunst,

Leipzig, Verlag Karl W. Hiersemann, 1929.

EL GLOBO-Asia, Barcelona, Imprenta Hispana, 1846.

EYRIES, J. B, *Voyage pittoresque en Asie et en Afrique*, Paris, Chez Furne et Cie, 1839.

FORD, John D., *An American Cruiser in the East*, N.Y. A.S. Barens and Co., 1898.

FORMAN, W., *The Art of Ancient Korea*, London, Peter Nevill, 1962.

FONTAINE, Jean-Paul, *Le Livre des Livres*, Paris, Haitier, 1994.

GALE, James Scarth, *Korea Sketches*, N.Y., Fleming H. Revell, 1898.

GALLI, H., *La Guerre en Extrême-Orient*, Paris, Garnier Freres, 1905.

GARDNER, C.T., *Corea*, Brisbane, Australasian Association for the Advance of Science, 1895.

GERS, Paul, *En 1900*, Corbeil, Crété, 1900(approx.).

GIFFORD, Daniel L., *Every-Day Life in Korea*, Chicago, Fleming H. Revell Company, 1898.

GIRARD, André, *Le Coq-Personnage de l'histoire*, Lyon, Lescuyer et fils, 1976.

GOOSSENS, Franz, *La Corée*, Bruxelles, Spineux, 1902.

GRAVE, Louis, *Willard Straight in the Orient*, N.Y., Asia Publishing Co., 1922.

GREBST, W. *A Son, Korea*, Göteborg, F. V. S. ,1912.

GRIFFIS, William Eliot, *Corea-The Hermit Nation*, N. Y. Charles Scribner's Sons, 1882.

GRIFFIS, William Eliot, *Corea Without and Within*, N.Y., Scribner's, 1894.

GRIFFIS, William Eliot, *Korean Fairy Tales*, N.Y., Thomas Y. Crowell, 1911.

GUBERNATIS, A. de, *Popoli del Mondo - Asia*, Milano, Dottor Francesco Vallardi, 1900(Approx.), Vol. II.

GUTZALAFF, Charles & Mr. LINDSAY, *Report of the Lord AMHERST's Voyage to the North-East Coast of China, Corea, and Loo Cho-Papers relating to the Voyage Undertaken by the Ship AMHERST ordered to be printed 25th July 1833 in London*.

HAGEN, A., *Un voyage en Corée*, Le Tour du Monde, Paris, Hachette, 1904.

HALDE, Peter du, *General History of China*, London, J. Watts and B. Dod, 1741.

HALL, Basil, *Account of a Voyage discovery to the West Coast of Corea and the great Loo-Choo Island*, London, Jonh Murray, 1818.

HAMEL, Hendrik(Translation from the Dutch Manuscript, Br Jean - Paul Buys, of Taize), *HAMEL's Journal and a description of the Kingdom of Korea(1653-1666)*, Seoul, The Royal Asiatic Society, 1994.

HAMILTON, Angus, *Korea*, London, W. Heinemann, 1904.

HASLAM, Malcolm, *In The Nouveau Style*, T & H, London, 1989.

HERBERT, Agnes, *Peeps at many Lands-Korea*, London, A. & C. Black, 1924.

HERBERT, Agnes, *A Girl's Adventures in Korea*, London, A. & C. Black, 1927.

HESSE-WARTEGG, Ernst von, *Korea*, Dresden, Carl Reissner, 1895.

HOUGH, Walter, *The Bernadou, Allen, and Jouy Korean Collections in the U.S. National Museum*, Report of National Museum, 1891.

HULBERT, Archer Bulter, *The Queen of Quelparte*, Boston, Little, Brown and Co., 1902.

HULBERT, Homer B., *The Passing of Korea*, N.Y., Doubleday, 1906.

JANSON, H.W., *History of Art*, N.Y., Harry N. Abrams, 1973(17th Printing).

JAPONISME - *Exposition Universelle 1878*, Paris, 1878.

JONG, Ki-Sou, *La Corée et L' Occident-la culture française*, Paris, Minard, 1987.

KEITH, Elisabeth & SCOTT, Robertson E. K., *Old Korea*, London, Hutchinson,1946.

KUPCIK, Ivan, *Cartes Géographiques anciennes*, Paris, Gründ, 1981.

LACH, Donald, F., *Asia in the Making of Europe*, Chicago & London, The University of Chicago Press, 1965.

LANDWEHR, John, VOC, Etrecht, HES Publishers, 1991.

LAGUERIE, Villetard de, La Corée, Paris, Hachette, 1904.

LAUNAY, Adrien, Martyrs Français et Coréens(1838-1846), Paris, P. TEQUI, 1925.

Le Baron de M., Petits Voyages pittoreques dans l'Asie etc., Paris, Saintin, 1813(2 vols.).

LEDYARD, Gari, The Dutch come to Korea, Seoul, Taewon Publishing Co., 1971.

LOTI, Pierre, La troisième jeunesse de Madame Prune, Pierre Laffite, 1923.

LOWELL, Percival, Choson-The Land of the Morning Calm, Boston, Ticknor, 1886.

MARTINIO, Martino, De bello Tartarico historia, Coloniæ(Köln) (Kalckhoven), 1654.

MAX, Frédéric, Relation du naufrage d'un vaisseau hollandais sur la côte de l'île de Quelpaert avec la description du Royaume de Corée par Hendrik HAMEL, Paris, Harmattan, 1985.

MCKENZIE, F. A., The Tragedy of Korea, London, Hodder & Stoughton, 1908.

MCKENZIE, F. A., Korea's Fight for Freedom, London, Simpkin Marchall & Co., 1920.

MCKILLOP, Beth, Korean Art and Design, London, Victoria & Albert Musieum, 1992.

MCLEOD, John, Narrative of a Voyage, His Majesty's late ship Alceste, to the Yellow Sea, along the Coast of Corea, and through its numerous hitherto undiscovered islands to the Island of Lewchew..., London, John Murray, 1817.

MILLET-MUREAU, L. A., Voyage de La PEROUSE autour du Monde, Paris, L'Imprimerie de la République, 1797, Tome Second.

MILET-MUREAU, L. A., Atlas du Voyage de La PEROUSE, Paris, Impermerie de la République, 1797.

MOES, Robert J., Korean Art(from the Brooklyn Musieum collection), N.Y. Universe Books, 1987.

MORNAND, Pierre, L'Art du Livre et son Illustration, Paris, Le Courrier Graphique, 1947. Tome I & II.

MUTEL, G., Le Catholicisme en Corée, Hong Kong, La Societe des Missions Etrangères de Paris, 1924.

NEZIERE, Joseph de la, L'Extrême-Orient en Image, Paris, Felix Julien, 1902.

NIEUHOF, J., Het Gezantschap Der Neêrlandtsche Oost-Indfche Compagnie, aan Den Grooten Tartarifchen Cham, Den Tegen Woordigen Keiser van China, Amsterdam, Jacob van Meurs, 1665.

OPPERT, Ernst, Ein Verschlossenes Land-Reisen Nach Corea, Leipzig, 1880(English edition-A Forbidden Land-Voyage to the Corea, New York, G. P. Putnam's Sons, 1880).

PALAFOX, Juan de, Histoire de la Conquêste de la Chine par les Tartares, Paris, Bertier, 1670.

PANGE, Jean de, En Corée, Paris, Ernest Leroux, 1904.

PERRY, Jean, The Man in Grey-or more about Korea, London, S. W. Partridge, 1900(Approx.).

PIKE, H. Lee, Yung Pak-Our Little Cousin, Boston, L.C. Page, 1910.

POLO, Marco, Les Merveilles du Monde, Paris, Jean de Bonnot, 1975.

RICCI, Matteo(edited by Nicolas TRIGAULT), Historia von Einfüehrung der Christlichen religion in dass grosse Königrech China durch die Societet Jesu, Augsbrug, A. Hierat von Collen, 1617.

ROSNY, J. H., Printemps Parfumé, Paris, Dentu, 1892.

ROUSSET, Huguette, Arts de la Corée, Paris, Bibliotheques des Arts, 1987.

SAVAGE-LANDOR, A. H., Corea or Cho-sen, The Land of the Morning Calm, London, W. Heinemann, 1895.

SCHALL, Johann Adam, Historica Narratio de initio et progressu Missionis Societatis Jesu Apud Chinenses etc. Vienna, Mattaeus Cosmerovius, 1665.

SHINJI NISHIURA, Ancient Raft of Japan, Tokyo, The Society of Naval Architects, 1925.

SIEBOLD, PH. Fr. von, Nippon, Würzburg und Leipzig, Leo Woerl, 1897.

SINGER, Caroline and BALDRIDGE C. LeRoy, Turn to the East, N.Y., Minton & Balch, 1926.

STERNAU, Susan A., Art Nouveau, N.Y., Smithmark, 1996.

TAYLER, Constance J. D., Koreans at Home, London, Cassell,

1920 (Approx.).

TOOLEY, R. V., *TOOLEY's Dictionary of Mapmakers*, N.Y., Alin. A. Liss, 1979.

TRONSON, J. M, *Personal Narrative of a Voyage to Japan, Kamtschatka, Siberia, Tartary, and various parts of coast of China in H. M. S. Barracouta.*, London, Smith Elder & Co., 1859.

UNDERWOOD, Horace. G., *The Call of Korea*, N.Y., Fleming H. Revell, 1908.

UNDERWOOD, L. H., *Fifteen Years Among the Top-Knots : Life in Korea*, N.Y., American Tract Society, 1904.

UNDERWOOD, Lillian. H., *With Tommy Tompkins in Korea*, N.Y., Fleming H. Revell, 1905.

VAPEREAU, Ch., "De Peking à Paris", *Le Tour du Monde*, Paris, Hachette, 1894.

VARAT, Charles, "Un Voyage en Corée", *Le Tour du Monde*, Hachette, 1892.

VAUTIER, Clair & FRADIN, Hippolyte, *En Corée*, Paris, Ch. Delagrave, 1905.

WAGNER, Ellasue., *Children of Korea*, London, Olipants., 1920 (approx.).

WALTER, Lutz, *Japan-a Cartographic vision*, Munich, Prestel, 1994.

WEBER, Nobert, *Im Lande der Morgenstille*, Munchen, Karl Seidel, 1915.

WILFORD, John Noble, *The Mapmakers*, N.Y., Vintage Books, 1982.

WILSON, H. W., *Japan's Fight for Freedom*, London, The Amalgamated Press, 1904-1906(3 vols.).

ZUBER, H., "Une expédition en Corée", *Le Tour du Monde*, Paris, Hachette, 1873.

〈논문 및 기타〉

백성현, 「프랑스인이 그린 구한말 풍속도」, 『월간 미술』, 중앙일보사, 1994. 6.

백성현, 「東海 表記에 있어 18C 프랑스 地圖의 重要性」, 『국제학술 워크샵』, 동해연구회 및 서울대, 1996. 6. 7.

백성현, 「프랑스 라페루즈 船長의 韓國 探査가 지닌 意味」, 『명지전문대 논문집』, 1997.

백성현, 「프랑스인들의 韓國에 대한 關心(한불 교류에 관한 역사적 고찰)」, 『프랑스학 연구』, 프랑스학 연구회, 1997.

백성현, 「開港 以前 西洋 揷畵에 나타난 韓國의 이미지」, 『명지전문대 논문집』, 1998.

이양재, 「朝鮮을 화폭에 담은 西洋美術家」, 『월간 가나아트』, 가나아트, 1992. 3. 4.

『조선일보』(1983년 12월 1일)-루벤스의 그림 「한복을 입은 남자」-목탄 데생 발견.

최석우, 「朝鮮時代人의 對外認識」, 『한국사학술회의』, 국사편찬위원회, 1996.10.18.

홍원기, 「英國 畵家들이 기록한 20세기초 韓國, 韓國人」, 『월간미술』, 중앙일보사, 1994. 1.

Frank Leslie's Illustrated Newspaper.

Harper's Weekly.

Journal des voyages.

Le Monde illustré.

Le Petit Journal.

Le Petit Parisien.

Le Tour du Monde.

L' illustration.

The Graphics.

The Illustrated London news.